卓越长青

伟大企业的七个秘密

What It Takes

[美] 查尔斯·埃利斯 | 著
（Charles D. Ellis）

卢 斌　张小敏 | 译

中国人民大学出版社
·北京·

图书在版编目（CIP）数据

卓越长青：伟大企业的七个秘密/（美）查尔斯·埃利斯著；卢斌，张小敏译. -- 北京：中国人民大学出版社，2023.9

ISBN 978-7-300-31142-5

Ⅰ.①卓… Ⅱ.①查… ②卢… ③张… Ⅲ.①企业管理 Ⅳ.① F272

中国版本图书馆CIP数据核字（2022）第197297号

卓越长青——伟大企业的七个秘密
[美] 查尔斯·埃利斯　著
卢　斌　张小敏　译
Zhuoyue Changqing —— Weida Qiye de Qi Ge Mimi

出版发行	中国人民大学出版社		
社　　址	北京中关村大街31号	邮政编码	100080
电　　话	010-62511242（总编室）	010-62511770（质管部）	
	010-82501766（邮购部）	010-62514148（门市部）	
	010-62515195（发行公司）	010-62515275（盗版举报）	
网　　址	http://www.crup.com.cn		
经　　销	新华书店		
印　　刷	涿州市星河印刷有限公司		
开　　本	720 mm×1000 mm　1/16	版　次	2023年9月第1版
印　　张	22.5 插页2	印　次	2023年9月第1次印刷
字　　数	254 000	定　价	108.00元

版权所有　侵权必究　印装差错　负责调换

本书献给大卫·F. 史文森（David F. Swensen）博士。

大卫·F. 史文森博士不仅设计出世界上第一只金融衍生品，还重塑了捐赠基金投资领域。作为一名导师兼顾问，他毫无保留地分享自己的专业知识，同时将其写成最好的专业性投资书籍[①]。他一生乐于服务他人和创造价值，远胜过只为自己创造财富。他为耶鲁大学创造的财富远超校方接受过的任何一次重大捐赠。正因如此，他成为投资界同行的榜样，他拥有的朋友和崇拜者如此之众，连他自己都始料未及。

[①] 大卫·F. 史文森所著投资书籍 *Pioneering Portfolio Management: An Unconventional Approach to Institutional Investment* 在西方被誉为机构投资的"圭臬"，其中文译本《机构投资的创新之路》由高瓴集团创始人兼 CEO 张磊先生等翻译，中国人民大学出版社出版。——译者

推荐序 FOREWORD

追求卓越

很多企业家和创业者在思考，如何能够长期不断地创造价值。查尔斯·埃利斯（Charles Ellis）的《卓越长青——伟大企业的七个秘密》正是对这一问题的生动解答。作者长达半个世纪关于企业咨询和商业史研究的经历，以及来源于学术和实践的深刻洞察，让我们通过此书理解追求卓越既是一项使命，也是通达这项使命的必经之路。

与查尔斯的最初相识是在我年轻的时候，那时候我们共同在大卫·F.史文森（David F. Swensen）领导的耶鲁投资办公室工作。这本书恰好是查尔斯献给大卫的礼物，书中最让我难以忘怀的是大卫所教诲的人生一课——根植于长期价值和受托责任中的投资哲学。

在这本书中，查尔斯从使命、企业文化、招贤纳士、人才成长、客户关系、创新、领导力等七个维度，解构、提炼企业不断成长的原动力。作者对多家卓越企业进行纵向解剖和横向对比，对关键细节进行独特挖掘，这种阐述正是基于第一性原理去理解企业创造价值的非凡过程。

查尔斯谈到，在卓越发展的企业中，往往需要制定激励人心的使命，为工作赋予目标和价值，只有这样才能打破"工作为谋生"的思想局限，为企业走向卓越创造必要条件。这一观点和大卫的看法不谋而合。大卫曾将目标驱动型公司称为"有灵魂的组织"，因为目标驱动型组织更具创造力、凝聚力、持久力。这种灵魂需要基于良好的伙伴关系，而伙伴关系意味着互相信任。在书中，查尔斯传承了大卫的这一准则。客户与企业正是一种伙伴关系，企业的使命和文化可看作企业对客户的承诺。保持对承诺的忠诚极为重要，这是建立客户与企业相互信任的基础，而信任是长期客户和一次性客户之间的最大区别。"Partnership, People, Purpose"，正是这些构成了企业稳固发展的基石，创造了超越极限的可能。

查尔斯和大卫在人才对组织的重要性方面也有同样的观点。查尔斯观察到，卓越长青的企业自创立那天起，就一直把顶尖人才的争夺视为一场关乎企业生存与未来的持久战。他们相信，只有找到合适的卓越人才，企业才有可能成为行业中的卓越者。这让我想起高瓴集团刚刚创立的时候，当其他出资人几乎看不到未来的潜在机会时，大卫选择了相信我。高瓴募集的第一笔资金就是来自耶鲁投资办公室，那时我年仅32岁，此前从未有过投资经验。我甚至不敢问他为什么愿意投资我，因为我担心他会随时反悔。他告诉我说："当你选择和对的人同行，好事自然发生。"现在，这已经成为高瓴团队遵循的重要原则——与靠谱的人一起做有意思的事，其余的就交给时间吧。

这同样让我想起，没有什么比大卫对年轻人才的培养更能体现他对长期价值的信仰，查尔斯和大卫总是希望用自己的一言一行感召和鼓励更多年轻人。植木，予以厚壤；育才，予水予光。那时，我还是一名学生，在壁球场上，我抓住一切机会向大卫提问。现在想来，我大概问了他几百个关于投资的"小白"问题。作为一位老师,大卫总是不吝惜自己宝贵的时间,和我分享他的投资智慧。同时,他还是壁球场上的王者,凭借独具优势的瘦长手臂,他总能轻易将我击败。我时常假想,要是我俩打的不是壁球,而是乒乓球该有多好。

同大卫当年创作《机构投资的创新之路》一样,查尔斯将其对企业卓越发展、创造长期价值的种种观察和思考沉淀于本书中。他们都希望通过无私的智识分享帮助更多人理解并塑造领导力,从而值得被信赖、被托付,为这个世界贡献更多价值。记得我为大卫做的第一个项目就是翻译他的著作《机构投资的创新之路》。在翻译过程中,我几乎很难找到一个恰当的中文概念来解释"fiduciary"这个词。所以,我把我认为最能表达大卫思想的两个词放在一起,用来阐释"fiduciary"——信托,被托付信任的人。大卫要求所有学生坚守这个准则,并希望我们做得更好。当时在耶鲁投资办公室工作的很多同事,日后都在各自的投资机构中发挥领导力,并将大卫的谆谆教诲传承下去。

What It Takes 的中文版即将上市,我又回想起在纽黑文最后一次见大卫的场景,他身上那种自然流露的豁达、轻快仍能感染到我。我想查尔斯也一定有很多与大卫一起的美好回忆。

谨以此书纪念我的老师大卫·史文森先生。感谢查尔斯·埃利斯,相信这本书能够激励更多企业家和创业者,在追求卓越的旅途中,心中有火,眼里有光。

张 磊

序 言 PREFACE

对于本书中提及的五家专业企业，人们只是阅读书中对其赞誉的描述便心生钦敬。但要注意，将这份卓越以最高水平一代代传承下去，是一个极其困难的挑战。这一点不足为奇：1900 年，美国排名前十的企业，50 年后无一位列前十；不仅如此，勉强存活下来的只剩三家。为了在竞争中始终保持领先地位，伟大的企业必须不断提升产品和服务的质量，改善企业的组织结构。

通过本书，读者将了解到查尔斯·埃利斯对金融与商业史研究和教育的诸多贡献。在这本富有启发性的书中，埃利斯向我们展示了他对一家公司如何成为一流专业服务公司的观察和由此生出的智慧。1972 年，埃利斯创立了格林威治咨询公司，他领导这家公司走过 30 年的岁月，其间为世界上最著名的金融服务机构提供基于研究的咨询服务。因此，书中的真知灼见既基于他的敏锐观察，也基于他的丰富经验。

本书中，埃利斯的观点在一个清晰的概念框架[①]内展开。全书内容围绕卓越的专业服务公司的七个基本特征组织起来。埃利斯总

---

① 概念框架包括理论结构，以及公司开展业务时遵循的各种假设、原则或规则。——译者

是不负众望，他选择的"卓越典范"通过文字表述变得生动活泼、引人入胜。书中的典范公司为麦肯锡、高盛、资本集团、梅奥诊所和Cravath律师事务所。埃利斯是一位讲故事大师，在他的讲述中，那些人物、他们的决策以及他们之间的沟通互动，比任何抽象的讨论更有力地传达了他的观点。一如既往，埃利斯在对我们循循善诱的同时，让我们感受到学习的快乐。

埃利斯曾是耶鲁公司（Yale Corporation[①]）的一员，也是我们投资委员会的主席，我有幸与他共事，并亲身观察到他对自己所宣扬的理论的具体实践。不仅如此，他还鼓励他所能触达的每个组织都依本书中所阐述的原则行事。

在其职业生涯中，埃利斯帮助很多企业完成了各种类型的组织改造，本书为这些改造提供了一张路线图。他生动地向我们展示出成功是如何由创新和追求卓越推动的，以及掉队是何其容易。无论我们服务于何种类型的组织，本书都有很多值得学习借鉴的地方。

理查德·C.莱文[②]

耶鲁大学校长

康涅狄格州纽黑文市

[①] Yale Corporation 的官方名称为 The President and Fellows of Yale College，位于康涅狄格州纽黑文市。——译者

[②] 理查德·C.莱文（Richard C. Levin），耶鲁大学第22任校长，任期为1993—2013年。——译者

目录 CONTENTS

引 言 　　　　　　　　　　　　　　　　　　　1

第 1 部分　成就卓越

| 第 1 章 | 使命：树立一个鼓舞人心的长期目标　　　9
　　强势的鲍尔　　　　　　　　　　　　　　　10
　　使命感　　　　　　　　　　　　　　　　　12
　　鲍尔的公司价值观　　　　　　　　　　　　13
　　永远做对投资者有利的事　　　　　　　　　19
　　梅奥的"真北"　　　　　　　　　　　　　22
　　高盛"十诫"　　　　　　　　　　　　　　23
　　Cravath 的里程碑——IBM 诉讼案　　　　　26

| 第 2 章 | 企业文化：企业做事的方式　　　　　　43
　　文化造就卓越　　　　　　　　　　　　　　　44
　　患者利益优先　　　　　　　　　　　　　　　45
　　Cravath 的部落文化　　　　　　　　　　　51
　　企业文化与个体　　　　　　　　　　　　　57

| | 正直、进取与忠诚 | 62 |

第 3 章	**招贤纳士：选择最合适的人才**	71
	只招最好的	72
	匹配度最重要	76
	"三观"要一致	78
	对 MBA 的执念	79
	真正的职业诱惑	86
	你想成为什么样的人	90
	血统纯正的合伙人	92

第 4 章	**人才成长：专业培训、员工教育与组织管理**	97
	工作就是最好的训练	98
	律师的养成	101
	海量课程与"传承节"	110
	让员工做真正想做的事	112
	360 度全方位考评	119
	"松树街"项目	120
	非升即走	125
	必不可少的内在激励	130
	优秀的后勤员工	133

第 5 章	**客户关系：客户价值恒久远**	143
	诚信是企业的底线	144
	高盛的"魔毯"	146
	不做什么比做什么更重要	148
	一切以客户需求为导向	150

"我们值这个价" 156

第6章 创新：改变游戏规则 161
创新始于问题 162
有竞争才有创新 165
有力的推动者 171
万医归一 176
用新方式发展旧想法 179

第7章 宏创新：改变游戏本身 189
麦肯锡的三次战略转型 190
高盛的欧洲扩张 198
关注长期价值 205
战略三重奏 207

第8章 领导力：玩转七种武器的关键力量 213
五种常见的领导者 214
律师事务所的独裁者 216
掌门人的更迭 219
投资银行的那些"大佬" 226

第9章 来点运气：有时确实关键 245
如果不是运气垂青 246
始于一场意外灾害 247
一连串看似不可能的事件 247
那些小意外 250
所谓"幸运"只是偶然 251

第 2 部分　保持卓越

| 第 10 章 | **直面问题：当卓越遭遇挑战**　　255
　　　古普塔丑闻　　257
　　　自我反省　　260
　　　当优势变为劣势时　　261
　　　追求利润还是使命　　268
　　　不革新就灭亡　　282

| 第 11 章 | **安达信：跌落神坛**　　295
　　　成立之初　　297
　　　初建信誉　　301
　　　更新换代　　305
　　　一体化公司　　311
　　　分歧不断　　312
　　　误入歧途　　318
　　　加速衰退　　322
　　　致命一击　　324
　　　破产前兆　　327
　　　分崩离析　　331
　　　犹记当初　　333
　　　最后结局　　333

后　记　　337

致　谢　　341

译后记　　343

引 言 INTRODUCTION

这是一本关于伟大的专业公司——那些最好的公司，即所在行业公认的领军者——如何做到与众不同的书。本书可供各行各业参考，称得上是一幅关于创立、建设伟大组织和保持组织基业长青的蓝图。

50年来，我一直作为幕后顾问，为美洲、亚洲和欧洲的数百家公司提供战略、战术方面的服务。本书想要解答的问题，也是一直以来对我而言极为棘手的问题：哪些公司是最好的？是什么成就了它们？哪些原则和具体执行将它们推向巅峰？它们如何克服来自竞争对手和时代变化的外部挑战，以及无论成功或挫折都可能引起的更加艰巨的内部挑战？当犯错跌倒时，它们又是如何重整旗鼓的？

本书涉及的都是大公司，并且存在多年。诚然，很多小公司确实会成长为大公司，但就本书的研究目的而言，以下几个选择公司的条件必须满足：组织要足够大，不能只依赖于少数几个人；公司历史要足够长，以避免它们只是某个时代的产物，只有几个特定的产品或几位主要客户。

为了确定书中要包含哪些公司，我向几乎所有我见过的公司领导问了以下三个问题：你所在的行业中，你最想在哪家公司度过自己的职业生涯？独具慧眼的客户会选择哪家公司来帮其应对最严峻的挑战？无论领导如何更迭，环境如何变化，哪家公司的成功最持久？

不可思议的是，在最后选定的五个领域中，人们都达成了一个共识，即咨询界的杰出领导者为麦肯锡，律师界为Cravath，投资管理界为资本集团，医疗保健界为梅奥诊所，投资银行界为高盛。

没错，投资银行界的杰出领导者就是高盛。自2008年以来，高盛一直受到来自多方面的抨击。尽管如此，它依旧是所在行业无可争议的领导者。高盛一直在为挽回声誉和重拾最初使其成就卓越的原则而努力着。这份耐人寻味的努力将在第10章中介绍。

公司一经选定，我便开始正式采访这些公司的领导者，十几年的时间里我进行了300多次采访，以挖掘他们所相信的成功的秘诀。本书正是对这一研究结果的呈现。

一开始，我以为不同领域的结果一定差别极大。但令人惊讶的是，这些公司值得借鉴的必不可少的经验其实很少，甚至大同小异。关于这一点，可以用奥运会的运动员做类比说明。虽然不同项目的运动员看似相互独立、毫不相干——他是撑竿跳高运动员，她是游泳运动员，他是速降滑雪运动员，而我是440码短跑[①]运动员，但是金牌得主们从本质上看是一样的：杰出的运动员不仅心肺功能超乎寻常，而且身体素质极佳。他们高度自律，且求胜心极强，以至于可以花费超乎想象的时间来磨炼赛事所需的每项技能。

---

① 440码短跑比赛距离使用英制测量，已被公制距离比赛所取代。400米是440码短跑的演化，参加400米比赛的运动员仍可称为440码短跑运动员。——译者

伟大的公司以及那些创造和维持这一切的杰出人才也是如此。本书详细介绍了那些伟大的公司是如何脱颖而出的。读完本书你会发现，卓越是通过以下几个"简单"的关键秘诀实现的。

使命——这是一种超越一切也要达成的意愿，激励杰出人才甘愿自我牺牲，将其职业生涯奉献给公司。（第 1 章）

企业文化——这是一套注重团队合作和自律的价值观，可以帮助企业不断赢得卓越的成果。企业文化可以将企业的使命转化为具体的，通常也是独特的工作实践。企业文化也让员工团结成一个集体。（第 2 章）

招贤纳士——给企业输入能力超群、极为上进的新鲜"血液"。看到这一点，你一定在想，"这不是明摆着的嘛！"先别急着下结论，等详细了解背后需要付出怎样的努力、代价和牺牲后再来总结吧。（第 3 章）

人才成长——致力于帮助新员工尽快提升学习曲线，在整个职业生涯中最大限度地提升个人的专业能力和发展前景。（第 4 章）

客户关系——即便面对最苛刻客户提出的最难解的问题，也会做到始终如一地满足或超越客户的期望，并通过这一方式将客户与企业紧密联系在一起。（第 5 章）

创新——为提升客户服务不断探索新途径。这甚至包括重塑整个组织、变革游戏规则，以获得力超对手的优势。（第 6～7 章）

领导力——作为企业管理的掌舵者，他们是聚合、驾驭以上六个秘诀的终极力量。（第 8 章）

本书的研究涉及诸多成功事迹，但成功的背后伴随着一个残酷的现实，即对于一流的组织，前方似乎只剩一条路可走：下坡。可见，保持卓越远比成就卓越难。毕竟外部因素如市场、竞争对手、客户、技术和监管政策一直在变，其带来的挑战总是如此棘手；而企业内部的挑战更甚，如组织逐渐臃肿复杂，伴随企业成功的自大、办公室政治和日渐羸弱的下一代领导者，以及企业对追求利润和专业价值的再平衡。专业公司犹如一个生命有机体，谁也无法保证它们能持久成功。它们需要不断地去适应各类变化。因此，只有偏执狂才能引领一家伟大的公司。在第9章，我们可以看到，哪怕只是一点点的运气，也是成就伟大公司的"配方"中必不可少的成分。

书中提到的所有组织都经历过逆境，甚至有时逆境是它们自己造成的。第10章探讨了其中几家公司对危机恰当或不恰当的处理方式，以及它们是如何努力自我纠正的。

最后，第11章，以一个曾经的行业引领者马失前蹄、未能东山再起的极具启发性的悲剧案例结束全书。50年前，安达信一度被认为是世界上最优秀的专业会计师事务所。它也曾是最优秀的大型审计公司，以及将计算机应用于业务实践领域的引领者。然而，随着公司领导者、服务标准和组织结构的变化，短期盈利成为公司的首要任务。安达信的文化精髓从内部彻底腐烂前，其追求专业卓越的文化是分阶段一步步退化的，实际上其中每一阶段都有可能成为它逆转长期衰败局势的契机。

任何熟悉迈克尔·布隆伯格[①]（Michael Bloomberg）如何重构纽约市市长办公室，或路易斯·郭士纳如何重振IBM，或理查德·莱文如何领导耶鲁大学，或戴维·彼得雷乌斯将军如何领导驻伊拉克联军事迹的人，一定可以理解本书中的经验教训适用于各

[①] 迈克尔·布隆伯格是全球最大财经资讯公司彭博社的创始人，2001—2013年担任纽约市市长，并将其创新驱动的工作方式带入市政府。——译者

种组织的高层领导团队。每一天，本书关于卓越的基本原理在不同领域的公司得到证实，如苹果、谷歌、IBM、通用电气、埃克森美孚、特百惠、约翰迪尔、卡特彼勒、新加坡航空公司、杜安雷德连锁药店、Wegmans 超市、戈尔公司和四季酒店，还有其他各类机构如特种外科医院（HSS）、斯隆凯－特琳癌症研究中心[①]和海豹突击队等组织。每个组织的巅峰都脱离不了人的因素。然而，伟大的公司从不依赖于任何一位卓越的领导者或某种有利的环境。它们之所以历经几代领导者仍能保持卓越，是因为这些领导者不仅熟知旧引领者如何衰落或破产的诸多案例，而且具备对"未知的未知"和个人错觉保持高度警惕的智慧。

伟大的公司最具价值的品质之一，是它能够极为客观地对待自身，并从多层面学习和改变自己，从而做到持续不断地改进。但是大多数组织对此持反对态度；这也是"组织学习"[②]如此罕见的原因所在。然而，伟大的公司之所以能与优秀的竞争对手拉开距离，与其说是在适应外部变化的过程中达成的，不如说是通过加强内部学习实现的，比如促进个人与组织内的其他成员更有效地沟通和合作。随着有效人才网络的扩大和网络中个体效能的提升，再微小的改变也可引发复利效应，同时网络的生产率也将呈几何级数上升。反过来，一家公司的组织学习能力，取决于它是否拥有明确的使命、有效的招聘、完备的人才培养体系、服务客户的创新意识以及多层次的领导能力。本书中的经验教训遵循的正是这样一个高度自洽的理论闭环。

[①] 它是世界上最大的私人癌症研究中心，始创于 1884 年，1936 年迁址于纽约大道，对全球癌症的研究和治疗做出了重大贡献。——译者

[②] 组织学习的概念实际上是从"个体学习"引申而来，是组织不断努力改变或重新设计自身以适应持续变化的环境的过程。——译者

第1部分

成就卓越

ACHIEVING EXCELLENCE

第 1 章

使 命
树立一个鼓舞人心的长期目标

强势的鲍尔

"不,赫伯特!不对!"从佛罗里达州的一个大房间里面传出一个粗粝、几近嘶哑的声音。500名麦肯锡合伙人汇聚于此,他们正在参加公司1996年全球领导人会议。所有合伙人都在听赫伯特·亨茨勒(Herbert Henzler)做报告——他就是那位让麦肯锡在德国取得巨大成功的"设计师"。

亨茨勒的报告,与往常一样,投影在大屏幕上——一系列关键词代表着他认为能确保麦肯锡未来繁荣所应采取的大胆举措。一张幻灯片一个关键词:创新,优化,现代化,革新。只有最后一张幻灯片是由四个英语单词构成的一句话:革新我们的商业体系!(REFORM OUR BUSINESS SYSTEM.)

这时,一位驼背老者穿过会议室通道,略显急切地快步走来,并大声地说:"赫伯特,不对!你的阐述有问题!我们不是一家普通的商业企业,而是一家专业公司!我们拥有专业体系,但绝不只是一个……一个商业体系!"

这位异常激动的老者,正是麦肯锡的前管理合伙人马文·鲍尔(Marvin Bower)。尽管鲍尔已经93岁,但他的言语中仍透露出一种坚定的权威性,以至于整个房间瞬间安静下来,所有人的目光都投向了鲍尔。亨茨勒则僵立在台上,脸色发红。鲍尔在其漫长

| 第1章 使命
树立一个鼓舞人心的长期目标

的职业生涯中，一直致力于让麦肯锡成为一家专业公司，而不仅仅是一门生意——他认为这点区别至关重要，且必须始终锚定"专业公司"这一标准。在长达60年的服务生涯中，鲍尔一次又一次地坚持这一点，并不断提醒团队：即便做某件事有助于公司的商业利益，但只要有可能对麦肯锡的专业形象造成损害，哪怕只有一丝怀疑，也坚决不要做！

发表完观点，鲍尔回到房间后方的座位上。下一个做报告的人是麦肯锡日本的传奇人物大前研一（Ken Ohmae），他是当日被马文·鲍尔直接打断的第二位发言人。大前首先抨击了日本财团僵化的等级制度，以及它们对包括麦肯锡在内的所有顾问公司的抵制，并对此感到无奈。像往常一样，大前为此明确地提出了一个大胆且有创意的解决方案：鉴于日本财团内部至少某些核心人员将由思想开放、对外部想法和新思维方式感兴趣的新高管取代，麦肯锡应该介入猎头一事。在大前的战略中，麦肯锡可通过猎头业务，经由这些新高管获取该公司咨询业务的优先权，其中暗含着这样一个商业逻辑：我们已经辅助您找到工作了，您为何不将贵公司的一些咨询事务交由我们处理呢？

鲍尔站起身，再次快速走到前排，从而让在座的每个人都可以看到和听到他讲话，他大声说道："研一！研一！我们不做猎头业务。从客户那里掐尖最佳人选，这种做法非常不专业，也将导致明显的利益冲突。"这位老者再次打消了任何关于麦肯锡是一桩生意的讨论。鲍尔人生中的一个新篇章，便是尽毕生余力让麦肯锡成为一家真正的专业公司，让每个专业人士都有义务提出异议。

秉承"专业性"这一核心价值观，鲍尔以持异议为先，这次他也像过去一样，再次占了上风。"鲍尔在麦肯锡发挥着核心作用，当'创新者'的任何想法与公司对专业精神的优先追求相冲突时，他都会抨击和反对他们。"长期高级合伙人查尔斯·肖（Charles Shaw）回忆道，"那天他成功了。多年后回头看，我仍深信他的主张是正确的。无论是情感上还是理智上，他在麦肯锡长期坚守成为一家专业公司这一点上做出了重要贡献。这是对'麦肯锡之所以成为麦肯锡'的正本清源。"

使命感

任何一家伟大的公司都有其明确且长期的目标，即一个鼓舞人心且充满魅力的使命。对一家公司而言，长期目标如同北极星，为内部专家们照亮工作所带来的意义、价值和重要性，帮助他们超越"工作只为谋生"的思想局限，升华到以目标驱动的人生。有这样一个古老的故事，一位朝圣者来到沙特尔大教堂①（Chartres Cathedral）的施工现场，询问石匠们正在做什么。其中一位生硬地回答："我们正在修整石头的棱角。"另一位则自豪地说道："我们正在修整石头的棱角，进而为一栋大型建筑物筑起坚固的墙。"而第三个石匠满怀喜悦地说："我们正在建造一座伟大的大教堂，以尊崇上帝的荣耀！"听完故事，你希望与哪个石匠一起工作呢？

对于大多数毕业于名牌院校的年轻人，虽然他们都拥有自由且广泛的选择空间，但是他们会优先接受一家好公司的一份好工作，并在接下来的时光里赚足够多的金钱，以享受世间的美好生活。与之相对，那部分最优秀的少数人，将会选择一条要求更高的路：他

---

① 沙特尔大教堂位于法国巴黎西南约 70 公里处的沙特尔市。教堂主体建筑于 1194 年，1264 年竣工。自 12 世纪以来，沙特尔大教堂一直是西欧重要的天主教圣母朝圣地，以及沙特尔最著名的地标中心。——译者

们不希望从事的职业仅是一份高薪工作,他们更愿意追随具有强烈使命感的雇主。对于这些想要获得卓越成就的最优秀的少数人,好,就意味着还不够好。目标驱动型人才是大型组织达成使命不可或缺的前提,同时对于他们而言,成为组织的一部分至关重要。因此,只有以使命为导向的组织,才能做到持续不断地吸引、激励、引进杰出专业人才,并使其长期投入要求苛刻的工作中,为客户提供一流服务,也只有目标驱动型组织,才可以吸引并留住重要客户,帮助客户应对重要挑战。这也是为什么只有那些拥有强烈使命感的组织才能实现目标并长期保持卓越。

鲍尔的公司价值观

马文·鲍尔对麦肯锡的开创性贡献,就是阐明和传播公司的价值观,同时引导公司成员为实现更高目标或使命而工作,让大家明白,麦肯锡不只是一家业务公司,更是一家专业公司,其包含专业性所隐喻的一切。因为想加入克利夫兰市一家知名律师事务所,年轻时的鲍尔从布朗大学毕业后,选择进入哈佛法学院继续深造,该事务所也就是后来的美国众达律师事务所[1]。他因成绩排名未进入全班前 5%,也不是《哈佛法律评论》的一员,首次应聘事务所便被拒绝了。然而,鲍尔一如既往地坚定,并重返哈佛大学,入读商学院,决定再次尝试。这次他不仅取得商学院前 5% 的好成绩,同时作为《哈佛商业评论》的一名学生编辑,最终被众达律师事务所录用。

鲍尔决心弄明白企业获得成功的原因,他将成功的关键因素列了一张清单[2],这也是他在麦肯锡工作后期经常做的事。清单上包括:客户利益处于首位,并优先于公司利益;始终保持信任;除非确有必要且客户公司内部顾问无法处理,否则不会干涉客户的任何事务;如果事关客户利益,作为其合作伙伴,我们有自由和责任对客户提出不同意见;作为合伙人,需要做到持续指导助理改善工作方式,并指导他们比其他公司更富创意地解决问题,同时保持相对较低收费的成本优势。

作为一名年轻的律师,他同时在众多债券持有者委员会担任秘书,这些委员会负责处理债券违约的问题。通过在这些机构的工作经历,鲍尔发现了这样一种模式:在那些失败的企业中,首席执行官(CEO)需要根据真实信息做出明智的决策,但员工屈从于企业内部的等级制度不敢以实情相告,这导致 CEO 被蒙在鼓里。鲍尔估计,如果一线信息可以真实地反馈给 CEO,仅通过这种方式,那么 11 家企业中有 10 家将免于倒闭。他开始深信,公司的高级管理人员应该像为其提供法律业务的律师事务所一样,拥有同样的独立性和解决商业问题的专业能力。于是,他开始与妻子海伦讨论,从法律转为商业咨询,这里既有风险也有巨大的机遇。

1933 年初,在芝加哥的某家公司重组期间,他为该公司的债券持有者委员会工作。詹姆斯·麦肯锡(James McKinsey)也是该委员会的一员,他是欧扎克斯地区一位农民的儿子,创办了一家规模较小的会计和管理咨询公司。鲍尔关于服装制造业的一篇论文给麦肯锡留下了深刻印象。他询问了鲍尔的职业规划,并邀请他来公司面试。鲍尔起初并不愿意,因为他的妻子害怕搬到"芝加哥黑帮"附近。但是,当众达律师事务所将所有员工的工资削减 25% 时,鲍尔决定接受麦肯锡公司的面试。听了麦肯锡关于公司的介绍后,鲍尔意识到,该公司除了会计业务外,还朝着他所感兴趣的专业公司方向发展,像律师事务所处理法律问题一样,处理商业和管理事务。

鲍尔于 1933 年末加入麦肯锡公司,成为全球首批"职业顾问"

| 第 1 章 使 命
树立一个鼓舞人心的长期目标

之一。这是一次转变，以往都是由经验丰富的实业界高管担任咨询顾问一职，数年后，他们要么重返实业界，要么退休。进入麦肯锡后，鲍尔决心尽其所能，将麦肯锡发展成为他所梦想的那种专业公司。

1935年，詹姆斯·麦肯锡对芝加哥最大的百货商场马歇尔·菲尔德公司（Marshall Field & Co.）做了一次重要研究，彼时正值他事业的巅峰时期。他每天收取50美元的咨询费，这在当时非常可观。经过4个月的调查，麦肯锡发表了关于马歇尔·菲尔德公司的口头诊断报告，报告内容令人震惊：建议它出售旗下24家菲尔德克雷斯特制造厂（Fieldcrest Mills），放弃当时美国最大的干货①市场——芝加哥商品市场（Chicago Merchandise Mart）的业务，同时剥离马歇尔·菲尔德公司的传统核心业务——批发业务，因为该业务长期处于亏损状态。

马歇尔·菲尔德公司已连续亏损5年，该公司董事会敦促麦肯锡出任董事长兼CEO，对公司实行全面改革。麦肯锡本人对成功有极其强烈的欲望，对他而言工作就是生活的全部，同时他渴望获得真正的财富。当了解到自己关于马歇尔·菲尔德公司的建议尚未执行时[3]，他决心接受这一挑战[4]，用实践来检验理论，并努力证明他的理念是可以落地执行的。

进入马歇尔·菲尔德公司后，麦肯锡开始对整个部门进行削减，关闭了其中一些部门，解雇了数百名老员工，并对业务进行重组。这项工作工程浩大，令麦肯锡深感疲惫，同时对他的生活造成了极大的威胁。[5]他挽救了马歇尔·菲尔德公司，却毁了自己的健康[6]，他在一次感冒后转为肺炎。在没有青霉素的时代，这种病是致命的。他于1937年突然去世，年仅48岁。正如鲍尔感叹

---

① 干货是指不需要特殊储存的物品，该术语最初用来指代各种类型的纺织品，也包括其他物品。——译者

的那样:"就个人而言,我失去了自己最崇拜的英雄人物;就职业生涯的缺憾而言,我只跟导师学习了不到两年的时间。"

尽管他的公司拥有各职能领域的专家,但麦肯锡始终倾向于"成为高级管理人员需要通才"这一观点。他的整体诊断方法关注核心政策,以及实施这些政策所需的战略。麦肯锡关于管理咨询的基础理念,不仅包含研究企业如何更有效地生产,还包括其对是否拓展某种特定业务的决策。鲍尔表示:"麦肯锡的理念——管理的本质就是业务的整合及其(作为组织的)各组成部分之间交互作用的管理过程——是他对咨询的最大贡献。麦肯锡在咨询方面的第二个贡献是:他通过理论和行动证明,做咨询一定要保持独立性,并且愿意将他看到的事实告诉客户。从麦肯锡身上,我学到了管理的基本理念和方法。其中最重要的理念为,要实现对某一业务的重大改进,最好的办法是将它看作一个整体来处理。此外,在麦肯锡看来,管理应该尽可能地简单。"[7]

在詹姆斯·麦肯锡奠定的基础上,马文·鲍尔作为这家公司的总设计师和首席建筑师,将麦肯锡公司打造成了全球最大、最受尊敬的顶级管理咨询公司。每月一次在周六举行的培训课,所有人都会参与,这也成为鲍尔"布道"的讲台,他会讲解公司政策和从詹姆斯·麦肯锡那里继承的"用实践来检验理论"的理念,尤其推崇"专业操守"。麦肯锡公司刻意避免公开推销它的专业服务,因为詹姆斯·麦肯锡相信,如果客户得到优质的服务,潜在客户就会慕名而来。(其他人则反驳说,虽然不称为"销售",但咨询业务一旦开始,公司就能说服客户扩大或拓展业务,并在发展定期回头客方面格外成功。)对麦肯锡公司来讲,为客户提供优质服务的信念是如此重要,其自然而然形成了这样一种观点:任何一个客户都是整个公司的客户,而不仅仅是某个孤立的顾问的客户,因此必须充分利用公司的所有资源服务每个客户。此外，詹姆斯·麦肯锡深信专业公司应该为其声誉投资，其办公室要坐落在精心选择的地点，并进行引人入胜的装饰，他的这一信念也持久地影响着这家公司。

一家公司的使命，必须能从内部和外部引起共鸣，才能发挥效用。鲍尔坚持使用"管理咨询"这一术语，远离"效率专家"或"管理工程"之类的不专业表述。[8] 他坚持认为咨询应被视为一个专业和职业，需要接受严格且持续的培训。鉴于公司的主要潜在客户都是全国性运营的，鲍尔认为麦肯锡公司也应该在全国开展工作，在主要城市设立办事处，同时要求这些办事处都必须作为"一体化公司"（one-firm firm）的一部分，采用标准统一的办公政策和办事程序。[9] 同时，麦肯锡公司精心制定了诸如制造、组织、管理信息和控制等领域的咨询指南，并预留出应对空间，以便遇到异常情况时可灵活应变。

描述性专业术语及简明短语，对定义公司的使命至关重要。每当有人建议公司制定营销手册时，鲍尔的第一反应都是谴责这种不专业的想法。然而，当他发现，在没有任何外部传播的情况下，他领导制作的手册有助于促进内部价值观达成一致时，他转而开始十分赞同这种做法。最后，他们完成了一本 42 页的名为《成功管理之道》（Supplementing Successful Management）的精装小册子。鲍尔确信这可以清晰地表明，麦肯锡公司致力于成为一家真正的专业公司。

鲍尔抓住每次机会，倡导专业理念。他于 1950—1967 年间一直领导着麦肯锡公司，64 岁才退休。这一时期，麦肯锡公司决定专注于咨询，完全放弃会计和精算服务，同时剥离猎头业务，因为猎头业务会导致利益冲突、专业满意度极低和收益不足等问题。（大前研一在佛罗里达州会议上的提议，其实触碰到了鲍尔的痛处。）在佛罗里达州会议上，鲍尔发表讲话，记下备忘录，同时不断劝告其他同事，直到两个同事将他拉到一边并说明，虽然他们同意他关于麦肯锡使命的定义，但过多地重复正在破坏他的事业。鲍尔接受了他们的建议，并迅速采用他所谓的"通过成功进行说服"的策略。他寻找机会，通过赞扬让他人采用专业方式，并不再正面反驳，而是背后指导。无论哪种方式，鲍尔坚持的专业理念始终未变。

鲍尔作为专业理念的不懈倡导者，推动了这一理念的牢固与繁荣，也让麦肯锡走上一条与众不同的发展道路。当时，麦肯锡的主要竞争对手——博思艾伦咨询公司则侧重于将咨询视作一门生意，这反而无意间为麦肯锡提供了帮助。鲍尔对专业主义的承诺，最终——当然鲍尔更喜欢用"必然"一词形容——促使麦肯锡更强大。如今的合伙人相信，这是公司崇尚专业服务和客户利益至上的直接成果。

正如鲍尔曾经解释的那样：

> 因为广泛、严格和始终如一地运用专业理念，我们已在吸引、服务客户，以及与客户维持关系方面形成一种秘而不宣的优势。这种优势也可以通过其他方式为公司带来利益，并将麦肯锡与大多数咨询公司区分开。然而，这一优势确实不存在任何秘密。我们所做的就是向咨询顾问持续灌输传统专业性标准，这些标准不但是众所周知的，而且是现在大多数咨询顾问认可的。我们的优势在于，深刻理解为客户和公司提供专业服务的价值理念，同时也源自我们对这一理念的极为广泛、严格和始终如一的应用，它已自然地内嵌于我们的思想和行动中。[10]

在尚未规范化的领域追求专业精神，有助于实现两个相关联的目标：一是帮助客户在绩效方面取得实质性、持久性和正向性的改善；二是建成一家可以吸引、发展、激发并留住杰出人才的优秀公司。麦肯锡的每位潜在客户和潜在顾问都会问及一个必须给出令人信服答案的问题：为什么要选择麦肯锡？而麦肯锡坚持其使命感要鼓舞人心并且拥有持久价值的宗旨，正是这一问题的最好解答。

如果没有下定决心并确保公司始终致力于成为专业公司，麦肯锡永远不会成为全球咨询业中最好的公司，无法为客户提供极致服务，也无法为众多乐在其中的顾问提供极致的工作体验和学习经验。在各个领域，简明清晰的愿景和核心目标都是杰出企业的重要基础。

永远做对投资者有利的事

对于公司内部人员来说，使命是宏大的，直接关系到他们为何在这里，为何如此在意，以及为何如此努力。有时，使命也作为一种调和冲突影响的方式而出现。例如，资本集团公司[11]——一家为数百万投资者管理着超过 1 万亿美元资产的全球领先的投资集团——的使命便是平衡三个表面看来相互矛盾的目标。使命冲突首次浮出水面是在 20 世纪 60 年代初期。1961 年和 1963 年，这家公司的候任领导者乔恩·洛夫莱斯（Jon Lovelace）两次病重，被迫短暂离开公司。逆境中的恢复期，是一个人展开反思和做出个人决定的最佳时机。在第二次康复期间，资本集团的多名共同基金经理拜访乔恩·洛夫莱斯时表示，他们可以清晰地看到他在资本集团中的未来角色。他的父亲是公司的创始人乔纳森·贝尔·洛夫莱斯（Jonathan Bell Lovelace），当时已 67 岁，但仍未透露任何退休计划。乔恩·洛夫莱斯决心克服自己的胆怯并担负起公司的领导职责，其前提是在关于公司的三大全新使命方面，公司的其他核心管理层可以与他达成一致。

围绕着公司的主要目标，资本集团内部当时已形成两大阵营。

一方强调为投资者服务，另一方注重公司所有者的回报。这类似于曾激起鲍尔对麦肯锡是专业公司还是商业公司的那种辩论。在当时，传统的选择是"公司所有者至上"，但乔恩·洛夫莱斯提出，资本集团不应在"投资者至上"与"所有者至上"之间进行选择，而应尽可能全面、持续且均衡地抓住三个群体，即投资者、所有者及公司内部坚持"投资者至上"的专业人士。这个建议具有特殊重要性，因为通过股份收购，乔恩·洛夫莱斯已经让自己变成了这家公司的重要股东——随后公司才实现微少盈利。

1963年，乔恩·洛夫莱斯约见了他的父亲和其他负责人，就公司目标达成一致意见。此后不久，他的父亲宣布他为继任人。这一罕见的三方均衡战略，对公司内外部都起到了作用，防止了潜在的内部分歧，同时提供了有意义的组织目标或使命，为资本集团的长期成功做出重大贡献，即永远做对投资者有利的事。长远来看，三大群体的利益是一致的：假如投资者收益良好，资本集团的合伙人和所有者也将同时获益。

在其所在的基金行业中，资本集团是与众不同的。大多数共同基金公司关注募资（即销售），相反，资本集团更关注投资，即是否使客户获得出色、风险可控的长期投资回报。资本集团的关键政策始终将重点放在考虑"长期投资者的长期利益"上。在发起新的共同基金时，资本集团采用的方式较为独特：它以一种善意的家长式作风和严格自律的约束精神，总是极端强调将投资者的利益放在首位。

对一家拥有自身理念的专业公司来讲，最大的考验是它能做到自愿放弃竞争对手所做之事，尽管那样做会十分有利可图。共同基金行业的行事惯例通常是"提供所能出售的任何商品"，无论何时，只要投资者的兴趣能激发更多的销售机会，便设立特定类型的新基金。资本集团的行事方式则相反，并且最终为投资者带来了优异的长期业绩。与大多数共同基金公司不同，资本集团不会轻易发起新的基金，除非公司的投资专家表明"长远来看，当下投资这只基金对投资者而言将是一个好选择"。例如，20世纪80年代，新兴市场投资已经连续数年进入上升通道，这一时期资本集团已成为机构投资者投资新兴市场的引领者。到20世纪90年代初期，个人投资者对新兴市场的兴致高涨。许多基金公司尽管远没有针对新兴市场的经验或能力，却依然在销售新兴市场共同基金产品。经纪人呼吁资本集团向个人投资者提供新兴市场基金，因为这可能盈利颇丰。然而，资本集团拒绝这样做[12]，因为个人投资者不明白投资发展中国家的实际风险，尤其是在估值方面存在突变风险，而一旦发生突变，将不可避免地令投资者感到失望。资本集团不会仅仅因为对个人投资者而言产品好销售，便提供相应的新基金。

相比1993年，1999年新兴市场共同基金的平均价值损失了一半，导致零售需求极为低迷。然而，资本集团却准备推出针对新兴市场的零售基金。当时由于东南亚和俄罗斯的金融危机，以及长期资本管理公司（Long-Term Capital Management，LTCM）对冲基金的崩盘，投资者的期望大大降低，同时多数竞争对手的新兴市场基金处于净赎回状态，资本集团却在此时发布了新世界基金（New World Fund）。这只基金将在市场底部附近，投资精心挑选的新兴市场主权债务投资组合，以及总部位于发达国家但大量业务在新兴市场的国际公司股票，同时避免投资那些将总部设在新兴市场国家的公司，因为这些国家的监管和会计制度尚不完善且充斥着腐败。这只基金发布以后，表现良好。类似地，资本集团于1994年在市政债券市场底部发行美国高收益市政债券基金。随着固定收益的恢复，该基金在同类基金中排进前3%。

资本集团坚持"为长期投资者的真正利益服务"的理念，不仅一次次为公司的各项运营决策指明了方向,对公司负责投资的专业人士而言,也是持续的激励。

梅奥的"真北"

强有力的目标容易提炼,却难以实现。相比资本集团,梅奥诊所①的"真北"②(True North)目标更明确。梅奥没有股东,也没有追求利润的专业人员。它由受薪雇员组成的基金会控制。尽管医学发展迅速,梅奥仍坚持简单、清晰且引人入胜的使命:患者需求第一。剩下的其他方面都是对这一使命的落实执行,而无须考虑医疗健康领域的发展多么烦冗复杂、费用多么高昂。

梅奥有诸多关于患者优先的案例,其中一个案例是提高住院患者的睡眠质量。当部分患者抱怨睡眠不好时,实习医生们便通宵熬夜,看是否可以找到原因。那晚,他们发现夜间医院有太多噪声,这正是影响病人睡眠质量的原因所在。噪声的来源有:电话铃声、金属写字夹板的回弹声、大厅里推动 X 光机的轱辘滚动声……其对应的解决方案为:电话连接信号灯,来电时就不需要再响铃;金属写字夹板加软垫消音;调整拍摄 X 光片的时间……结果,患者不但可以更安静地休息了,他们的康复速度也加快了。

梅奥的创始人是威廉·J. 梅奥(William J. Mayo)和查尔斯·H. 梅奥(Charles H. Mayo)两兄弟,人们习惯称他们为威尔医生和查理医生,他们深受父亲威廉·沃拉尔·梅奥(William Worrall

---

① 梅奥诊所也称梅奥或梅奥医学中心。——译者
② 真北也称为大地北,是沿着地球表面朝向地理北极的方向。它是一个天文学术语,在多数场合,北极星所在的位置就是真北。此处的含义是指梅奥的使命、目标更明确。——译者

Mayo)医生的影响。查理医生曾说过:"如果说我们有表现出色的方面,那就是我们有能力将理想转化为行动。"威尔医生将梅奥诊所取得长期成功的关键因素归结为以下三个:持续追求高质量服务而不是利润;持续关注每个患者的护理和福祉;每位员工对同事的专业进步保持热情。最近,其他三个原来含混的潜在因素也明确化,即拥抱变化、追求卓越、绝对诚实。但自始至终,梅奥的核心承诺仍是将患者的需求放在首位。

1988—1998年,罗伯特·沃勒(Robert Waller)担任梅奥CEO一职,他表示:"这与价值体系有关。梅奥非常幸运,创始人在一开始便不可思议地创立了一套高瞻远瞩的价值观。我们会尽力照顾病人,一直专注于'满足患者需求'这一共同的使命,努力让病人健健康康地回家。"

当代医疗保健体系庞大,以患者护理为中心,同时兼顾医学教育和研究,这显然是一项复杂的事业。每个患者都是独一无二的,卫生保健服务理应个性化,但现实往往是"客户"或患者穿着一样的病号服,在最需要依靠、最焦虑、最脆弱的时候才获得救助,而且常常感到非人性化。这也是梅奥以服务为中心的文化如此受患者珍视的原因。在他们极其需要值得信任、依赖的护理时,梅奥可以提供许多精心设计的方案。一位梅奥医生解释说:"梅奥诊所等同于一种理念[13]:以患者作为我们的工作中心。围绕患者所建立的其他一切,都是基于此理念。"

高盛"十诫"

伟大的使命具有恒久价值,机构内部人和客户都将其视为值得信赖的承诺。20世纪70年代后期，高盛的联席董事长约翰·怀特黑德（John Whitehead）越来越担心：公司的巨大成功可能无意中削弱其对既定使命的坚定承诺。40年来，高盛一直在努力重建，以弥补其在1929年的股市崩盘及其投资旗舰公司——高盛交易公司上的失败。20世纪六七十年代，高盛成为华尔街最赚钱的公司。同时，它也正朝着成为华尔街最好的公司发展，开始被很多企业高管赞誉为值得信赖的公司，这一点至少对怀特黑德来说很重要。（几十年后，怀特黑德的担忧戏剧化地变为现实。2008年金融危机爆发，高盛的声誉也遭受沉重打击。）

虽然公司员工流动率极低，但公司的稳定增长意味着每年需要8%～9%的新员工。这意味着，3年后公司拥有1/4的新员工。怀特黑德明白这一数据的背后含义，他担心高盛会因此失去一些宝贵的品质。他需要解决这一棘手问题："如何向所有新加入高盛的员工传达信息，让其理解、相信高盛的核心价值观，并运用到日常的所有工作中？"

怀特黑德收集整理了他知道的高盛的所有不成文原则，经过数周的思考，在某个周日下午用了半天时间亲自手写出来。清单以10条主要声明开始，但他的搭档，虔诚的天主教徒乔治·多蒂（George Doty）认为，这样做太接近（《圣经》）"十诫"，可能有些亵渎神灵，因此最终扩展为14条。[14]经其他合伙人修改后，《我们的业务原则》正式排版、复印，并发送给所有员工及其家属，其中写给约翰·史密斯（John Smith）一家的信函尤其仔细。怀特黑德说："我只是把能想到的我们所为之奋斗的内容写了下来。"高盛的前三条业务原则是：

1. 客户利益永远至上。我们的经验表明，只要为客户尽心服务，成功就会随之而来。

2. 最重要的三大财富是人才、资本和声誉。三者中任一项遭到损害后，重建最难的是声誉。

3. 我们为自身的专业素质感到自豪。对于所从事的一切工作，我们都以毫不动摇的决心追求卓越。虽然我们的业务量大且覆盖面广，但如果必须在质与量之间进行取舍，我们宁愿做到最好，而非最大。

以上原则对高盛人来说是真实存在的，在其快速成长期，如此定义公司使命，不但引起客户的共鸣，也让公司变得与众不同。正如合伙人吉恩·法伊夫（Gene Fife）所言："我献身于高盛的传统企业使命不是出于一种宗教信仰，而是因为这是一种开展优秀业务的高效方式。"

怀特黑德并未止步于此，他提出了另一套拓展业务的指导方针或策略，即"高盛十诫"：

1. 对确实不想做的业务，不要浪费时间去做。
2. 通常是老板做决定，而不是助理财务主管。所以，你认识老板吗？
3. 获得一流生意与获得二流生意一样容易。
4. 行胜于言：当你说话时，你学习不到任何东西。
5. 客户的目标比你自己的更重要。
6. 获得一个人的尊重，比结识 100 个人更有价值。
7. 有业务要做时，赶紧完成！
8. 牛人喜欢与牛人打交道。问问自己：我是吗？
9. 没有什么比客户的不满意更糟糕。
10. 如果你获得了一项业务，能否把握住全靠你自己。

高盛的原则从不流于形式。高盛也从未特意为有声望的客户做过任何事情，反而是向有声望的客户收取的费用最高。每位银行家总是期望能在客户服务与赚钱这两项最重要的原则上都取得成功。即便只能通过削减费用赢得或维持业务时，也请不要削减费用；赚钱，始终且毫无例外，一直是高盛的基本原则。但从之前通过服务客户来赚钱——分"两步走"的传统方式，到如今转变为激进地只关注赚钱，高盛已经不是原来的高盛。

有些专业公司仍试图用自上而下的规则来管控员工，但在大多数专业领域，基于规则的管理既无法跟上大多数行业的变化速度，也无法解决各种需要基于价值做出紧急决策的特定情形下的需求。如何采取正确行动，难点在于快速决定，以至于来不及收集所有事实或没有时间充分思考；同时，做正确的事可能意味着，需要做的事往往处于不确定的灰色地带，而这也是正确决策的难点之一。然而，公司必须拥有迅速应变能力，这就要求其价值观必须明确。基于既定规则的管理模式，可以将决策权下放至一线工作人员。因此，一线工作人员应该明白公司的文化和价值观，以及特定业务的具体情况，他们有责任知晓如何以正确的方式做正确的事。

Cravath 的里程碑——IBM 诉讼案

有别于高盛的商业原则清单，有些异常高效的使命反而陈述极其简约。Cravath（Cravath，Swaine & Moore）致力于成为在美国法律框架下处理最棘手案件、最有成效的律师事务所。虽然这个表述极为简洁，但执行起来需要拥有巨大的献身精神。

第 1 章 使 命
树立一个鼓舞人心的长期目标

对 Cravath 或任何律师事务所而言,当时最大的委托合同签订于 1969 年 1 月 17 日,即林登·约翰逊(Lyndon Johnson)总统任期的最后一个周五,这一天司法部部长拉姆齐·克拉克(Ramsey Clark)提起诉讼,指控 IBM 垄断计算机市场。该诉讼文件显示,IBM 企图将硬件、软件和支持服务捆绑销售,以不公平的低价引进新计算机,在明知不能按时交付某些型号时仍大幅提前公布新型号的上市时间,以给予教育机构超乎合理、有差别的大额折扣等方式垄断市场。司法部要求 IBM 必须分拆为"可区别、分散、相互独立且相互之间竞争均衡的实体"。该案件持续时间长达 13 年,在此期间内又涉及诸多相关诉讼案件。

Cravath 首席合伙人萨缪尔·巴特勒(Samuel Butler)回忆说:"IBM 作为美国最受尊敬的公司之一,当它试图将案件委托给我们时,我们感到极其自豪,并决心向它展示我们拥有处理这项任务的能力。对于当时的 Cravath 而言,IBM 的委托是我们难以想象的业务。随后我们意识到,如果能做成 IBM 的案子,我们就能做成任何案子。"IBM 诉讼案的历史进程,正是 Cravath 律师事务所对其所选愿景的最好说明。

IBM 是当时美国最重要的一个行业中最重要的公司,当时 Cravath 与 IBM 之间的相关业务很少。连接两家公司的关键人物是高级合伙人布鲁斯·布罗姆利(Bruce Bromley),他于 1952 年在另一起反垄断诉讼案中为 IBM 辩护。布罗姆利与几位合伙人接触后,最终选定 38 岁的托马斯·D. 巴尔(Thomas D. Barr)以及由他带领 Cravath 的律师团队,承担几乎所有的诉讼案件,同时他们也承担为 Cravath 争取到 IBM 这一潜在的最大客户的任务。布罗姆利当时已经年逾八旬,仍坚持每天阅览审判笔录,并做出专业犀利的评述。合伙人约翰·R. 赫珀(John R. Hupper)回想起过去时说："每当事态严峻时，我们都会一起全身心投入。"

巴尔关于 IBM 诉讼案的辩护策略[15]非常庞大、昂贵且复杂，但最终也是成功的。他们在整个案件中提供了 2 500 份证词和 6 000 万页的文件，经历 726 天的审判日，涉及 856 名辩方证人，并向法庭展示了 12 280 份证据和 104 000 页笔录。13 年中，司法部在该案件上至少花费 1 500 万美元。IBM 向 Cravath 支付了 5 000 万美元，外加 2 500 万美元的诉讼费用。

1972 年 10 月上旬，《纽约时报》报道[16]，IBM 与司法部将在华盛顿举行会议，其主要目的是解决 4 年前针对这家计算机制造巨头提起的反垄断诉讼案。此前一周，IBM 董事长兼 CEO——强硬且进取心极强的托马斯·V. 里尔森（Thomas V. Learson）突然宣布将于 60 岁退休，也就是说他在这一职位上只待了 18 个月，转而支持更善于调解的弗兰克·T. 卡里（Frank T. Cary）接任。当月后期，Cravath 律师事务所的巴尔与司法部会晤，试图制定解决方案及和解协议，但并未成功。

接着，巴尔要求将审判推迟到 1972 年总统大选后[17]，因其认为"来自新闻界和选举的压力可能导致司法部提出不可商议的要求和最后通牒，而这将迫使我们为声誉而战"。90 分钟的听证会上，巴尔与政府首席律师雷蒙德·M. 卡尔森（Raymond M. Carlson）之间的辩论过于激烈，以至于法官戴维·N. 埃德尔斯坦（David N. Edelstein）要求双方在辩护中不要介入太多个人情绪。很快长凳①上的这一指示被证明极具讽刺意义。

埃德尔斯坦是纽约南区的首席联邦法官，他否决了 Cravath 的推迟申请，而这只是针对 IBM 和 Cravath 极具敌意的一系列宣判

---

① 长凳指本案法官或整个司法系统。——译者

中的首个宣判。在长期的审判过程中，埃德尔斯坦法官成为积极的政府效忠者，经常偏袒代表政府的控方律师，同时刁难 Cravath，尤其是针对巴尔。巴尔和埃德尔斯坦在庭审中激烈辩论，各展其能，成为该案件中越来越有争议的插曲。

巴尔提供的证据表明，IBM 在数据处理领域的份额远低于美国司法部 6 年期估算值。他在辩护时讲到，IBM 在取得长足发展的同时，其所在行业的发展甚至更快，而且 IBM 的业务不仅包含硬件设备，还包含需要供应商和客户作为合作伙伴共同参与才能解决的"复杂的客户问题的复杂系统"。因此，对相关市场进行恰当定义就至关重要。在美国，84 000 台计算机中有 70% 以上安装了 IBM 操作系统，其他国家的 58 000 台计算机中有 50% 以上安装了 IBM 操作系统。政府狭义定义该市场，认为该行业仅包括 8 家销售计算机系统的公司，而 IBM 则主张该行业涵盖更广，包含成千上万不同的竞争者。

1974 年 1 月，Cravath 在 IBM 总部纽约附近设立了一个"临时"办事处。接下来的十几年，它成为"公司内的公司"①的中心，在这里，律师们不用西装革履，超高强度的工作也为他们带来 10 000 美元的高额津贴，而 Cravath 为员工提供的 18 个月传统轮岗培训则取消了，晚上和周末的休息时间当然也随之泡汤。尽管负责 IBM 案件的助理律师 2 年工作结束时，名义上可自由调换到其他地方，但是多数人认为这样做可能会破坏未来取得合伙人身份的前景。参与诉讼案的一位助理律师就表示："我们大多数人从不敢要求调换工作地点。"其中一位名叫约瑟夫·萨希德（Joseph Sahid）的员工曾一天要收取 24 小时的费用，而在他之前还真有一位，也就是罗纳德·S. 罗尔夫（Ronald S. Rolfe），他在飞往加利

---

① 它的含义是 Cravath 在 IBM 公司内办公。——译者

福尼亚州的飞机上也要工作，因为 3 小时的时差，所以一天要收取 27 小时的费用！（之后他们都成了 Cravath 的合伙人。）不同于 Cravath 全面彻底的调查、周密严谨的管理和持续不懈的推进，政府方律师几乎从不做准备，因此常常不得不要求推迟审理。

Cravath 为 IBM 创建了一个规模庞大的文件检索系统，这也是第一个可处理如此大规模文档的系统，该系统可以通过关键词快速组合文档。键盘操作员逐词打印制作卡片，相关文档就可以逐页用带有主题词的穿孔卡片标识出来。为确保精确无误，每张卡片打印 2 份。他们以"双保险"方式复制处理了 100 万份案卷，其规模是前所未有的。

IBM 案件团队的律师只占整个 Cravath 的 20%，却贡献了 35% 的收入。虽然 Cravath 在 IBM 总部纽约怀特普莱恩斯的办事处已有 30 ~ 40 名律师，但随着 IBM 案件的诉讼业务扩张，负责人巴尔需要更多人手。Cravath 的信托和地产业务专家乔治·吉莱斯皮（George Gillespie），也是一名公认的投资家，善于运作资本市场。他成功挖掘出起诉 IBM 的几家外围设备制造商中的一条关键性制约信息，即它们无法筹集到加速扩张所需的资本。吉莱斯皮还确定了两名专家证人：福特汽车的总裁阿杰·米勒（Arjay Miller）和伯克希尔·哈撒韦公司（Berkshire Hathaway）的沃伦·巴菲特（Warren Buffett）。吉莱斯皮说："巴菲特作为 IBM 的证人和关键人物，绝对能量惊人！他摁倒了政府！"米勒和巴尔一样，都感受过埃德尔斯坦的敌意，后来他回忆道："我一生中从未像在埃德尔斯坦法官面前那样被凌辱和贬低过。"

Cravath 快速解决了许多其他公司针对 IBM 的"边缘性"诉讼，其展示出的进取心和坚韧性让它在同行业中崭露头角。在处理 Control Data 公司对 IBM 的诉讼中，基于 Cravath 特有的自律精神，巴尔采用的诉讼战术取得了决定性的战略优势。Cravath 已有大量与 IBM 反垄断案相关的文件，而 Control Data 一案上的文件要求与前者一致。Cravath 就是 Cravath，在递交 IBM 诉讼案文件前，律师们花了大量时间阅读每份文件，以确保了解所有内容。相比之下，Control Data 的法律顾问则依靠助理，只审阅了 20 多箱文件。这是一个致命的错误。Cravath 的律师们找到了关于 Control Data 参与密谋操纵市场和定价的确凿证据。巴尔迅速提起了反诉，其法律诉求足以让 Control Data 破产，这迫使对方律师私下约见巴尔，并恳求说："我们和解吧。"

政府律师为可以利用私企对 IBM 诉讼案中的现成资料感到兴奋，特别是 Control Data 一案中 IBM 提供的大量文档中整理的事实已归档，形成计算机化数据库。当 Control Data 在周日晚上通知司法部它将与 IBM 达成和解时，政府方的首席律师迅速采取行动，索要该案的重要数据。可惜为时已晚。因为作为和解协议的一部分，Cravath 的合伙人乔治·特纳（George Turner）和约翰·亨特（John Hunt）不仅提前就数据库的销毁问题进行了谈判，而且周末在他们监督下，相关文件已被粉碎。Cravath 再次为其客户获得决定性的战略优势。

针对 IBM 的其他关键的附属诉讼也都败诉。对于 Greyhound 公司提起的诉讼，由于巴尔的团队当时是如此之小，以致有段时间他不得不全身心投入这一案件。他的第一个动作是，寻求并争取将案件管辖权从芝加哥转交到凤凰城，这意味着 Greyhound 的芝加哥律师，像 Cravath 团队一样，也是客场作战。巴尔通过 2 个月杰出的集中性复审，甚至在 IBM 一案向法院正式提交前，便提出了对 IBM 有利的直接裁决。最终巴尔成功了。

Telex 是另一家起诉 IBM 的公司。Cravath 的助理律师约瑟夫·萨希德（Joseph Sahid）质疑 Telex 提供的人事档案不全，坚持要求前往 Telex 在俄克拉荷马州的办公室进行现场调查。在那里，他从一名 IBM 前员工办公室中找到一份标有"IBM 机密"的文件夹，其中包含不当获取的 IBM 公司信息。在 Cravath 其他律师的辅助下，他收集到一堆罪证。尽管如此，法官谢尔曼·克里斯蒂安森（Sherman Christiansen）仍判定 IBM 违反了《谢尔曼法》，并对 IBM 处以创纪录的 2.59 亿美元的高额赔偿金。这激起了巴尔——一名美国海军陆战队前队员——及其律师团队的怒火，他们决定投入这场战斗。Telex 的首轮胜诉在 IBM 的上诉中被推翻，同时 IBM 获得了 1 850 万美元的赔偿。随后，Telex 又向最高法院提起上诉，但最后双方和解了。

对于 CalComp 公司（California Computer Products）提起的诉讼，巴尔退回二线，因为他在纽约负责联邦政府的诉讼案不能脱身。Cravath 律师事务所于是聘请了洛杉矶一家处于行业领先地位的律师事务所，其由时年 34 岁的戴维·博伊斯（David Boies）负责监管和运营，他当时成为合伙人已有 3 年，在孟买处理起诉印度政府的案件时被召回。博伊斯飞行 11 小时首先到达东京，然后换乘 12 小时航班飞往肯尼迪国际机场，并于周日早晨到达。刚一到达，他便收到了大量关于 CalComp 的资料，这些资料需要在周一与巴尔会面之前阅读完。这也体现了 Cravath 顽强敢拼的工作作风。随后，博伊斯和家人搬迁至加利福尼亚州，并组建了一支 12 人以上的律师团队，整个团队在工作日需要保证从上午 8 点至凌晨 2 点处于工作状态。审判日每晚 10 点左右，Cravath 的律师团队将拿到当日笔录，他们将笔录内容拆分、重组成可行的事实调查，用于支持他们试图为 IBM 举证的一系列主张。每一页新文件都可以交叉引用，回溯到原始底稿中的某些特定页。当任何主张需要更多的支持文件时，博伊斯会被尽快告知，以便第二天在法庭上他可以争取到相关文件。

即便只是应对一个不予考虑的简单提案，他们也为之付出异乎寻常的努力，这令 CalComp 的律师们深感震惊。博伊斯的工作笔录有 1 000 多条交叉引用。"我一生中从未遇到过类似的事情，"CalComp 的首席律师马克思·布莱切（Max Blecher）回忆说，

> 我对他们动用的庞大人力及其成本[18]，感到不知所措，也很好奇如果客户实施任何成本控制，他们将如何运作。他们做的每件事都体现了这种专业态度。他们光用纸张就足够把我们埋了，他们徒劳地整理成堆成堆的文件，要求对方承认实际上很可笑的事实。这些资料叠起来足足有五六英尺①高！*

法庭上，博伊斯的表现极为出色，尤其令人难忘的是他要求 CalComp 的 CEO 朗读其最近一次演讲的内容，那次演讲时他讲道："我没有将 IBM 视为竞争者，我们真正的竞争对手不是 IBM。"案件即将结束时，博伊斯以口头动议请求直接判决原告的申诉结案。在短短 2 小时内，Cravath 的动议就获得了批准。

1981 年 6 月 1 日，Cravath 暂停了由政府发起的反垄断主诉案中的工作。法庭上，巴尔表示愿意与罗纳德·里根（Ronald Reagan）总统的反垄断案的新负责人——斯坦福大学教授威廉·巴克斯特（William Baxter）进行谈判，因为他对反垄断法持保守态度。7 月中旬，巴克斯特致电巴尔，说明他对 IBM 案件的了解程度还不足以推进谈判，但表示愿意在 10 月 1 日前解决某些具体问

---

① 1 英尺 = 12 英寸 = 0.304 8 米。——译者
* 一些有思想深度的观察家相信，正是 Cravath 的强力推进和几乎无限制的开支，扭曲了司法程序。

题或整个案件。巴尔建议每周召开 IBM 案件报告会议，对此巴克斯特表示同意。然而，司法部的律师对此感到很生气，因为他们认为靠他们自己就足以弄清楚整个案件。但是，巴克斯特想听到控辩双方的声音，因此安排了 8 次全天的周六案情简报会。在这一系列简报会上，Cravath 全面且彻底地展示了案件所涉及的事实、概念及各个方面，这让反垄断局的律师们感到应接不暇。

1982 年 1 月 6 日，周六案情简报会已结束，政府部门的控方律师们同意撤销这件有史以来最长的反垄断诉讼，因为案件本身"缺乏依据和价值"。两天后，IBM 在曼哈顿的豪华迪斯科舞厅 Regine's 为所有律师举办庆祝活动。此案之前，IBM 并不是 Cravath 的固定客户，但也是从那时起，IBM 所支付的费用在 Cravath 的年收入中平均占比约为 10%。埃文·R. 切斯勒（Evan R. Chesler）于 2007 年成为 Cravath 的首席合伙人，他回忆道："21 宗案件中，我们仅败诉 1 宗[19]，而这 1 宗在上诉时又被反转扳回一局。在司法部撤销针对 IBM 的指控后，我们发现客户正在排队等着与我们签约，而这一现象还在继续。"

对博伊斯以及负责 IBM 案的其他合伙人而言，这是一次定格人生的经历。他总结道："这不仅是最大的反垄断案，也是最大的磨炼。我们拥有了成为'最激动人心行业中最激动人心的公司'的胆量。这一切不能简单归结为，如果没有这个案子，还会有其他促使我们走到今天的案子。可以说，如果没有 IBM 案，我们将成为不同的律师、不同的自己。"但是，可以肯定的是，Cravath 的使命是不变的，它致力于成为在处理最棘手案件上最有成效的律师事务所。

* * *

伟大的公司都致力于实现具有挑战性和启发性的使命，并为其行业和客户提供令人信服的价值，从而使自己从诸多实力雄厚的公司中脱颖而出。在其将使命转化为日常实践的过程中,需要天赋异禀和有格局的人,在他们的指导和纪律规范下,确保使命始终不变。同时,保持企业文化与企业使命始终一致,是所有领导层的核心职责。

注 释

[1] 美国众达律师事务所(Jones,Day,Reavis & Pogue)的前身是 Tolles,Hogsett,Ginn & Morley。

[2] Marvin Bower, The Will to Lead (Harvard Business School Publishing, 1997), p.11.

[3] 作为曾经的教授兼企业家,麦肯锡针对马歇尔·菲尔德公司的这批管理者开设了一门上午 8 点开始的讲座课程,同时安排同事 W. H. 纽曼将其整理成《商业政策与管理》(Business Policies and Management)一书。纽曼在麦肯锡去世后完成该书的出版。

[4] 麦肯锡同意加入马歇尔·菲尔德公司后,收到了十几封收购这家小公司的信件。其中一封来自惠林顿会计公司(Scovell, Wellington & Co.)——一家当时总部设在波士顿的大型知名会计和咨询公司的 C. 奥利弗·惠灵顿。只召开了一次周末会议,惠灵顿便同意收购詹姆斯·麦肯锡公司(James O. McKinsey & Co.)。合并后公司名称为麦肯锡-惠灵顿公司(McKinsey, Wellington & Co.),由原来在惠林顿会计公司负责管理工程板块的注册会计师霍勒斯·G. 盖伊·克罗克特(Horace G. "Guy" Crockett)负责管理合并后的咨询公司。浑身是劲的鲍尔是其强有力的联合负责人。

[5] 在芝加哥的业务机构中,麦肯锡的名字因他在马歇尔·菲尔德公司那些难以开展的举措而蒙上污点。最后他几乎被排

挤出公司。

［6］ 由于麦肯锡的去世和1938年的经济衰退，公司叫停了对美国钢铁公司的大规模研究，也因此短暂地损失了55%的收入。之后，顾问们由于在各种政策问题上的分歧，以及对奥利弗·惠灵顿专制管理的反抗，经过商议最终达成一致，即同意通过回购将公司拆分为两家新的但在业务上仍有联系的公司：一家名为麦肯锡公司（McKinsey & Co.），由克罗克特领导，办事处设在纽约和波士顿；另一家名为科尔尼公司（McKinsey, Kearney & Co.），由麦肯锡的第一任合伙人A. 托马斯·科尔尼（A. Thomas Kearney）领导。分拆一事是从鲍尔亲手写的机密信件中发起的，分拆完成后鲍尔成为麦肯锡公司纽约办事处的管理者。

融资一事迫在眉睫，购买分拆后新的小型麦肯锡公司需要近70 000美元。鲍尔只有35岁，仅负担得起3 200美元。克罗克特和另一个合伙人各出28 000美元。但资金仍不足，最后鲍尔向哈佛商学院俱乐部的一位名叫尤因·W. 兹普·赖利（Ewing W. "Zip" Reilley）的朋友求助，他不但富有、人脉极广，而且有意离开雷曼兄弟公司。他同意提供10 000美元的贷款，并以准合伙人的身份加入公司，而以合伙人身份加入最早要等到公司稳定后（他不想让自己的家庭财富因合伙人身份的无限个人责任而承担风险）。鲍尔的3个共同投资者中有2个已60岁，而且当时很多人尚未听说过管理咨询，也常将咨询顾问与"效率专家"相混淆，尽管如此，他们仍然相信鲍尔及其远见。1939年9月2日，分拆协议签署完成。公告中将其业务实践定义为"管理工程"。

初期，鲍尔只有22名员工，他负责敦促麦肯锡公司致力于成为美国领先的管理咨询公司。尽管竞争对手很少，这家小公司注定仍有很长的路要走。1940年的总账单上，只有44个客户，收入仅为284 000美元。由于大家的薪水很低，在支付了21%的麦肯锡地产费的情况下，公司仍有57 000美元的利润。第二年，总收入增加到323 000美元，利润为73 000美元。虽然当时按日计费是常规做法，但鲍尔开始向客户"基于价值"收取项目费，这一做法是他在众达律师事务所学到的。

［7］鲍尔常说，如果没有之前的英雄式人物及前辈们，他不可能做到这一点。20世纪初，詹姆斯·麦肯锡似乎注定要过着平淡无奇的生活。他在欧扎克斯的一间三室农舍中长大，生活贫困。然而，麦肯锡非常聪明，能言善辩，同时野心勃勃，这对他及所创立的公司而言是件幸事，后来这家杰出的公司也以他的名字命名。他拒绝跟着父亲务农，于14岁离开家乡，继续求学读高中（学校的校长很快发现他的杰出才能，并聘请他教老师们代数）。1912年，他在密苏里州沃伦斯堡市一所普通的州立师范学院获得了教育学学士学位。一年后，他通过阿肯色大学法学学士学位考试，然后搬到最近的大城市圣路易斯教簿记。之后，他拿到芝加哥大学的奖学金，并于1916年获得该校的哲学学士学位，随后立即开始攻读硕士学位。再之后，第一次世界大战期间他的学习因服兵役而中断，但也有好的一面，担任陆军少尉时他走遍各地，了解到业务经理急需准确、及时的信息以及有关管理技术的良好建议。

战争结束后，麦肯锡认为，成为一名专业人士并取得成功，需要三个因素：受人尊敬、专业素养和在其感兴趣的领域中拥有公认的能力。他坚持不懈地追求这三点。为追求专业，麦肯锡的一半早餐、全部午餐和三分之一晚餐时间都是与客户或准客户一起度过的。他身高约1.88米，有着一双蓝眼睛，目光锐利，堪称一位出色的听众。在他的专业领域，他选择会计作为管理决策的指南。回到芝加哥大学后，麦肯锡完成了硕士学位并成为一名注册会计师。甚至在1920年毕业之前，他就被院长聘为讲师，院长还聘请他为会计公司的高级专业人员。

1919 年，麦肯锡撰写了其 10 本著作中的第一本，即《簿记学与会计学》（*Bookkeeping and Accounting*）。它将会计作为一种管理一个商业组织的所有不同部分的分析工具，并介绍了我们现在称为目标管理的创新预算流程。该著作为麦肯锡赢得了其所在专业领域的声誉。作为美国最早的商业政策教授之一，他在芝加哥大学商学院以杰出教师的身份（1917—1935 年）获得尊敬。

1925 年，麦肯锡离开了会计师事务所，那里的同行形容他"才华横溢、朝气蓬勃且孜孜不倦"。他仍继续在大学里教授早间课程，此外他将大部分时间和精力都投入建立自己的公司。他通过演讲和为美国管理协会（American Management Association）等组织服务，建立起自身的专业声誉。他协助成立了美国管理协会，并担任该协会的主席。从阿穆尔公司（Armour & Co.）开始，麦肯锡获得了有影响力的顾问声誉。到 1935 年，麦肯锡的公司在纽约和芝加哥都设有办事处，并拥有 5 名合伙人和 15 名助理。

作为一名认真的学生，鲍尔很高兴麦肯锡以身作则地教授了很多重要的课程，如对工作和公司的热爱；重视写作和演讲所赢得的声誉；通过午餐和晚餐与客户或潜在客户接触；吸引和培养年轻人；坦率地指出同事的错误并给出改进建议；当"产品"经过标准化可重复执行时就不再浪费时间，而是将更多的时间用于理解新问题和开发创新解决方案上。正如后来鲍尔所言："麦肯锡不是理论家，但他坚信原则，因为他认为只有坚持原则才能从一种情况转移到另一种情况。他是一个非常务实的人。"

麦肯锡的 30 页《常规调查概要》（*General Survey Outline*）对公司咨询业务贡献持久，帮助、指导并要求公司的同事用最有效的方式解决任何复杂问题。《常规调查概要》要求咨询顾问系统地审查客户所在行业的全貌，涉及内容包括企业结构，主要竞争对手，变革力量，以及客户的行业地位和每个竞争对手的主要优势、劣势，最后向客户推荐具体的改进措施。

［8］ 博思艾伦咨询公司（Booz Allen & Hamilton）效仿麦肯锡公司，并于1950年使用"管理咨询"一词。理特咨询公司（Arthur D. Little）和波士顿咨询集团（Boston Consulting Group）于20世纪60年代，贝恩咨询公司于20世纪70年代开始使用"管理咨询"一词。

［9］ 麦肯锡成为"一体化公司"的核心在于，纽约办事处愿意将最有经验和最有前途的顾问转移到新办事处，他们保持开放的心态，遵从个人意愿搬到新办公室，而其他人填补他们离开后的空缺。

［10］ Marvin Bower, Perspective on McKinsey (McKinsey & Co., 1979), pp.157-158.

［11］ 资本集团公司创建于1929年，最初只是一位沉默寡言的34岁金融奇才的一项小型投资副业，当时他刚搬到远离家乡的加利福尼亚州，很少有东部人去遥远的西部，甚至都没想过。乔纳森·贝尔·洛夫莱斯作为底特律一家股票经纪公司的投资者兼合伙人，积累了一小笔财富，他的公司专门服务于蓬勃发展的汽车行业的新富领导人。（洛夫莱斯擅长心算，在第一次世界大战期间曾在火炮部队服役，他是第一个弄清楚如何击落德国飞机的人。）作为一名理性的投资分析师，他意识到"新时代"的股票市场价格已上涨过高，于是他卖掉所有股票，退出证券业务。搬到加利福尼亚州后，他继续从事投资事业，并创建了一家小公司（Lovelace, Dennis & Renfrew），同时担任迪士尼（Walt Disney）、洛克希德（Lockheed）和国会唱片（Capitol Records）等本地公司的专业财务顾问。

两年后，洛夫莱斯的新公司同意接手他原先在底特律的股票经纪公司的部分业务，他担任两只小型封闭式共同基金的投资顾问。

那里的董事们正面临严重的麻烦，他们需要洛夫莱斯的研究能力和他的正直品格的支撑。1933年，洛夫莱斯接管了第三只封闭式基金，即美国投资公司（Investment Co. of America），这只基金后来发生转变，主导了该行业的开放式基金结构。洛夫莱斯的公司20年来一直收支平衡，到1950年，它仍然是共同基金业务中的一家小公司，只有28名员工，仅管理3 600万美元。

［12］ 即使在资本集团公司对机构投资者发起的新兴市场成长基金中，每年可供投资者购买的新股也受到严格限制。

［13］ 梅奥诊所文化中的某些方面很明确：在医疗保险体系内，为无法支付费用和无费用报销的患者提供医疗服务，这笔费用每年约2亿美元。另有3.5亿美元用于支持梅奥的医学研究和教育。

［14］《我们的业务原则》最初写于1979年，1998年进行了修改，此次修改包括股东有关内容，2001年为应对多元化再次修改。

［15］ 对团队和托马斯·巴尔忠诚至关重要，这通常被称为巴尔公司（Barr & Co）。在这一点上，有一些看似愚蠢但能体现出团队奉献精神的例子。例如，巴尔有一个习惯，他习惯于坐在椅子上时小心地调整自己的双腿，身体重量只压在后两条椅子腿上，从会议桌向后倾斜，把椅子近乎放平，有时这种姿势甚至可以保持10分钟。但是有一次，他完全失去平衡，人和椅子一起向后倾倒，摔倒在地。在一片安静中，一名下级同事打破沉默："好，伙计们，我们一起来吧！"随后他连同椅子也一起摔倒在地，随后大家一个接一个摔倒在地上，在场的人包括巴尔都笑出了声。

Cravath致力于建立一个卓越竞争、团结紧密的"兄弟帮"，这使其变得与众不同。这也是为何在一场诉讼中，原告雇用12名律师的情况下，Cravath只需2名律师——一位合伙人带着一位助理律师，就可以代表大型企业IBM发言。当发现原告是12名律师时，那位助理律师的第一反应是："我们在人数上胜过他们了！"

［16］ Robert J. Cole, "Accord Unlikely in Suit on IBM," New York Times, October 6, 1972.

［17］ William D. Smith, "Judge Denies IBM Bid for Delay," New York Times, October 12, 1992.

［18］ 总顾问尼古拉斯·卡岑巴赫（Nicholas Katzenbach）当时是负责监控 IBM 成本的高管。"我们不限制 Cravath 的时间投入和开支预算，"他说，然后又幽默地加了句，"但我们每年在 Cravath 上的开支都在增长。"

［19］ 实际上，此案的历史更加复杂。在 IBM 与艾伦 – 迈兰（Allen-Myland）一案中，上诉法院采用著名经济学家提出的市场定义，推翻了下级法院的判决，并做出对 IBM 有利的裁决，同意重审该案。重审之前，IBM 赢得了专利侵权的反诉。IBM 表示，如果艾伦 – 迈兰撤销诉讼，那么它会放弃该专利。所以，该案未获胜，而是最终和解了。

第 2 章

企业文化

企业做事的方式

文化造就卓越

从全球宗教、主要国家到街头帮派,所有强大的组织都在制定构成其文化的行为规范、信念和价值观。文化将使命转化为日常运营实践,并将团队成员凝聚在一起。为了使组织变得更强大,尤其是长期保持卓越,组织的内部文化就必须与其使命或宗旨相辅相成。

一个组织的文化具有活力,主要表现为不同员工在不同情形下,日常决策和行为规范能保持一致。就像人的内在性格主导着人的外在表现一样,文化也会在组织中渗透并发挥主导作用。有些短期看来脆弱的文化,在长远发展中反而很强大;同样,有些看起来很强大的文化,却常常被证明是脆弱、短暂的。文化使得团队成员在执行公司的价值观以及做出预期行为方面几乎成为本能,并将其传授给他人。新人想要得到认可,则需要证明他们认同公司的价值观,且以此指导自己的为人处世,并符合公司的文化预期。长此以往,企业文化就会逐渐成为他们的一部分,而他们也会被视为企业文化的载体。

组织对卓越的持续追求,尤其是对道德操守的追求,在为组织吸引、留住杰出人才的同时,也激励着他们去追求令同行专业人员钦佩的专业技能。坚定的道德操守和持续的客户关怀,是每一家卓越的专业公司的文化价值观的核心。这一切体现在公司的政策与实践、语言与标志,以及彼此的承诺中。对于那些身处领先企业的人来说,长期高强度的工作、有限的娱乐活动,这些传统意义上的

"牺牲"并不是所谓的损失。对他们而言，整个职业生涯都浪费在一家普通公司中，才是真正的损失。正如亚里士多德所说："我们反复做的事情造就了我们。卓越不是一个行为，而是一个习惯。"

与其竞争公司相比，卓越企业的员工工作更努力，他们不但工作时间长，对工作的要求也高，总是废寝忘食地工作。他们生产的产品不仅数量多，而且坚持最高质量。他们及其公司满足了客户的需求，他们通过这份成就感受到了自豪感、价值和意义。领导者需要始终根据组织文化，指出哪些行为是与组织文化相符或不相符的。这一过程需要时间和经历的沉淀，历经个体的理解、重视，最终形成组织自己的文化。特色鲜明的企业文化通常很难复制，它需要组织拥有强有力的领导，以及一次又一次的成功落地，才能逐步形成。这也是为什么一家优秀的专业公司一旦失去竞争优势，它的最佳潜在客户便会别寻怀抱，随后一些最有前途的年轻专业人士也会逐渐离开。如果这种下滑趋势不能被及时扭转，便会加速恶化，最终就像我们看到的安达信会计师事务所所承受的打击那样致命。

每家公司的文化都有其独特性，但所有的伟大公司的核心价值观却非常相似，它们都具备这样一些共性：信守不渝，拥有持续改进的动力，要求极高的质量标准，谦虚谨慎，团队合作，长期专注于为客户提供良好的服务，冷静客观，绝对诚信，以及不懈追求卓越的决心。当然，这样的要求明显太多，但也只有那些渴望成为伟大公司的组织才明白，这些艰巨的文化正是它们所追求的，也是它们所需要的。

患者利益优先

每家模范企业的文化，其来源都很广泛，领导层的首创精神，所经历的成败得失，以及所处的竞争环境都是其来源。梅奥诊所的文化包含敬业精神、保持一致、平等主义和理想主义，其形成融合了梅奥医生一家的价值观与美国中西部地区路德教会的保守主义、关爱他人的传统思想。在"明尼苏达式友善"之上，还融合了朴素的服务、节俭、谦虚，以及对该地区的斯堪的纳维亚、瑞士和德国农民的个人特色的尊重等价值观。另外也融合了圣弗朗西斯女修道院的修女们的积极奉献精神，因为她们自诊所成立以来就一直在诊所的主医院工作。所有这些与医疗行业的使命相结合，从而创造出伟大文化的必要组成部分。

19世纪后期，梅奥医生一家（父亲和两个儿子）是这一文化发展的领导者。正如威尔医生所言：

> 每个人都能从生活中得到一些美好的灵感。我哥哥和我的灵感来自我们的父亲。他教导我们，凡是身体强壮、智力充足或有不寻常机会的人，都应该充分发挥自己的优秀天资去服务他人，只有这样才配得上这份天赋。我们希望将我们收到的钱返还给患者和社会，而医学教育就是我们找到的最好方式。[1]

梅奥诊所的文化很强大，它要求各个层次的任何一位新加入者都必须迅速学会并接受这一文化，这一点尤其重要。正如在梅奥工作多年的老员工所言："梅奥不会为你改变。"在梅奥工作的自豪感通过严格的自我批评得到平衡。梅奥人严于律己，并对可能存在的不足之处时刻警惕。一般来讲，对梅奥文化感到不舒服的人往往过不了几年就会离开，但那些留下来并工作5年的人将会终生在梅奥工作。[2]

梅奥的冒险旅程始于1845年，在没有与家人、朋友告别的情况下，26岁的威廉·沃拉尔·梅奥决定离开英格兰曼彻斯特，去美国闯荡。他曾学习过拉丁语、希腊语和化学，到美国后在纽约获得了第一份工作，即担任贝尔维尤医院（Bellevue Hospital）的药剂师。离开贝尔维尤医院后，他在印第安纳医学院（Indiana Medical College）学习了一年并获得学位，于1854年向西前往圣保罗——一个只有4 000个居民的城镇，当时那里的居民仍十分担心印第安人会袭击他们。[3]在罗切斯特，梅奥因身高只有约1.63米而被称为"小个子医生"，他靠医药、耕作和在当地政府任职来谋生，甚至曾任州参议员数年。由于热衷于成为一名外科医生，他于1869年回到纽约学习了几个月的外科和妇科。

当时医学远没有今天这样成熟。由于众所周知的原因，大多数人生病后所能做的便是回家休养，只有穷人才会去医院。听诊器还是个新鲜事物，临床用的温度计尚未发明，显微镜首次使用是在1870年，甚至20年后，仍有大多数医生从未见过显微镜。可以确诊的疾病很少，对于病因也知之甚少，只有在紧急情况下不得已时才会安排手术。后来在梅奥医生一家所擅长的医药和外科领域，几场医学革命正在同时进行。例如，麻醉在当时是新技术，尚未展开，极少临床应用，但不久之后就会为外科医生赢得足够时间完成复杂手术以挽救生命。

再次回到罗切斯特后，梅奥在妻子的积极帮助下[4]，医学实践得到充分积累。他的两个儿子威尔和查理开始在"小个子医生"诊所的药房当处方师，之后他们仍跟在父亲身边，逐渐学会了使用显微镜，以及作为医生的基本技能。再之后，他们学会了如何准备手术缝合线，最后他们掌握了成为一名医生所需的原则和道德：医生的一生就是治病救人，无论能否得到报酬，医生对病人都要做到有求必应。

1883年8月炎热的夏天，一场猛烈的龙卷风席卷罗切斯特的大部分地区，造成多人死亡，几十人受伤。在废墟中发现的重伤者被送到旅馆和各个诊所进行紧急护理。40人被送到圣弗朗西斯女修道院，梅奥医生一家和其他医生投入夜以继日的救治工作中。护理工作超出了志愿者所能提供的服务时间，于是圣弗朗西斯女修道院的24位修女承担起这一责任，尽管她们当时的主要责任是布道而非护理。

这次惊心动魄的意外经历，促使阿尔弗雷德·摩斯院长萌生了在罗切斯特修建一家医院的想法。她找到梅奥医生商议此事，然而他对此表示："这不可行。罗切斯特太小了，修建医院的成本会很高。"

"需要多少？"阿尔弗雷德问道。

"40 000美元！"

阿尔弗雷德迅速回答道："你只需要答应我你可以负责好医院的事务，修建医院的事情就交给我们。"医生关于修建医院的成本估算是准确的，但即便需要40 000美元，她们也开始着手准备了。

经过5年斯巴达式①的艰苦劳作，修道院的修女们通过针线活、编织物、钢琴课等，积攒了25 000美元，同时用额外的2 200美元购买了土地。她们将25 000美元赠予"小个子医生"，梅奥医生说这笔钱不只能建成一家医院，它值得世上最好的东西。随后，他前往东部发达地区学习如何设计医院。两年后，这家拥有27张新病床的圣玛丽医院迎来了首批患者。从一开始，医院就不分种族或信仰接收所有患者，他们或付费或通过慈善获得免费。然而，这种"普世"价值观当时并未得到所有人的认同，中西部地区对

---

① "斯巴达式"指严格的、近乎军事化的方式。——译者

天主教徒的宗教偏见激增[5]，当地很多医生拒绝使用这家新医院。他们把最危险的患者送到圣玛丽医院，这也使得医院的死亡率开始攀升。此后，修女们要求病人入院前先到梅奥医生那里接受检查。与此同时，梅奥兄弟决定只使用圣玛丽医院进行治疗，并通知病人先付款给医院[6]，再支付给他们个人费用。最终结果是，梅奥兄弟无形中意外地"垄断"了这家最好的医院。[7]

梅奥诊所通过标准收费和为大批量病患诊治很快兴旺起来。兄弟俩每年做4 000台手术，他们一边做手术一边学习。治疗如此多的病人，他们的经验也得到快速积累，同时梅奥兄弟仍能超乎寻常地坚持不断学习，每天阅读医学前沿领域研究1小时，每年至少用1个月的时间拜访领先的执业同行，学习新理论和技术。同时，他们还定期发表论文，介绍他们在手术上的进展。

兄弟俩的价值观成为梅奥诊所文化的核心。父亲曾教导他们，当其他人处于贫困状态时，没有人有权拥有大笔财富。因此，他们对无法负担医药费的患者免费，但对其余患者采取收费治疗以平衡收支，毕竟作为医生，需要购买更好的设备以跟上现代医学的发展。1895年，德国物理学家威廉·伦琴（Wilhelm Röntgen）发现了X射线。5年后，梅奥兄弟的诊所里就配置了X光机。拥有最先进的设备一直是梅奥诊所的文化，也是它对医生的承诺。

梅奥兄弟共用一个联名银行账户，他们将赚到的所有钱存入该银行账户，每个人只取自己需要的钱。到年底时再平分剩下的。这些年来，他们的收入大约一半花掉了，另一半积攒下来以期有朝一日回馈社会。19世纪90年代后期，为保护梅奥诊所免受任何一位合伙人死亡所带来的损失，梅奥兄弟制定了一份合同，限制合伙人参股诊所分红。当合伙人退休或死亡时，可获得一年的收入，但对诊所的资产或财产没有所有权权益。在一些合伙人抱怨了两年之后，威尔医生明确表示："任何对医疗事业和病人有益的事情，都应该执行。"这导致了一场无声的对抗：要么签字，要么结束合伙关系。最后其他合伙人还是都签字了。

在1908—1912年，患者数量增加了3倍，这使梅奥兄弟意识到即便退休后，其团队的医学实践能力也需要持续增强。于是，他们在自己的巅峰时期，便开始思考如何让梅奥诊所在没有他们时仍能长存下去。他们将积蓄用于诊所的机构化建设，但仍然拥有合伙企业的财产和资本。他们想将资产永久捐赠给梅奥诊所。在律师的建议下，他们于1919年10月成立了梅奥资产协会，这是一家没有股本的慈善机构，由9名受托人监督。其资产价值500万美元，再加上证券业务增加的500万美元，总计为1 000万美元（按本书完成的2013年计算，约为1.4亿美元）。隶属于这一协会的医生将由未来一代中的能力卓越者所组成的、具有自我延续性质的董事会来管理。

1923年，梅奥诊所进一步变革，以自治组织取代个人合伙，所有的合伙人包括梅奥兄弟，都改为固定薪酬。梅奥资产协会将建筑物和设备出租给梅奥诊所，租金相当于诊所每年的净收入。协会再将这笔资金投资于医学研究和教育。行政权归属于董事会，其中所有的专业活动由执行委员会负责监督，该委员会由理事们从被提名的15位专业人员中指定5人组成。同时在威尔医生的倡议下，各类行政性事务将由常务委员会监督，这一组织的委员由专业人员轮值担任。

1983年，最初隶属于明尼苏达大学的梅奥医学院作为独立的学位授予机构成立了。梅奥医学院最著名的项目是其住院医师培训项目，学院有1 000多名住院医师和研究员，其博士学位项目极其优秀，而继续教育课程则几乎涵盖了所有医学类相关学科。梅奥医学院的成立加速了医学基础科学的发展，同时大量年轻医生的加入也为梅奥医学院注入了新活力。

如今梅奥诊所仍在坚持其三大主题文化：患者利益优先[8]；汇聚不同专业的人才以实现最好的治疗；通过高时效"单一目标"治疗为患者提供最好的临床护理。梅奥的特色优势在于护理每位患者时的执行力，其独特执行力的背后是招募优秀人才，这些人才都能做到为医疗事业献身，并通过履行组织核心价值观来实现组织的使命。神经学家查尔斯·M.哈珀（Charles M. Harper）解释说："每个人都以我们的目标感和使命为中心。"除少数员工外，梅奥诊所的每个人每天都在行动中践行这一使命。那些离开的人常常在回来时这样说："直到离开，我才意识到梅奥有多么出色。"

每家伟大的公司，其文化均可将抽象的概念解构为具体行为，同时将具体工作与组织的使命联系起来。探索频道（Discovery）在拍摄有关梅奥的电视纪录片期间，某天晚上看到一位带德国口音的女人正在打扫医院房间，镜头转向她，当被问及为何打扫得如此仔细时，她简单而坚定的回答很好地反映了梅奥的价值观与文化："因为我正在拯救患者的生命。"

Cravath 的部落文化

20世纪80年代，律师界开始从专业性向商业化转变，多数重要的律师事务所都顺利通过了这一转折点。联邦地方法官小哈罗德·贝尔（Harold Baer, Jr.）写道："在一些公司中，我们发现公益活动已被盈利取代，产品化削弱了专业需求，薪酬关系取代了合作关系。"律师事务所领导层所需应对的挑战，已从决定是否终止合伙人，转变为如何进行流血牺牲最少的内部变革。律师事务所甚至"鼓励"合伙人换工作，或尚未衰老之前就"被迫提前退休"。

不同于其他律师事务所，Cravath 依然是 Cravath，其合伙人对事务所的坚定承诺已经制度化。合伙人杰弗里·A.史密斯（Jeffrey A. Smith）宣称："Cravath 就是乐园福地，这里的天空与别处不同，每个人都为此贡献力量。我们的凝聚力极强，因为我们知道能来到这里是我们的幸运。"对于合伙人而言，其巨大的收获是他们逐渐熟悉了 Cravath 合伙人所期待的工作品质和数量。那些追求卓越的人非常乐意与聪明且敬业的专业人士一起工作。合伙人凯瑟琳·福里斯特（Katherine Forrest）特别指出："即便度假，我们也总是随时待命。任何假期都有 1/3 的时间处于办公状态。"合伙人通常乐呵呵地说："你得热爱它，才能这样拼命工作。"

忠诚于 Cravath 不只是一种期望，也是一种文化要求，即永远不要做有损公司的事情。通过日常午餐会，以及在 12 或 18 个月的轮岗培训期间的紧密团队合作所建立的联系，促进了合伙人之间以及合伙人与合伙制度之间纽带的建立。诉讼案的牵头人随案件的不同而轮换，这意味着一个案件的负责人下次可能服务于另一个案件。通过这种方式，事务所的每个人都可以了解到其他律师的能力有多强。可以说，Cravath 既是一个机构，又是一个部落：一个价值观由当前合伙人负责保护、延续的机构，一个由共同信仰、行为和经历紧密联系在一起的部落。那些一起经历过艰苦岁月的人，多年后仍会时常提及这些共同的冒险经历。他们也常引用莎士比亚的一句话"吾众虽少而乐，亲如兄弟"（We few, we band of brothers）。正如合伙人朱莉·诺思（Julie North）所说："只有亲身经历，才能理解 Cravath 的合作文化。"公司规模适中、与长期客户合作、合伙人在为任何客户服务时明确的互换性、按日程表轮流安排合伙人培训助理律师、避免"横向"招聘[①]、薪酬同步（同一年成为合伙人，将获得同等报酬），这些因素都为学院式的友好合作环境提供了土壤。

尽管如此，但在公司之外，Cravath 合伙人之间的亲密友谊并不常见，部分原因是没有时间社交。正如代理首席合伙人艾伦·帕克（Allen Parker）所言："我们是同事，而不是社交伙伴。"而且并非所有合伙人都相互认同，但是所有人都明白：要抛弃个人情绪，以激情和冷静的态度合作，一起处理关键问题，为客户和公司尽其所能。合伙人杰克·赫珀（Jack Hupper）就此解释说："即便在晚上 9 点，你也可以向其他合伙人和同事寻求帮助，他们会迅速积极地回应你。这种力量真是振奋人心！"

Cravath 的合伙人餐厅被认为是法律界最好、最高档的俱乐部，但合伙人快速反驳说，那只不过是另一个会议室，里面的食物与自助餐厅的没什么区别。餐厅服务员知晓每个合伙人喜欢喝什么——当然是无酒精饮料——并自动将其奉上。因为方便省事，合伙人都选择在这里解决午餐，通常只待 15 分钟，但他们仍会充分利用这段时间来探讨客户或法律问题。第一个到餐厅的人会坐在长桌的中间，之后来的人会选择其他任一无人的座位，或者其他人吃完离开后留下的座位。在这里不分派系，也没有餐桌席位预留一说。午餐时并不需要工作，但合伙人之间总是相互问起，"你现在在做什么？"他们或被熟悉的面孔吸引，或结识新伙伴。不久之前，合伙人餐厅曾搬到一间更大的屋子里，餐桌也更大，但因在大餐桌上交谈变得极不方便，于是他们又回到旧餐桌就餐。

托马斯·巴尔是 Cravath 职业道德的缩影，是公司文化的主导

[①] 它是指从其他律师事务所或团队"挖人"。——译者

力量。巴尔的衣柜里贴着一张海军陆战队的招聘海报，他干劲十足地组建了IBM诉讼团队，规定了一些具有象征意义的活动，比如在早上6点与同事打网球（尽管早期他们会对此抱怨，但最后几乎每个人都喜欢上了这样的安排）。正如巴尔所说：

> 努力工作是无可替代的。你不会凭直觉知晓事实真相。如果真的存在一条经验法则，那就是工作最努力的一方获胜……我所认识的出色律师中没有一个不是努力工作的。在竭尽全力争取胜利之前，你不能随意停下来。你只能这样做，别无他法。如果你不希望这样，那么不要成为一名诉讼律师。

朱莉·诺思曾说："巴尔的强势个性塑造了我们。我们今天已被他同化：注重团队建设，步调一致，找到解决方法，不断前进。"

在很多大型律师事务所中，一名非律师业务经理可能会过来说："时间很短，请尽快完成，要快！"然而，Cravath不是这样，正如合伙人比尔·惠兰（Bill Whelan）所说："我们不太擅长管理预定时间，也不想这样做，因为这可能会损害协议中我们所重视的其他领域。"Cravath希望合伙人可以自我激励，但这存在局限性。新晋年轻合伙人可能会想："过去我已经牺牲了那么多，现在我是合伙人了，或许不需要再像以前那样了。"但Cravath想传达的信息是：没有一劳永逸。工作永无止境，这里既没有发令枪，也没有终点线。通常，Cravath的合伙人每年要工作2 250小时，相比之下，美国达维律师事务所（Davis Polk）只有1 850小时，苏利文·克伦威尔律师事务所（Sullivan & Cromwell）为2 000小时。Cravath的高强度工作方式不是其他律师事务所的合伙人所能接受的，但Cravath的合伙人因此获益成长。埃文·切斯勒（Evan Chesler）说："我们认为合伙人应该每周7天为客户服务。"

第 2 章 企业文化
企业做事的方式

对于 Cravath 或任何一家专业公司的领导者来说，最大的挑战之一是如何使内部文化适应外部社会的变化。几十年来，Cravath 一直面临一种冲突，即他们信奉的价值观与面向客户时的实际做法之间的冲突。Cravath 必须在两者之间做出选择，而这对于公司和个人来说都是非常困难的。1964 年，埃德·本杰明（Ed Benjamin）成为 Cravath 的第一位犹太合伙人[9]，资深合伙人霍伊特·摩尔（Hoyt Moore）对此坚决反对并宣称："任何一家企业，只要我是它的合伙人，就不可能有犹太人加入。"声明言之凿凿，最后结果适得其反：之前的合伙关系迅速瓦解，同时确立了未包含霍伊特·摩尔的新合伙关系。一年后，又有 3 名犹太人助理律师成为 Cravath 的合伙人。（行业观察家发现，在 Cravath 最有力的竞争者中，其中一些机构是由热爱法律专业的犹太人在 20 世纪五六十年代成立的，但他们一直未被纽约当时领先的律师事务所给予合伙人的身份。）

巴约·奥贡勒西（Bayo Ogunlesi）是一位非常能干的律师，也是 Cravath 的第一批非裔美国合伙人之一，后来他离开这里，去了瑞士信贷第一波士顿银行负责投资业务。Cravath 的一位合伙人表示："失去巴约是巨大的损失，之后我们一直未能重建非裔美国律师团队。"Cravath 也在努力发展亚洲律师团队。Cravath 不愿从其他律师事务所"横向"招聘，同时其"同步薪酬"机制僵化守旧，而其他律师事务所可以利用薪酬作为杠杆来吸引合伙人以促进业务多元化。因为没有"横向"招聘，Cravath 也无法在破产、衍生品或投资公司法律业务中立足。

另一个重要变化是，越来越多的女性进入法律领域。Cravath 的女性合伙人已达到两位数，有 70 位女性律师成为 Cravath 的中层专家。通常，Cravath 中的女性会推迟生育时间，直到她们成为合伙人，其中有些家庭的家务劳动由丈夫负责。Cravath不接受兼职合伙人。几年前，Cravath的女性助理律师表达过各种不满，其中包括没有机会成为女性合伙人。萨缪尔·巴特勒承认："美国达维律师事务所在这方面做得比我们要好得多。因此，我们的女律师有被他们挖走的，但没有男律师被挖走过。造成如此局面的大部分原因是我们坚持美国所说的待遇公平。"他也笑着承认："其实，我们对待所有的助理律师都很糟糕。"

对部落文化的另一个考验是如何应对一位受人爱戴、能力超群的年轻领导人的离开。对于Cravath而言，戴维·博伊斯正是这样的领导。在IBM反垄断案中，他表现出色，其令人敬畏的才华、工作能力和对经济的精通使他成为关键的贡献者，并由此如明星般迅速崛起。但最后博伊斯离开了，成了叛离者。杰夫·史密斯说："戴维是一位伟大的律师，但总爱挑战边界之外的事，也可以这么说，拓展边界的最佳人选非他莫属。戴维喜欢Cravath问题中的复杂性，会为此容忍其他问题。一年又一年，我们和戴维之间的相互欣赏越来越少，他对自我的兴趣大于对机构的热爱。他如同我们的浪子，但当他离开时，我们也未曾错过任何东西，他的离开对我们双方都有好处。"

长期以来，Cravath的工作强度支撑着那些努力追求卓越的人。Cravath的一位典型人物约翰·J.麦克洛伊（John J. McCloy）于1925年加入，并于1929年成为受欢迎的合伙人。（他曾多次在公共服务中担任要职。）麦克洛伊的毅力在黑汤姆岛[①]爆炸案件中得到充分体现。该案件持续10年之久，多名Cravath的律师参与其中，

[①] 第一次世界大战期间，黑汤姆岛成为美国军火弹药的重要装配和运输中心。1916年7月30日，该岛发生了震惊全美国的军火库大爆炸，造成重大损失，还损坏了自由女神像。——译者

案件涉及隐形墨水、德国破坏者、废弃手提箱中的支票存根、爱尔兰的劳工领袖、美德索赔委员会的两次拒绝、美国法律的变更、俄罗斯间谍、一小罐有毒气体、与赫尔曼·戈林①(Hermann Göring)和鲁道夫·赫斯②(Rudolf Hess)的谈判，以及幸运地发现一份重要的手写便笺，最终为客户伯利恒钢铁公司带来2 100万美元的和解补偿。在Cravath的这段经历对麦克洛伊尤为重要，因为"在这里养成的工作习惯[10]，具有持久的价值……我明白了我可以完成任何任务，可以成为被别人依赖的人，而不是必须依靠他人的人"。

企业文化与个体

个性谦逊、社交保守、刻意低调，是杰出、专业的企业文化的共同特征。资本集团研究与管理部门总裁詹姆斯·F.罗滕伯格(James F. Rothenberg)表示："很显然，在这个备受利己主义折磨的行业中，资本集团拥有强大的个人文化。在工作中，作为个体，我们接受并甘愿作无名之辈。我们明白在同行中，资本集团作为一个组织尚未得到足够的重视和充分的认可。我们明白这一点，也珍惜这一点。"资本集团的文化中没有预留企业明星人物的空间，对个人的公众认可度也没有兴趣。相反，资本集团的内部关系非常扁平化，大家相互称呼其名，所有办公流程都已模块化，虽然很多人身处要职，但他们并不关心头衔这类"小事"，尤其是他们自己的头衔。

每个人都很尊重其他人，没有人会被刻意贬低，讨论中大家总是很欣赏别人的想法、关心他人的感受。（在某种程度上，这确实

---

① 赫尔曼·戈林是纳粹德国党政军领袖，与阿道夫·希特勒关系极为亲密，在纳粹党内影响巨大。——译者

② 鲁道夫·赫斯是纳粹党和纳粹德国的副元首。——译者

是对的，但有人会担心资本集团中人与人之间的关系可能太友善了。）长期以来，谨慎行事一直契合资本集团严明规范的职业价值观。罗伯特·L.科迪（Robert L. Cody）讲道："我加入时，资本集团因在各个领域都具有一贯的高标准而在业界广为人知。无论是在道德层面还是在智力方面，资本集团过去就注重正直的品质，现在仍然如此。公司这一传承可追溯到乔纳森·贝尔·洛夫莱斯时期。"

过去80年里，资本集团违反"正直"信条这一组织内部零容忍的事件很少，只有几例。几年前，一位交易员向华尔街的公司表示，希望以个人账户发行新股。事情败露后，他被立即解雇。20世纪70年代，有一位任职于波士顿共同基金组织的公司分析师，他的妻子被发现个人账户中的交易先于资本集团共同基金的交易。尽管了解真相需要些许时日，但是分析师本人不得不立即离开。更为惨痛的教训发生在1983年。当时，资本集团发现一名高级行政人员正在偷挪货币市场基金中的资金，金额很大，约200万美元，这也是经过深入的内部调查后才确定的。*有人觉得，他本可以想方设法地掩盖尽可能长的时间，因此他被捕的唯一原因是他想被捕。然而有些人则认为，就像白领犯罪中经常发生的那样，他过于自信，相信别人无法抓住自己，开始粗心起来。美国证券交易委员会（SEC）对此进行了重大调查，并对其进行制裁，禁止他再次进入共同基金行业，但决定不对其提起刑事诉讼。资本集团也未对其提起刑事诉讼。[11]但资本集团决心找出问题所在及其原因，它意识到一个大型组织不可能假设所有员工都不会撒谎、偷窃或作弊，也因此设计了一系列交叉复核系统。在招募和培训新员工时，格外注重正直的品质，并严格搜寻潜在问题。

---

* 最初，人们认为被转移的金额只有4万美元。实际上，所有或大部分资金一开始就滥用在美国童子军（Boy Scouts）的资助上了。

10年后，高盛也出现了类似的企业文化考验。迈克尔·斯米尔洛克（Michael Smirlock）曾是沃顿商学院的年轻教授，并从那里获得学术成就之后加入高盛。斯米尔洛克被任命为合伙人时只有36岁，是规模达140亿美元的固定收益投资管理部门的负责人。1993年3月，为使投资收益表现更好，他小心翼翼地将500万美元的有价证券从一个账户"重新分配"到另一个账户。某一个周五，斯米尔洛克的行为暴露了，周六便被开除，并被报备到监管部门。合伙人迈克·阿尔梅利诺（Mike Armellino）对此评论道："难以理解！他年轻、聪明，善于表达。他做这件事没有拿任何钱，但职业生涯就此毁掉。"在一个快速发展的金融组织中，很多人做决策时都涉及大量资金，到处都是诱惑。因此，严守纪律是决定性要素。

专业公司和个体需要花费大部分时间来应对不确定性和复杂的工作，通常情况下答案既不清晰也不明确。沃伦·巴菲特将不道德的行为表述为，不希望父母或孩子在当地报纸头版上看到的内容。正如波特·斯图尔特（Potter Stewart）法官谈到色情作品时所说："我无法定义色情内容，但当看到它时便能识别出。"对于管理者而言，其中一个挑战在于如何在道德问题形成之前就预见这类问题，并在此前采取适当的补救措施。另一个挑战是如何通过对道德行为和标准的高度肯定来充实企业文化。正如罗纳德·里根总统所说："虽然相信，但也要核实。"

麦肯锡的马文·鲍尔曾悲哀地说："有一种信条认为，既然我们只雇用了品德良好的人，那么再与他们讨论道德问题就不合适了。[12]但是人类的历史经验和目前老行当中正在降低的职业标准都表明，任何类似的信条都是没有根据的。"所有大型机构都面临不良行为。Cravath有位合伙人，为了方便自己与一名律师脆弱且年轻的妻子搞婚外情，多次指派该律师出差。这位律师发现这种卑劣行为后提出抗议，不久这位合伙人就离开，到联邦政府担任高级职位去了。由于其他原因，政府工作结束后，他没有再回到律师事务所。

伦理问题和困难常常围绕在变化与新事物周围，如新员工、新服务、新市场。当"新人"与"老人"的比例相差太大时，企业文化传播者就无法向所有新人灌输企业行为规范，这时企业要格外保持警惕。同时，当工作的性质迅速变化时，那些偏爱传统价值观的人可能被认为"脱节"或"不切实际"，这时也需要特别警惕。时代确实在改变，但核心的职业道德和价值观并不会过时。一家公司的价值观有三种表现形式：写在标牌或海报上的价值观，管理层声明主张的价值观，以及由管理层的行动驱动的价值观。一家公司对外宣扬自己的核心价值观，往往是在暗示自己的弱点；相反，对内宣扬的核心价值观，才是明确哪些是被接受的，哪些是不被接受的重要方式。

每年有15%～20%的新员工加入麦肯锡，因此需要持续的关注，以确保麦肯锡的价值观不被遗忘。价值观可定期更新，但不能太频繁，以维持价值观的纽带和联系。因此，在每年的"价值观日"，每个部门领导都会专门讨论价值观，通常也会邀请一位外部发言人来提升员工的兴趣，之后所有员工基于案例以研讨会形式参与讨论，以便将指导原则与日常运作联系起来。

麦肯锡的很多关键价值观衍生自鲍尔在克利夫兰市众达律师事务所的工作经历。鲍尔坚定不移地贯彻客户至上的价值观。曾经一名公司最大收入来源的顾问因囤积客户被解雇，因为这违背了麦肯锡在与外部企业全面合作时"企业第一"的价值观。这一事件阐明了麦肯锡的既定价值观。麦肯锡的荣誉董事唐纳德·韦特（Donald

Waite）表示："在每年和每两年一次的个人评估中，'独奏者'将是了解到团队精神在麦肯锡是如此重要的最早的一批人。"

为落实价值观，果断的行动是必需的，在日常工作中更应如此。每当公司的基本价值观遭到侵犯时，鲍尔总能迅速做出反应，并向组织传递明确的信息。长期高级合伙人查克·埃姆斯（Chuck Ames）列举了另一个与绩效最佳者有关的例子：

> 一位办公室里表现最好的同事非常聪明，正在推进一个关于高级管理组织的项目。他曾建议（客户公司）进行组织变更，同时设置一个全新的领导职位，随后推荐他本人担任该职位。那家公司的CEO将此事告知鲍尔，鲍尔与该同事确认是否属实，该同事承认后，鲍尔通知他说："你被开除了，但有30分钟的时间清理工位。如果需要帮助，我很乐意帮你联系物业公司。"事情就是这样。虽然失去那个顾问对公司来说是有损失的，但这仍不能改变鲍尔的决定。他的立场只有一个，要么遵守我们的原则，要么离开这里。当听到此消息时，我对这位顾问表示遗憾，但他却说："不，鲍尔做得对。我违反了原则，被抓住了，把我赶出去，是正确的事。"

在麦肯锡公司工作8年的顾问利·邦尼（Leigh Bonney）回忆说："麦肯锡的客户至上价值观无处不在，你有提出异议的义务，同时要确保每个人都能理解你的观点。"价值观远高于规则和规定，正如前常务董事伊恩·戴维斯（Ian Davis）所言："我们必须警惕任何'宗教'信念。每个组织都有核心价值观，所以说'我们是价值观驱动的'这句话毫无意义。华尔街交易厅、基地组织或黑手党的价值观也是价值观，但那不是我们的价值观。"

麦肯锡从经验中了解到，它所坚信的，如提出异议的义务、无等级制度、非升即走的理念，并非普世价值。例如，在日本如果不做任何调整，这三点都不能取得令人满意的效果。日本人将文化传统中的等级观念视为理所当然，提出异议的行为，尤其是年轻人这样做是不对的；精英管理并不总是正确的；这种非升即走模式与日本的终身雇佣制相悖。因此，戴维斯不得不与很多专业员工的父母交谈，以向他们说明麦肯锡的价值观并不邪恶。他承认："作为一家'一体化公司'很麻烦，一套价值观有时会妨碍其他价值观。"

前高级合伙人乔恩·卡岑巴赫表示："价值观的强化必须依靠企业文化本身及非正式组织。非正式组织必须大力强化价值观，以使它们成为现实。"麦肯锡鼓励各级顾问直言不讳，及时说出他们看到的任何可能出现的价值观偏差问题，于是"直言不讳"相关的故事便广为流传起来。一个常见的问题是，如果一个方案对客户而言不是最好的，为什么我们要给出这样的方案？对此戴维斯表示："总有一种压力，这种压力可以是动力和助力，但通常消极些，让你在商业优先还是专业优先之间犹豫。能否成功应对这一压力，主要依赖于领导层而非管理层。"前高级合伙人特里·威廉斯（Terry Williams）指出："人会在金钱欲与职业价值观之间不断挣扎。"麦肯锡前负责人 D. 罗纳德·丹尼尔（D. Ronald Daniel）表示同意："追求专业化的过程，如果不能坚定地坚持，那么企业最终将不可避免地坠向商业化。"

正直、进取与忠诚

这样的对立在华尔街尤其激烈，因为那里的金钱是如此可观又可及。高盛的传统文化可以追溯到萨克斯家族的价值观，他们崇尚谦虚、博爱和正直。正直在西德尼·温伯格（Sidney Weinberg）时期成为高盛的核心价值，他在1930—1969年期间管理高盛。虽然温伯格也力求为高盛争取更多业务，但他的继任者格斯·利维（Gus Levy）却在业务拓展方面更激进，甚至经常触犯温伯格对可接受行为预设的容忍度。其竞争对手通常在上午9点半或10点才开始工作，而利维自作主张将高盛的上班时间定在上午7点，并规定员工每晚约见1~2个客户。他坐着二等舱在各地奔波，并要求所有员工随时接听自己的电话。他常卷起衬衫袖子，甚至为方便工作直接在交易台解决午饭。另外，他对每个人（除了温伯格先生）直呼其名。

高盛的文化奇妙地将对金钱的追求和家庭特征结合在一起。它比华尔街的任何一家公司都更注重团队合作和团队工作。"我们的人"这句简单的话语背后，蕴含着对每位员工重要时刻的见证——婚礼、葬礼和孩子的成年礼，且每次活动都提前到现场，并确保（向现场的人展示出）自己善于社交。与其他任何一家公司相比，高盛的合伙人更愿意参加员工的婚礼、葬礼和其他家庭活动。与此同时，内部对成为合伙关系的竞争如此激烈，因此你必须找到一位导师或"拉比"（rabbi）①来指导、辅助和保护你，这一点很重要。

一种理想状态是不突出个体，即不强调个体，不营销自我，没有人注重个人声誉。埃德·诺沃特尼（Ed Novotny）负责公共关系，他的名片上没有显示出高盛的任何标志，甚至办公地点都不在同一栋大楼。他的工作是避免公司出现在新闻报道中。在高盛，"我"这个词从来没有被使用过，对于任何成功最恰当的表述都是"我们"。有人开玩笑说，很多人在公司时甚至都不敢说"我要去

---

① 拉比是犹太人中的一个特殊阶层，象征导师和智者。——译者

看眼科医生"。①成本规定也是高盛的原则之一。公司要求出差坐二等舱；精简员工。高盛的另一个原则是追求平稳进取的销售技巧，因此与其他公司的员工相比，高盛的员工工作更加努力，时间也更长。高盛鼓励公开、全面的内部沟通，并将其中部分内容直接公开发布，让所有人知晓。对于全球成千上万的高盛人来说，晚上入睡前的30～45分钟，以及清晨起床后的30～45分钟，基本上都在接收和回复语音消息和电子邮件。

在高盛，绝对的忠诚和谨慎是必需的。合伙人的个人厌恶或极端愤怒的情绪，虽然会在公司内部表现出来，但难以穿透的沉默保护区使得几乎所有的内部紧张关系都不为外人所知。没有其他大公司能做到这一点。多年来，公司的长期合伙人从内部人变成外部人的速度，足以说明一切。尽管这强化了企业的内部关系，但从某种意义上看企业也错失了一些机会，而对于那些将职业生涯中的黄金时间奉献给公司，但后来几乎被遗忘的人来说，他们也是有个人损失的。2006年，出任CEO的劳埃德·布兰克费恩（Lloyd Blankfein）对高盛进行了诸多变革，如邀请"校友"（高盛前员工）以公司的高薪顾问参与公司工作；搭建"校友"组织网站；为各大洲的"校友"举办年度庆祝晚宴，并就业务召开深度介绍会。

高盛文化融合了三种截然不同的价值观和期望，它们来自萨克斯家族、西德尼·温伯格和格斯·利维。到20世纪70年代，再由约翰·怀特黑德组织、编纂和发布。当时，高盛正加速向华尔街的领导地位迈进。前三个业务原则与公司的使命有关（请参阅第1章）。以下为其他业务原则：

4. 我们在一切工作中都强调创意和想象力。虽然我们承认

---

① 因为在英文中"I"和"eye"发音相同。——译者

传统的办法也许仍然是最恰当的选择，但我们总是锲而不舍地为客户策划更有效的方案。许多由我们首创的做法和技术后来成为业界的标准，我们为此感到自豪。

5. 我们不遗余力地为每个工作岗位物色和招聘最优秀的人才。虽然我们的业务额以数十亿美元为单位，但我们对人才的选拔是以人为单位，逐一精心挑选。我们明白在服务行业，缺乏顶尖的人才就难以成为顶尖的公司。

6. 我们为员工提供的职业发展进程比大多数其他公司都要快。我们最优秀的员工潜力无限，能担当的职责也没有定式。晋升的条件取决于能力、业绩和对公司的贡献，而与种族、肤色、年龄、信仰、性别或国籍无关。

7. 我们一贯强调团队精神。在不断鼓励个人创意的同时，我们认为团队合作往往能带来最理想的效果。我们不会容忍那些将个人利益置于公司和客户利益之上的人。

8. 我们的员工对公司的奉献，以及对工作付出的努力和热忱超越了大多数组织。我们认为这是我们成功的一个重要因素。

9. 公司的利润是我们成功的关键。因为盈利是我们充实资本、延揽和保留最优秀人才的关键。与所有创造利润的人慷慨分享利润是我们的惯例。盈利能力对我们的未来至关重要。

10. 我们将公司的规模视为一种资产，并对其加以保护。我们希望公司的规模大到足以经办客户所能想象的最大项目，同时又能小到足以保持服务热情、关系密切与团队精神，这些都是我们极为珍视，又对公司成功至关重要的因素。

11. 我们总是努力预测快速变化的客户需求，并致力于开发新的服务去满足这些需求。我们深知金融业环境的瞬息万变，也谙熟"满招损，谦受益"的道理。

12. 我们经常接触机密信息，这是我们正常客户关系的一部分。违反保密原则或者不当、轻率地使用机密信息都是不可原谅的。

13. 我们的行业竞争激烈，因此我们积极地寻求扩展与客户的关系。但我们坚决秉承公平竞争的原则，绝不会诋毁竞争对手。

14. 正直及诚信是我们业务的根本。我们期望我们的员工无论是在工作中还是在私人生活中都能保持高度的道德水准。

怀特黑德明白，阐明这些主张只是开端。作为具有战斗经验和卓越表现的指挥官，他和联合领导者约翰·温伯格（John Weinberg）都明白想要所有员工做到以上原则，他们自己必须先做到，而他们也确实都在依据这些原则行事。公司严格监督每条原则的落实情况以让所有员工明白，他们两个人不会容忍一丁点与原则不符的事情。有一次，温伯格解雇了一名部门主管，原因是他与秘书有染，当这件事被媒体报道时，他的事情还在处理。合伙人罗伊·史密斯（Roy Smith）说道："确保人们遵守职业道德的这一角色有点像动物园的管理员。有狮子和老虎的动物园才称得上是一个不错的动物园，但你必须能完全或适度地控制住它们。"对原则的贯彻让高盛越来越强大，受到越来越多的尊重和赞赏，公司的利润也日益增长，变得比任何一家公司都更有利可图。

任何一种力量，"阳"到极致则生"阴"。随着公司的快速发展，怀特黑德的担忧日益加重，他决定在年度投资银行规划会上着重强调这一点。

有件事一直让我很担心，这件事已对我们的一些竞争对手造成了极大伤害，而且可能对高盛造成严重伤害。我已看到这一病态危害的早期迹象，而这一病态一旦在专业服务机构中发酵，其破坏性巨大。这一职业病态名称，我们都不喜欢听到，但我还是要说出来，那就是自大。任何人都可以给出关于如何避免自大的建议，我会感激提出建议的人。接下来，谁想开始这一重要的讨论？

怀特黑德转向一位举手的年轻银行家，问道："你的建议是什么？"

"有个有效的方法，可以消除您所担心的事情。"

"那是什么？"

"雇用平庸的人。"

自大的一种形式是一个人或一家公司自己制定自己的行为规则和标准。正如我们所见，近年来高盛在特定事务中的举动及企业文化变革上均面临直接挑战，这使得公司脱离最初宣布的业务原则——"客户利益永远至上"。企业文化的目的是将使命转变为企业日常行为，两者中的任何一个受到影响，另一个也会受影响。企业文化在执行过程中，容易因追求短期利润而降低要求。但如果企业要保持卓越，就必须不遗余力地招募、培训和发展人才，而各级管理者一定要确保做事标准的一致性，这一点尤其关键。

注　释

［1］ Helen Clapesattle, The Doctors Mayo (New York: Simon & Schuster, 1969), p.338.

［2］ 员工流失率非常低，如此低的流失率中仍有 2/3 是由配偶调动或其他超出个人控制范围的变动造成的。

［3］ 1862年，印第安事务官拒绝向印第安人提供配给食物，除非收到华盛顿方面拨付的配给款，这导致明尼苏达州苏族人（Minnesota Sioux）爆发起义。数名定居者被杀，民兵被赶出。起义爆发后，2 000个苏族人被捕，其中307人被判处死刑。后来，林肯总统赦免了所有人，但39人除外，他们于1862年12月26日被处以绞刑。

［4］ 据其家人说，梅奥夫人曾机智地穿上梅奥医生的衣服，骗过苏族起义者，让他们相信房间里有男人。

［5］ 美国保护协会（American Protective Association）是"一无所知党"（Know Nothings）的继任者，也是"三K党"（Ku Klux Klan）的前身，于1887年在艾奥瓦州克林顿市成立，并在明尼苏达州开始活跃起来。

［6］ 医院的收费标准为：病床每周6美元，单间病房每周9美元。1890年，阿尔弗雷德修女被爱尔兰大主教取代，因为此前几位修女抱怨她们的任务是教学，而不是医疗保健。1892年，由约瑟夫（Sister Joseph）修女继任。

［7］ 当然，梅奥兄弟也想入读医学院，但在19世纪后期，只有几所还算不错的学校，其他大多数就只是卖文凭，只需10或12个月，课程也是完全依靠讲座，很多学生毕业时，甚至都没有实际检查过病人的脉搏、心跳或肺部声音。但医院教育正在改革，1880年，密歇根大学依据哈佛大学的开创性办学标准，开办了一个以临床教学和强科学为基础的3年期医学教育项目。威尔·梅奥选择到那里学习，并在22岁时确定了人生目标——留在明尼苏达州罗切斯特镇，成为世界上最伟大的外科医生。1885年，查理·梅奥前往西北的芝加哥医学院（Chicago Medical College），其主要目的是学习不同的观点和知识。

威尔和查理两兄弟将接管父亲的庞大业务。当时无论是外科还

| 第 2 章 企业文化
企业做事的方式

是内科医生，都逐渐重视起外科手术。他们接纳父亲的格言——每天不管多忙都坚持阅读和学习一小时，以跟上医学的快速发展。（威尔医生是眼外科专家，常用当地屠宰场里的羊和猪的眼睛进行外科手术训练。）梅奥兄弟毕生坚持学习，他们参加研究生课程，拜访领先的从业者以了解医学研究的最新进展，并积极参加医学学术讨论会。威尔在 27 岁时，就发表了关于阑尾切除手术的论文，也因此给人留下深刻印象，并被选为州医学会外科部门负责人。为跟上仍在不断进步的同行，梅奥兄弟每年利用一个月的"假期"拜访和观摩其他外科医生，一般来说，威尔秋天去，查理春天去。他们拜访的外科医生中有些很聪明，但有些傲慢自大，并不愿意帮助同行提升。对此梅奥兄弟想起了父亲的训诫："没有一个人可以强大到不需要依赖其他人。"

路易斯·巴斯德（Louis Pasteur）发现细菌可诱发发酵和腐烂，这一理论于 1867 年被英国外科医生约瑟夫·李斯特（Joseph Lister）爵士应用到手术领域，并在抗菌方面取得令人满意的效果。尽管仍有很多资深医生坚决抵制新医学理论，但"新范式"最终仍将替代原有的手术方式。一直以来，用氯仿麻醉和在厨房餐桌①做手术被视为专业范本，但 1885 年威尔医生从芝加哥医学院获得第二个研究生学位后，说服顽固的父亲改用石炭酸消毒法。

随着新知识和李斯特关于外科消毒的开创性实践，外科手术正在发生变化。在石炭酸消毒法之前，手术中的死亡事件大多数是感染引起的。随着石炭酸消毒法的应用，外科手术才开始蓬勃发展，尤其是在体内抗菌手术方面。阑尾切除手术的死亡率从 30% 降到低于 1%。罗切斯特镇有 250 个床位，每年进行的外科手术数量增加了 9 倍，从 400 台左右增加到 4 000 台，同时截肢的百分比

---

① 早期没有正规的手术台，因此多数医生选择厨房餐桌作为手术台，因为它更干净。——译者

从 25% 下降到 1%。乙醚的使用始于 1885 年的梅奥诊所，但直到 1895 年约翰·霍普金斯大学才开始使用，此后又过了 10 年波士顿地区的医院才开始使用。1890—1910 年期间，外科手术中创造的奇迹，让医学行业领军者获得前所未有的名利双收的机会。正如威尔恰当的描述："回首往昔，我们的很多成就，或者说大部分成就都应归功于我们所处的医学时代，这一点给我留下了深刻的印象。"

[8] 1997 年，参议员霍华德·贝克（Howard Baker）的律师事务所被 5 家卷烟公司雇用不到一周，他便辞去梅奥基金会董事会主席一职，从而避免任何有冲突、对其不利的影响。在专业道德高标准的梅奥诊所，这样做不足为奇。

[9] 仅一年后，本杰明便在一架在东河坠毁的东方航空公司飞机上丧生了。

[10] Walter Isaacson and Evan Thomas, The Wise Men (New York: Simon & Schuster, 1986).

[11] 当时刚收购的 Anchor Group 公司的共同基金主管从资本集团辞职，这是资本集团决定不提出指控的部分原因。

[12] Perspective on McKinsey, p.164.

第 3 章

招贤纳士
选择最合适的人才

众所周知，企业的成功在很大程度上取决于能否招募到最有能力的年轻群体，并对其做好培训。因此，各行业的大公司在竞争到来之前，便努力在招聘方面做到与众多优秀公司区分开来。同时，它们彼此心知肚明，未来的对手也正在全力招募人才。

大多数公司局限于"中等未来"，试图通过"实事求是"和"合理"的努力吸引到"属于自己公平份额"的当前所需人才。特别是初创公司常会犯一些关键的错误，它们会因为现阶段的默默无闻而降低雇佣人才的质量，并寄托于未来能以某种方式提升人才质量。然而，历史数据显示，安于现状的公司在招聘时永远无法录用到第二优秀梯队及以上的优质员工。人才的争夺是一场持久战，最好的公司永远不会安于现状，也不会熄灭寻觅人才的热情。它们总是把"不合乎常理"的努力投入招聘工作中，而对"与竞争对手公平分享优质人才资源"这种观点嗤之以鼻。它们决心争取到最优秀的人才，挖掘更多的人才市场份额。它们一直在努力，只为招募到比竞争对手的新员工更杰出的人才。

只招最好的

每家公司通过有为（commission）或者无为（omission）做出自己的选择。只有那些把招聘工作作为重中之重的组织，才有希望在激烈的竞争中脱颖而出。对于公司和公司领导层来说，虽然招聘是一项高强度的艰苦工作，但他们始终将其放在第一位。这也是为什么高盛的招聘总是由公司最重要的合伙人来主持，而该合伙人的最重要任务就是招募人才。约翰·怀特黑德总结道："如果我们没有最好的人才，就不可能成为行业中最好的公司。"合伙人罗伯特·M. 康威（Robert M. Conway）也回忆道：

> 约翰深知，我们工作中最重要的事情就是人才招聘。如果我们组织得更好，工作得更努力，招聘技能更有力，我们就能更容易发现并吸引到更优秀的人才。如果我们可以始终如一地做到这一点，公司的组织架构将越来越好，最终成为美国甚至世界上最好的投资银行。诚如约翰所言："如果停止招聘，在短短5年内，我们将开始走下坡路，注定一直平庸下去。"

康威每次到商学院招聘时，总会查看一下对手公司的报名表，了解竞争公司的参会情况。"每次都一样，高盛派出的团队所具有的职位总是更高些。"

多年来，福特公司一直是高盛最负盛名的客户。一次高盛的一位年轻合伙人原定第二天到斯坦福商学院面试学生，但接到福特公司的紧急电话，需要他及时赶往福特公司的总部迪尔伯恩（Dearborn）。他惊慌失措，忧虑地问负责招募的高级合伙人："我该怎么办？"负责人立即答复他道："你去斯坦福商学院，我代替你去福特公司。"在其他公司，年轻合伙人很少能得到这样一个出人意料的回答。这再次证实了，对于高盛来讲，首要任务就是人才招聘工作。

在所有的投资银行和证券公司中，高盛在招聘顶尖商学院毕业生方面是做得最好的，且50多年来一直如此。即使在2008年金融危机后，负面的新闻媒体报道，再加上充满敌意的国会听证会，也没有改变这一点。如果说金融危机改变了什么的话，那就是华尔街其他金融机构的就业机会大幅减少，这使得进入高盛的竞争变得更加激烈。

选拔性人才招聘有三个重要标准：智力水平，以专业成绩、标准化考试衡量；领导能力，以在校期间被朋辈推荐领导运动队和课外组织的次数为依据；事业心，通过多次面试确定。面试流程包括群面①或多次单面，类型分为压力型和非压力型，旨在帮助应聘者多维度了解高盛，也让公司对应聘者做出全面评估，考察他们能否长时间工作、接受频繁出差、甘愿作为无名之辈，以及遵守团队纪律等高盛的文化要求。虽然多次面试需要花费更多的金钱和时间成本，但高盛一直坚持如此。尽管有些人最终选择去其他金融机构，但高盛从不为之所动。因为高盛认为，竞争对手能否挖到合适员工这一点值得怀疑。

高盛在招聘时，不会考虑毕业院校排名前1/4，甚至前1/10这么大区间的工商管理硕士（MBA）。因为高盛深信，从长远来看，前5%和5%～10%这两个梯度的候选人之间存在决定性差异，所以高盛只从它认为最优秀的年轻人中招聘员工，再根据领导力、工作动力和勤奋度等特征进行仔细挑选。首先，从最有资格且最有能力的前5%中挑选雇佣者；接下来，通过几年的沉淀，再选出2%或3%最有效率的团队贡献者，而其他人则必须另寻高就了。

高盛的人才来源于现有员工各自就读学校中尤其出色的学生。高盛在每一所大学或者研究生院的招募团队，都毕业于该校。与对手相比，高盛的招募团队可以就专业课程和课题研究，同时就最有前途的学生，更频繁地与该校的老师展开讨论。他们会担任课堂上

---

① 这里的群面是指24个面试官面试1个人。——译者

的演讲嘉宾，并与那些大学毕业后直接进入高盛工作又回来攻读MBA或其他高级学位的学生保持密切联系，而获得MBA学位的最优秀学生会收到重返高盛的邀请。20世纪80年代，招聘范围扩大到即将就读研究生的大四学生。20世纪90年代，随着人才竞争的加剧，人才竞争的范围进一步扩大，那些寻找暑期工作的即将进入大四的大三学生也被纳入招聘范围。反过来，这些加入高盛的年轻"校友"也会积极加入招募队伍，希望从自己的同学中找到最优候选人。在大学和研究生院，口碑网络总是很强大，教员和学生都热衷于讨论高年级最优秀学生的毕业去向。同时，那些一直动用最佳招募团队的公司也总保持强劲的竞争势头。

招募最优秀的员工，实际上是对留住最优秀员工的不同寻常的承诺。对此，合伙人迈克尔·埃文斯（Michael Evans）解释说："我们与其他公司的最大不同在于，高盛十分重视留住员工，对专业人员的关照标准是业内最好的。我们聘请最优秀的员工，年复一年通过强化培训和指导尽全力留住他们。"高盛总是一遍遍地着重强调团队合作精神和对高强度工作的适应能力。对此，埃文斯指出了一个潜在的问题："我们的方法也可能存在负面影响，那就是高盛对不规范行为的容忍度十分低。"

高薪待遇对员工有激励作用，因此，多年来高盛向那些成长迅速、表现优异的人才支付的薪酬远远高于其他公司。与此同时，高盛也意识到，极其有才华的人和极为有趣的人之间总是存在强烈的吸引力。对于能力超群者而言，一份工作带来的学习曲线越陡峭，越令其为之着迷；成为获胜团队的一员，让其为之振奋。也正因如此，高标准、努力工作、高强度工作和出差等明确的要求，反而如强力的磁铁，吸引着拥有雄心壮志的顶尖人士，尤其是当他们相信，获得成功的竞争永远是公平的时候。

匹配度最重要

公司对每位候选人进行多次面试，是测试其组织认同感的一种重要方式。多次面试，通常 20 余次，可以让应聘者更全面地了解公司和其他员工，并明白为何这家公司对他来说是比较合适的选择。公司也可以通过面试，对候选人进行更深入的了解，从而能够更容易发现其身上潜在的弱点，或者与公司文化不匹配之处。

资本集团从以往的招聘工作与面试经验中学习到，在公司招聘工作负责人面试候选人前，最好先安排两名及以上公司员工面试候选人。一旦初选通过，资本集团会进一步根据候选人的匹配度做最后决策。詹姆斯·罗滕伯格解释道："我们认为，雇佣员工如同结婚。如果婚姻破裂，责任在我们自己。"

每年招聘季，资本集团按惯例前往各大顶级商学院，从二三十余位 MBA 毕业生中挑选出最有潜质的人，并邀请他们到集团总部洛杉矶进行为期两天的学习访问，以及更多轮次的面试。面试过程备受煎熬，其目的是探究候选人是否具备一些必要的优秀品格，如正直、职业道德、幽默感和创新性观点等。资本集团人事工作人员凯瑞·拉森（Karin Larson）提道："我们依据一系列固有的'C'标准——常识（common sense）、好奇心（curiosity）、谨慎但不顽固（caution without being stubborn）、创造力（creativity）、自信但不自大（confidence without arrogance）来考察候选人。"再之后，资本集团会进一步分析候选人，找到与他个人潜质最匹配的行业，以深入了解他的投研潜能。这种个人研究能力和行业的匹配度很重要，但单凭个人很难找到。例如，一名候选人曾是 IBM 工程师，简历显示他发表过一些富有想象力的科幻小说。在依赖创造性思维的行业里，这种特殊才能是促使他成为一名顶级分析师的关键因素——

后来让他取得成功的并非高科技公司，而是零售行业的公司。

部分资本集团合伙人担心，安排 20 位员工多次面试每位关键的候选人，这样做的成本是否太大，而且这么多人达成的共识选择，是否会将那些罕见、异类的投资天才排除在外。然而，大多数人仍对此表示肯定，认为多次面试可促使候选人更好地了解资本集团，帮助他们做出是否适合在此工作的判断。自我选择是高效招聘过程中必不可少的组成部分。部分求职者会随着面试次数的增加，表现得越来越好；部分人则因过于自信，而止步于此。同时，也有求职者因为面试过程太长而放弃。拉森表示："人才选择如同投资，每当你想要马上做决策时，最好的做法是停下来，并用所有的时间和精力，做出最好的选择。毕竟，一个人一经录取通常会在一个组织工作很长时间，长到可以自然而然地明白，最初投入大量时间所做的正确决定，最终总能证明是值得的。"

针对资本集团招聘人员需要更长时间这一点，拉森给出了具体原因："在这件事情上必须小心谨慎，因为很多年轻人选择资产管理行业，并不是因为工作性质本身，而是被其高薪酬吸引。"此外，

> 一个人智商高并不意味着这个人一定会成为一名成功的证券分析师。过于聪明的人总在尝试寻找更多细节，而这反而妨碍其做出正确决策，也会阻碍其更好地理解投资背后的驱动力。因此，我们努力避免陷入这样的直观选人思维：仅因为某人从未持有过股票，而将其拒之门外。也许，他之前从未买卖过股票，但他真正加入后，却做得很好。

资本集团乐于接受来自不同国家、拥有不同文化和职业背景的多元化人才。它总是将以下四种不同背景的人混合在一起：刚毕业的 MBA 学生、行业经验丰富的职场老手、其他投资公司的专

业人士和公司内部培训项目"新人成长计划"（TAP）中的大学毕业生。TAP 项目最初只是一个实验，但因效果非常好，现已成为资本集团寻找有能力年轻人的重要途径。在为期两年的培训中，每位 TAP 参与者需要学习行政管理、市场营销和投资等六个不同岗位的工作内容，每个岗位用时 4 个月。正如一位高级理财经理所解释的那样："每个岗位都会给每位 TAP 参与者充足的学习时间，让其从不能胜任到能胜任，切身体会到做好每项工作所需要的能力。TAP 项目中，超过 1/6 的参与者最终会投入投资工作中。"同时，那些最被看好、有能力成为公司未来领导的员工中有一半参与过该培训项目。

"三观"要一致

从某种程度上说，梅奥诊所的招聘工作没那么复杂，因为招聘信息对求职者来说，就像明尼苏达州的天空一样明朗。梅奥明白自己在寻找怎样的人才。同时，梅奥的组织文化强大且稳固，价值观一致且明确。梅奥将艰巨的招聘过程视为对自我的考验。亚利桑那州梅奥的人力资源部前主席马修·麦克拉思（Matthew McElrath）表示："人员招聘工作步骤多，参与筛选和面试的人也多，即便是初级岗位招聘也是如此。因此，我们相信那些突破重重面试关卡的候选者，一定十分渴望得到这份工作。"[1] 梅奥发现，拥有那些能够把个人成长和职业成就分开来看的人，正是团队之所以强大的部分原因。

梅奥医学院的住院医师与研究员培训项目对候选人的选拔非常严格[2]，这两个人才培养项目的设立在某种程度上，可以长期为梅奥输送预备人才。梅奥每年大约需要填补 45 个医生职位，但它在人才选择上具备很大优势，因为它可以从梅奥医学院即将毕业的50名医学生和几百名研究员中，选出最志同道合的医生候选人，而这部分人群只占总申请人数的5%或更少——可以真正做到百里挑一。在梅奥项目学习的人中，某些个性孤僻、生性高傲、独行侠式的"职业牛仔"很快就会意识到，自己不是一个好医生人选，也不会在职业生涯中得到快乐。

梅奥雇用的是事业型人才，而不是为工作而工作的人。因此，梅奥在招聘时就向候选人强调这份工作是终生事业。梅奥认为在招聘上的投入是值得的，因为诊所的成功和员工的个人成功密切相关。麦克拉思说："很多人首先关注技能，但我会首先关注他们的价值观。如果我们没有共同的价值观，那么能力就变得无关紧要了。"

梅奥除了一对一的面试外，还有一个不寻常的面试环节，即长达90分钟的"行为面试"，由招聘负责部门的数位面试官主导，一次面试3～4个应聘者。其面试内容包含8～10道标准试题，都是基于梅奥的价值观和特定职位所需的技能而设计的。例如，"讲述自己一个非常成功的项目"或"具体阐述你不得不与老板意见相左以防止其犯错的情况"。当应聘者讲述自身经历时，不可避免地会表现出他们各自处理冲突的风格，而专家组成员可以很容易地探究到其背后的细节、感受或推理。他们也可以了解到，候选人是用的"我"还是"我们"。在这种结构化的面试结束后，通常三四个人中只有一个人被录用，有时甚至一个也没有。

对 MBA 的执念

有时，一家公司要想在组织架构上变得卓越，需要从根本上转变其人才招聘理念。大约 60 年前[①]，马文·鲍尔让麦肯锡同事深刻认识到，组织的真正竞争力不在于争夺客户或某些特定的项目——即便在这两方面的竞争通常很激烈，而在于争取到市场上真正有才华、有奉献精神的人才。如果麦肯锡能够在人才竞争中大获全胜，那么优质的客户和报酬丰厚的工作任务，便会自然而然地接踵而至。对此，鲍尔和过去一样，设计了一项计划，即"MBA 招募计划"。[3] 他相信，相比来自管理经验平庸的普通咨询公司的"知识翻新"而言，年轻有为的 MBA 毕业生会在麦肯锡工作得更好。言外之意，鲍尔对那些年长的、缺乏想象力的、所谓的当代"思想家"能否真正为企业成长贡献价值持怀疑态度。因为一位经验丰富的主管过去大概率经历过这样一件糟糕的事情：他或许曾在争夺最高职位的竞争中，输给另一个人。此外，在日常工作中，当分析客户情况时，他常常会表现得缺乏灵活性和想象力，这就会使他原本丰富的工作经验显得只有深度，而缺失了广度。

相反，刚毕业的 MBA 虽然工作经验少，但他们的学习速度更快，可以做到从企业全局出发，并可以对他们进行更高标准的培训。起初，这些 MBA 并未融入麦肯锡，经过几年的持续招聘，他们的作用才体现出来。尽管有客户对年轻 MBA 的能力表示质疑，鲍尔仍坚持下来了，他提醒那些持怀疑态度的客户，世界上很多重大的发现都是由 35 岁以下的年轻人完成的。把年轻人引进麦肯锡，更容易实现企业的内部和谐，更有利于团队合作。加入麦肯锡的 MBA 更注重从企业角度出发，侧重客观分析和解决问题的原则，而不是一味地坚持"过去是这样做的，现在也理应如此"的想法与做事风格。

通过发掘实用的年轻 MBA，麦肯锡拥有了另一个主要优势：

[①] 本书写于 2013 年。——译者

当这些MBA刚刚从商学院毕业时，他们正在找工作，这使得麦肯锡能较为容易地找到优秀的人才。20世纪60年代末到70年代，在招募有才华的年轻人方面，麦肯锡的主要竞争对手是波士顿咨询集团（Boston Consulting Group，BCG）。BCG的定位是以赢得更多高端战略工作为主，但也要维持咨询顾问的工作和生活的平衡。此外，BCG为即将签约者提供一次性巨额签约奖金，如果候选人没有及时签约，这笔钱将被BCG收回。这一措施迫使一批最好的MBA毕业生，尤其是那些有着大量学生贷款的MBA，来不及考虑其他公司，尤其是麦肯锡的招聘机会，而快速接受BCG的工作邀请函。

针对竞争对手BCG的人才招聘策略，麦肯锡展开反击，即允许MBA利用一年级和二年级之间的暑期到麦肯锡实习。随后，业内其他咨询公司迅速跟上麦肯锡和BCG的招聘节奏。麦肯锡的前管理合伙人罗纳德·丹尼尔回忆道："麦肯锡的日子其实不太好过。一直以来，我们团队总处于冠军位置，都不存在竞争对手一说。可以说，麦肯锡一年的新聘顾问数量甚至超过BCG的总员工数。"但实际上，麦肯锡已经意识到必须做出改变，应该安排最优秀的人负责所有的招聘工作，并提供丰厚的待遇，从而让麦肯锡拥有最优秀的招聘人员。丹尼尔表示："将目前与以往的招聘结果对比时发现，虽然所能招聘到的最好人才并无明显差别，但人才的平均水平显著提高了。"麦肯锡的招聘工作能做得如此好的一个主要原因是：多年来，丹尼尔一直把招聘工作作为自己工作的重中之重。

在20世纪七八十年代，麦肯锡招聘的人才主要来自哈佛、沃顿、斯坦福和塔克等商学院排名前25%的MBA，除此之外，还有弗吉尼亚大学、麻省理工学院、哥伦比亚大学和欧洲工商管理学院（INSEAD）排名前5%的顶尖学生，以及一些偶然的"闯入者"。到了20世纪90年代初，公司飞速增长，招聘范围从前的25%扩大到前35%。当丹尼尔建议公司要招聘博士和法学院毕业生时，他得到的负面反馈与鲍尔20年前建议招聘MBA毕业生时大致相同。反对者认为，这样做公司是找不到最合适的员工的，因为非商学专业的学生只会接受与其专业相关的工作。他们也不够了解商业战略、市场营销、公司生产或财务分析等知识，甚至连最基本的会计都不懂。另外，他们也没有花费2年时间来学习如何思考商业问题，而MBA可能已处理了1 000多份商业案例；他们更不懂如何用商业语言，向高级商业主管展示自己的发现。如今，大多数新麦肯锡咨询顾问除了MBA学位，还拥有其他高等学位——大约有600名顾问是医学博士，还有一些拥有医学和哲学双博士学位。相比其他公司，麦肯锡也招揽了更多的罗德奖学金①（Rhodes Scholars）获得者。

如今，麦肯锡的人才招募使命已十分明确：公司致力于"吸引、培育、促进、激励并留住杰出人才"。经验固然重要，但分析能力更重要，因为任何人都可以通过学习学到所需的经验，但没有人会因此变得更聪明。最初的面试通常在校园里进行。然后，出众的求职者需要针对自己选择的部门进一步参加对应的面试，以评估其性格是否与所选部门相符，毕竟不同的部门需要不同性格和风格的人才。虽然每个部门都可自行确定招聘决策，但麦肯锡所有的招聘工作通常统一由一名合伙人负责，由他统筹诸如哈佛商学院等人才招聘的源头。对于在澳大利亚、巴西、加拿大和其他国家的部门，麦肯锡则从来自这些国家的人才中招募1～2名[4]，而他们通常毕业于哈佛商学院或者沃顿商学院。长期以来，使用非结构化

---

① 罗德奖学金是1902年设立的一个国际性研究生奖学金项目，每年挑选各国完成本科的精英生前往牛津大学进修。——译者

问题对应聘者进行测试,一直是麦肯锡面试中的一个组成部分,主要考察应聘者面对未知的新状况时如何思考。过去,每个合伙人使用自己的案例进行培训,但2011年负责招聘计划的罗德尼·泽梅尔(Rodney Zemmel)说:"我们开始按照公司规范进行培训,目的是使招聘过程更加系统化与标准化。"

20世纪90年代,欧洲绝大部分最有才华的商学院毕业生都有以下想法[5]:他们想从事咨询工作,最起码先干几年,而其中麦肯锡是他们最想就职的公司。在美国,《财富》杂志对MBA毕业生的调查显示:麦肯锡在毕业生认可的"梦想公司"中排在首位。到20世纪末,麦肯锡招聘的哈佛商学院学生中,有1/7曾在班级里排名前三。发展至此阶段,麦肯锡在人员招聘方面的实力已经很难超越,可以毫不夸张地说,即便不想立即参与工作的MBA毕业生也想得到一份麦肯锡的工作邀请函。当一名应聘者同时收到麦肯锡和另一家咨询公司的邀请函时,大多数人都会选择麦肯锡。根据泽梅尔的说法:"当我们与另一家公司涉及人才竞争时,在80%的情况下,应聘者会选择接受我们的工作岗位。这一高成功率还是在其他公司竭尽全力争取人才的前提下产生的,借此你可以想象一下我们公司的影响力。"

很多好公司都试图在招聘的第一阶段,即"漏斗的顶端"尽可能多地招募候选人,以确保自己不会错失每一个潜在的人才。麦肯锡每年对全球大约20万名申请者进行系统评估,整个招聘规模无比庞大。因为100人中最终只能聘用1人,所以这就要求百里挑一的筛选程序必须严格且精准。因为对申请人的筛选必须高度个性化,同时又要兼顾全球化,所以整个招聘过程涉及的全职专业招聘人员就有上百人。合伙人也会参与招聘工作,他们平均每年空出4天时间,专门用于公司的人才招聘事务,这4天的大部分时间他们都在面试候选人。在美洲,大约会有500名合伙人参与招聘工作,这等同于公司 8 个"顾问年"的宝贵资源，或者从财务的角度分析，这相当于放弃了大约 3 000 万美元的收入。

每年有 4 个月的时间是公司招聘工作的高峰期。利·邦尼曾说："每到这段时间，公司就像是一台人才招聘机器。所有人都会站在'甲板'上，随时准备参与到招聘工作中。在哈佛商学院，我们甚至还为了这 4 个月的工作，特意指定两名全职的业务经理来全权负责哈佛商学院的毕业生招聘工作。"当其他咨询公司把招聘工作委托给人力资源部，或者那些有闲暇时间的顾问时，麦肯锡的招聘则由综合评定最好、平时工作最忙的顾问完成。合伙人于尔根·克卢格（Jürgen Kluge）警告说："弱者只会招募更弱的人，他们这样做，显然是为了通过降低公司的平均水平，从而提高自己的地位。相反，强者不害怕竞争，他们会尽全力寻找最优秀的人。因此，麦肯锡的招聘工作必须始终由位列公司前 1/3 的顾问来完成。"无论哪位顾问，当他负责一所大学的校园招聘工作时，一般需要连续两年都负责这项工作。但在咨询行业，是否具备显著的客户影响力，与顾问能否在公司获得重要地位息息相关，因此他们会在校园招聘工作告一段落时，尽快回到客户身边。

麦肯锡之所以是麦肯锡，在于它保留着详细的招聘工作记录，故可以根据结果，对人员的甄选过程进行严格的评估。整个过程的高效性十分惊人，准确度高达 90%，也就是说，能够精准预测到最终谁会成为麦肯锡的顾问。历史经验与事实证明，在预测未来工作业绩方面，招聘时给出的评价分数要比求职者的工作背景或者学业成绩更准确。

面试进行过半时，面试官会对应聘者进行评估，从而决定是否继续面试，如果继续，也会确定后续面试将如何开展。麦肯锡基于成本有效论进行分析，其结论是：最佳面试次数为 8 次。如面试次数在8次以上，预测成功的增长率无法与增加的面试成本相匹配。面试中，新面试官可以从资深面试官的讨论中，深刻理解麦肯锡为维护公司文化和价值观所做的努力和坚持。在"面试培训日"，新面试官通过观摩视频学习，也会进行模拟面试，随后资深面试官会据此给出指导和批评。

罗德尼·泽梅尔说："当然了，我们也担心会有误判，如果每位面试官在10份案例中误判1份，那么在100份中，两位面试官可能出现同时误判某一案例的情况。这一结果看起来还不错，但因为我们的招聘率只有1%，所以我们总觉得自己有责任做得更好。"麦肯锡认为，如果将面试学校减少1/3，虽然招聘成本可以降低一半，但是这些学校中的任何一所，都是招聘人员不愿错过的优秀人才的培养摇篮。[6]

"X会成为合伙人吗？"这是招聘工作中最常问到的核心问题。拥有优秀的问题解决能力不足以让一名员工成长为合伙人。"成功的顾问需要三Q：智商（IQ）、情商（EQ）和人际关系商（RQ），"荣誉董事彼得·克拉季奇（Peter Kraljic）说道，"智力、情商和人际交往能力，这些可以训练一名员工拥有从他人的角度看待事物的能力。"麦肯锡德国公司前领导人赫伯特·亨茨勒补充道：

> 我们寻找"原型"（archetypal）人才，他们不属于主流人群，但却是领导者和独立的思想者。运动员知道艰苦训练的重要性。胜利和失败是分不开的。只有那些拥有良好思维习惯的人才明白，人们可以征服任何一座从未攀登过的山。

麦肯锡的招聘范围丰富了麦肯锡员工的多元化*。虽然在德

---

* 与大多数公司一样，多元化并不总是优先考虑的问题。当马文·鲍尔第一次招聘MBA时，商学院只有男性，没有女性，在面试评估表中评估候选人的首要因素是"五官端正"。

国和其他地方，新顾问中女性占比还比较低，但是在北美这一比例已达到40%。通过不断拓宽来自全球不同地区、性别、MBA与其他高级学位，以及风险管理和信息技术等领域的技能性人才（在过去的工作中，麦肯锡的咨询顾问十分看不起这样的功能性技能人才），麦肯锡人才基因库的多样化进程已然成为一个战略重点。泽梅尔表示："尽管我们明白科学型博士要比诗人型博士取得的成功更大，但我们仍乐于给予各学科博士面试机会。"如今，对于多元化的强调已延伸到每年招聘的中国顾问。在中国刚毕业的学生尚不具备开展顾问工作的能力，他们在学校时更专注课堂上的个人表现，不注重培养团队工作中所需的"街头智慧"或沟通技能。但在面对严谨的数据分析、创新想法，或者推演假设时，甚至项目后期开展客户说服工作时，团队内部的良好沟通是至关重要的。

真正的职业诱惑

Cravath的合伙人艾伦·芬克尔森（Allen Finkelson）对自家公司的信心在行业内可谓是出了名的，他表示："可以在世界上最好的律师事务所工作，这一点才是真正的诱惑。"虽然Cravath的合伙人十分尊重且钦佩其他几家律师事务所，但他们并不认为其他律师事务所的实力可以与自家相提并论。正如首席合伙人埃文·切斯勒所言：

> 当我们向候选人发出工作邀请函时，如果候选人自身有很好的判断能力，那么他一定会接受。如果他未接受，我会对他的判断力产生怀疑。Cravath的培训体系可以让一名年轻律师受

到最好的研究生教育——注意，是教育，而不仅仅是培训。这也意味着，我们的招聘实质上是在推广教育。

Cravath招聘的重点对象一直是顶级法学院的顶尖毕业生，因为这些学生在法学院已展示的能力最接近其未来从事法律工作的实际表现。Cravath之所以能在招聘工作中取得成功，关键在于以下三点：可获得实践法律的最好教育，可享有作为一名能力超群、抱负高远的年轻律师的荣誉感，以及合伙人愿意参加面试工作的承诺。

税务合伙人斯蒂芬·戈登（Stephen Gordon）表示："每个加入Cravath的员工，在加入之前手中都握有不止一份工作邀请函，但他们最终都会选择Cravath，因为人们都倾向于选择卓越企业。"乔治·吉莱斯皮进一步解释道："Wachtell（全称Wachtell，Lipton，Rosen & Katz）① 是我们最强大的竞争对手。它专门从事并购业务，因此它在并购方面比我们更专业，工资也更高。如果员工想专攻并购领域，就会选择去那家公司。当然，如果他们想获得更广泛的企业实践，便会接受Cravath的工作邀请函。"招聘时，Cravath的合伙人不会贬低其他公司，但合伙人丹尼尔·莫斯利（Daniel Mosley）曾干巴巴地陈述说："一些律师事务所将自己定位成一家能够帮助员工拥有更好生活方式的机构，这是否客观，是否现实，我们不做判断。但是，有一点可以确定，当我们通宵工作时，这些律师事务所一定也在通宵工作。"

自2007年以来，Cravath的起薪[7]与其他纽约顶级律师事务所的起薪一样，一直是16万美元。顶级律师事务所的大多数员工

---

① 美国一家大型律师事务所，在并购、战略投资、收购和收购防御、股东维权、公司和证券法及公司治理等领域都有丰富的经验。——译者

都来自前十所法学院，这十所法学院的整体规模与几十年前相差不大，每年总计有 2 500 名新律师毕业。按传统数据计算，因为 Cravath 只专注于学院里排名前 10% 的候选人，所以真正可供其选择的只有 250 人。然而近年来，Cravath 每年新员工招募名额扩大至 100 名左右，约为 50 年前的 5 倍。在新律师供应不变的情况下，随着纽约其他主要律师事务所、实力强的区域律师事务所的发展，总部在其他地方的全国性律师事务所的纽约办事处的增多，以及主要的私募股权和咨询公司对律师行业兴趣的增加，Cravath 面临的外部竞争压力也因此增大。另外，生活方式的改变也是竞争的来源，并非所有的新律师或其配偶都喜欢在纽约生活。他们中有很多人不愿意接受纽约的大律师事务所，因为大律师事务所通常意味着漫长且枯燥的工作。年轻律师越来越追求一种"工作和生活平衡"的方式，尤其是一些希望事业和家庭平衡的女性，因此那些要求不高的地区性律师事务所，或者大企业的内部法律部门变得更有吸引力。

从理论上讲，Cravath 可以有多种应对方案：扩大招收人才的法学院范围，从小型学院里挑选一两名顶尖人才；或者改变政策，采用"横向"聘用——从其他律师事务所或机构"挖角儿"；或者放宽招人的高标准；或者收购另一家律师事务所。但是，Cravath 不会放宽录取标准，同时因为律师事务所合伙人不愿意看到"横向"聘用对员工产生的消极影响，所以除极少数例外情况，Cravath 很少向"横向"聘用政策妥协。几年前，负责招聘的合伙人将招聘范围扩大到中西部，覆盖了圣母大学（Notre Dame）和密歇根大学（Michigan）等实力雄厚的二流法学院，希望能够从这几所法学院中找到一两名符合要求的优秀人才。起初效果较为显著，但由于这种努力过于耗费时间和精力而被放弃。因为这些学院的院长们不希望 Cravath 只从最好的学生中"掐尖"挑选，所以招聘工作的负责人必须平等对待所有候选人。一位来自二流法学院的毕业生讲述了他参加 Cravath 面试的过程。Cravath 工作人员在隔间门口迎接他时说："老实说，我们唯一可能想要的学生只有你们学院《法律评论》的编辑，这也是我来这里的原因，但你看起来很不错，既来之则安之，我们何不好好聊聊呢？"于是他们聊了会儿，但是最终 Cravath 录取的那个人正是学院《法律评论》的编辑。

为应对竞争加剧的招聘工作，Cravath 的战略是改变自身的人才经营模式。它并没有通过扩大合伙人金字塔来获得更多影响力，反而是将每年的招聘名额从 100 人左右减少到 50 人左右，同时将重点放在吸引更多卓越的人才上，从而最大限度地提高生产率。新进入的杰出人才将得到合伙人更多的关注和指导。Cravath 希望在降低成本的同时，将公司与助理律师之间的关系变得更牢固、更持久，从而使其在最具生产力的阶段持续为公司工作。

Cravath 的精英等同于专业人士，当然，这种专业能力绝不是靠社交能力或遗传得来的。斯蒂芬·戈登回忆说，他在纽约州较为低调的锡拉丘兹一带长大，大学期间曾在一家时薪为 4.72 美元的面包店工作。

> 我曾在一篇文章中看到过 Cravath，内容是关于 1977 年竞聘新员工时的"价格战"，当时起薪"炒"到 26 000 美元。在我看来，那是一份高薪职业，从此这家名叫 Cravath 的律师事务所便在我脑海中留下烙印。从哈佛法学院毕业的我们对纽约的大律师事务所在道德方面都有一种先入为主的偏见：大律师事务所的合伙人都是那些信奉婆罗门教的名门贵族之后，律师事务所就是这些人的"血汗工厂"，所以像我们这样的普通

人永远成不了律师事务所的合伙人。但是，我还是决定去参加其中一家大机构的面试，哪怕被拒，至少自己不会抱憾终身，而这家机构正是 Cravath。第一次面试我的是一位有点傲慢的年轻犹太合伙人。那天的几位面试者也都十分聪明、有趣、风度翩翩，同时又那么与众不同。他们热爱自己的工作，每个人以不同的风格给人们留下深刻的印象。我明白，在这里工作应该很累，但我还是喜欢这里。

一位负责招聘工作的合伙人总会在漫长的一天面试结束后，尽可能地与所有参与面试的人会面，并问每个人同样的问题："面试过程中，你有发现什么惊喜吗？"95% 的回答都是："是的，我比预想中更喜欢这里的人。"

你想成为什么样的人

麦肯锡的员工薪酬比大多数律师事务所高出 20%～30%，而备受煎熬的时间更短，晋升高阶管理层的途径更直接。因此，麦肯锡可以聘请到拥有严谨商业分析能力的法学院毕业生，并在这一点上越来越顺手。与执业律师相比，咨询工作的吸引力包括到处旅游、更有创造力，以及问题处理起来更有趣、结构化更少、更有灵活性。正因如此，麦肯锡可以与大多数律师事务所一样，聘用到同样多的哈佛法学院毕业生。"对大多数人来说，管理咨询仍是一个陌生领域。"麦肯锡纽约办事处主管彼得·沃克（Peter Walker）说，

> 咨询行业没有明确的规定。因此，在招聘时，我们有义务告诉应聘者，成为一名咨询顾问并将咨询视为事业，其成功并

非命中注定。未来的一切，全靠自己打拼。此外，一个人是否适合咨询行业，也只能通过日积月累的工作经验来证明。因此我们表示，"从事咨询工作，你不仅可以了解咨询的本质，也会更了解自身，同时知晓自己是否适合咨询工作"。

对于尚未选择特定职业方向的MBA毕业生来说，麦肯锡已然成为第一位的理想雇主。唐纳德·韦特从哥伦比亚商学院毕业后，打算在正式确定职业生涯之前，先在咨询公司工作2～3年。他之所以被麦肯锡吸引，是因为面试官向他保证来麦肯锡可以学到很多东西。对韦特来说，这具有难以抗拒的吸引力。"我在这里工作36年了，那种魅力依旧存在。在麦肯锡，团队合作和精进就是一切。"韦特表示。这时他已升任麦肯锡董事兼纽约办事处的主管。

在确定就职公司和职业时，人们不仅是在选定他们将要从事的工作，也是在确定其将持有的价值观，以及将要成为的人。多年来，麦肯锡和高盛招募的对象基本上属于同一类人。也就是说，麦肯锡雇用的可能正是高盛未录用的20%的候选人，反之亦然。在多数情况下，两家公司发出工作邀请函的对象是重合的。然而，仅5年后，分别进入两家公司的这两个群体已变得截然不同。从事投资银行业务的那批人通常会这样讲，他们希望用一段稍微长的时间全力以赴，赚更多钱，然后再开始平衡自己的生活。但他们太专注于财富最大化，以至于眼里只有"更多"，而从未让自己的生活得到平衡。近年来，高盛在招聘方面与麦肯锡的重叠率大幅减少，这可能是因为有潜力的交易员很少或很难成为一名有潜力的咨询顾问。对于从事咨询工作的人而言，赚钱远没有那么重要或者有趣，他们的口头禅是："不管怎么说，我们赚的还可以，已经远超生活所需。"

血统纯正的合伙人

大公司的招聘工作通常较为系统，但它们也会抓住某些独特的机会，其招聘策略通常以面向应届毕业生的校园招聘为主，同时辅以面向资深高管的定向招聘。很少有公司像 Cravath 一样，对引进资深的外来顾问持否定态度。绝不"横向"聘用——这是保罗·克拉瓦斯（Paul Cravath）在 20 世纪初制定的一项政策，其目的是向那些致力于晋升为合伙人的同事保证，公司不会聘任外来高层空降于他们之上，从而阻碍他们的晋升之路。同时，这项政策也是向合伙人保证，他们将享受"Cravath 培训"以确保血统纯正。当然，所有事物都有例外，好政策也如此。100 多年来，虽然很少，但仍有 5 位外聘的合伙人加入。1991 年加入的杰弗里·A. 史密斯（Jeffrey A. Smith）就是其中之一。他从哈佛大学毕业后，先是加入宾夕法尼亚大学法学院，后因爱上费城而选择留下，并成为一家不错的律师事务所的合伙人。某天，他接到猎头的电话："真是太令人兴奋了。最近有家从不用猎头的公司找到我们，他们打算开展环境相关的法律事务。我知晓你不会搬离费城，但你可以帮我推荐一位在环境法上很在行的律师吗？"

"哪家公司在找人？"

"抱歉，现在还不能告诉你，我被要求不能透露雇主身份。"

"好吧，但我想到一家。"

"哪家？"

"Cravath"

"猜对了！"

9个月后，史密斯几乎会见了 Cravath 的所有合伙人，才最终得到工作邀请函，但仍有一个特殊的附加条件：只能他自己一个人加入，不能将客户带来。6年后，他成为 Cravath 的合伙人。

尽管资本集团每年都会面试 50 多位经验丰富的专业投资人士，但最终成为公司合伙人的人不到 1/10。资本集团这样做的目的是让其他金融机构的人明白一个事实，即如果想加入资本集团，他们必须是主动方。

资本集团尤其喜欢在行业低迷时，录用该领域更多经验丰富的人士，因为此时的选择对彼此都有益。这些人本来就打算离开陷入困境的原公司，其前雇主也会因他们在新公司找到安全的好位置而感到如释重负，与此同时，资本集团也获得了更多的杰出人才储备。作为财务实力雄厚的私营企业，资本集团可以为此预留出充沛的预算，因为长期对人才进行投资如同长期投资于客户。资本集团明确表明提前储备员工是为了适应未来的增长。21世纪初的大熊市期间，当其他金融机构纷纷裁员时，资本集团不仅没有裁员，反而雇用了数百名新员工，其中甚至包括 16 名高级专业人才。10 年后，资本集团第一次解雇员工，这次一共解雇了几百人。其中大部分人从事信息技术和投资者服务业务，因为这些行业在繁荣期过度扩张，此外也包括 20 多位表现不佳的投资人员。此后，资本集团在员工任期内不再做终生职位保证，一切必须通过奋斗去争取。

* * *

当然，提前招募也存在一定风险。当市场突然发生变化时，即使是麦肯锡也会陷入人才供需错配的困境。例如，麦肯锡 2001 年的招聘目标是 2 000 人，其对外发布了 3 000 份工作邀请函。当时互联网企业一度繁荣，一共录取了 2 800 人！与此同时，出于同样的原因，年轻顾问的离职速度也有所放缓。于是突然间，公司多了

1 000人。尽管公司的利益会在一段时间内受损，但合伙人仍接受了这一损耗，以便为经济复苏时的增长做足准备。

伟大的企业总能招募到顶尖人才，能做到这一点至少部分原因在于它们致力于鼓舞人心的、贯穿始终的使命或目标，拥有牢固的企业文化根基和让人乐于追随的价值观。对于卓越企业，成功的招聘至关重要，良好的开端可谓成功的一半，但也只有一半。"一个巴掌拍不响"，即便能招募到最好的人，也需要"另一只手"的配合，即训练好每个"新兵"，让其拥有继续学习和自律的能力，毕竟人和工作总在随着时间变化。

注 释

［1］ Leonard L. Berry and Kent D. Seltman, Management Lessons from Mayo Clinic (New York: McGrawHill, 2008), p.135.

［2］ 梅奥诊所一直经由自身开展的各种培训项目，挑选最优秀和最具奉献精神的医生。至少60%的新医生都接受过梅奥的培训，这些医生和梅奥诊所彼此相识。其中超过80%的新员工非常适应自己的新岗位，他们也会在这一岗位度过一生。院长林德（Dean Lindor）表示："梅奥医学院是最具竞争力的医学院，申请者入选比率高达100∶1。"在入院时，梅奥医学院追求价值观的一致性：申请人特别是当他们作为服务组织的领导者时，能否对服务做出重大承诺？这对于领导者很重要，因为承诺的深度比承诺的数量更重要。医学院的申请者中有80%来自社会经济实力排名前20%的家庭，但梅奥医学院特别注重人才的多元化，也会特别留意贫困家庭的第一代大学生，因为他们需要自己打工才付得起学费。

［3］ 起初，鲍尔招聘MBA毕业生的想法遭受到很大阻力。在当时，没有其他咨询公司会雇用一群没有经验的年轻人，并让

他们为重大问题提供咨询服务。新毕业的 MBA 大多只有 20 多岁，除了服兵役和例行的暑期实习工作之外，再无任何经验。他们不知道日常工作行为的微妙之处，而且每天都会将这一点表现出来。这些 MBA 毕业生与麦肯锡打算与之合作的高管相比，整整相差一代，因此很多人认为，让"一群孩子"代表麦肯锡将招来一场灾难。但是，鲍尔像往常一样坚持。他还在众达律师事务所时便看到这一点确实管用，因此一如既往地下定决心。鲍尔认为，如果新的年轻顾问能够与资深顾问一起工作，他们高超的脑力会证明自己肯定比经验丰富的老员工更优秀，作为学习专家，他们不但能很快吸收良好的培训和指导，而且对新想法和新方法更加开放——整体上，新员工更容易接受培训并发展自我。与通常应对新想法的处理办法一样，在经过长时间讨论和争论后达成妥协，可先小范围尝试，即先雇用一两个人。由于麦肯锡本身对分析有着极为严格的要求，因此公司很快开发出一个可以让新员工胜任并能应对任何实际商业问题的解决方案。

[4] 在德国，麦肯锡通常每年会收到 1 000 份求职申请。资深工作人员会对他们进行筛选，评判因素包括就读的学校、取得的成绩以及申请人从事活动的范围与丰富度。在这次筛选之后，大约有 300 人，即 30% 的人，进入后续的马拉松式面试：上午先安排两次面试，其中那些看起来最有前途的人将继续参加下午的另外两次面试。大约有一半的人（150 人）会收到录用通知，这其中 90% 的人通常会接受这份工作。麦肯锡有意在环境好的地方举办招聘宣讲会，一方面是为了向候选人更好地宣传麦肯锡，另一方面是为了更加密切地观察候选人。这些被录用的毕业生通常会得到一份为期三年的协议，其中包括在麦肯锡工作的两年和最后一年的论文时间，或者进入欧洲工商管理学院进修一年。

[5] 源于作者在 2006 年 7 月对迈克尔·穆特（Michael Muth）

的专访。

［6］ 多年来，招聘中一直存在一个诡异的问题：如果问他们哪两所院校招募的人最多，大多数候选人的答案是哈佛大学和耶鲁大学。然而，实际答案却是耶鲁大学和印度理工学院（Indian Institutes of Technology），因为很多公司从印度招聘了许多工程师。

［7］ 早在20世纪60年代，当竞争还不是那么激烈的时候，Cravath招募的员工人数并不是很多，它将自己标榜为行业公认的薪酬制定者。1968年，员工的年薪为1万美元，比1967年增加了1 000美元。而令竞争对手目瞪口呆的是，Cravath却将第一年工作的新员工的薪酬定为1.5万美元。一位合伙人说："我们不希望任何人因为无法在这里得到充分合理的生活而决定不来我们的公司。"虽然Cravath对员工"首年"薪酬的变革激怒了另外几家实力较弱、利润不高的公司，但是法律专业的毕业生十分高兴。在弗吉尼亚大学（University of Virginia），一名学生的留言被张贴了出来："'离校工作'的起步价为1.5万美元，否则我们都会选择去Cravath。"

第 4 章

人才成长

专业培训、员工教育
与组织管理

衡量一家专业公司的标尺包含公司拥有一流专业人才的数量以及组织这些人才的效率。卓越公司殚精竭虑地招聘到顶尖人才之后，始终坚持且从未终止栽培每位员工，它们在员工个人发展方面投入了很多时间与精力。尽管各家公司的员工管理方式不尽相同，但因每家公司都需要保持团队合作，因此都会致力于孕育团队文化。公司的每位员工均能在团队协作的高效性方面，得到系统性的指引、评估与指导。[1]另外，过往的共同经历和未来的相互依靠也可以将他们紧紧地团结在一起。

在大型专业公司工作的最初几年，新人作为初学者将接受较重的学习任务，即所谓的员工培训，其中最好的项目甚至不亚于正式教育。在员工培训中，通过前辈分享的最佳实践案例，新员工可以学习如何完成类似事务。经过培训，新员工最多可以按部就班地完成导师指导的事务，通常只会做得更少，不会更出色。相比之下，教育是为了学习如何彻底地解决问题，即面对新问题时可以做出适当的新决策。正如复制领导者的做法，远不如学习如何成为一名真正高效的领导者。

工作就是最好的训练

埃文·切斯勒声称："Cravath 的培训绝不仅仅是一项培训，而是教育，相当于让你接受最好的研究生教育。"Cravath 与新员工签订的合同确切表明：参与 Cravath 的培训，意味着培训结束时，你可以成为你所能想象的最好的律师。因此，合伙人通常将这种一流法学研究生教育，视为通向前程远大的律师事业的跳板。相较于升为合伙人的念头，这类教育机会才是新人选择加入 Cravath 的真正原因。实际上，有人如果过度渴望晋升为合伙人，反而不适合成为合伙人，因为这正说明他缺乏 Cravath 合伙人所必备的判断力与平衡视角。

Cravath 致力于进一步培养顶尖法学院的毕业生，并为此付出了极致的系统性努力，其目的是优中选优，从中选育出 Cravath 的未来合伙人。合伙人克里斯·海因策尔曼（Kris Heinzelman）解释说："Cravath 绝不是针对某个特定领域培训员工，而是培训与公司法有关的各个方面，所以员工对任何事情都能够灵活应对，也不会被任何新鲜事物吓倒。"一名助理律师通常需要处理数年的一般法律事务，才能使专业能力达到一定高度，因此他们常被建议"不要长时间把工作精力局限于一位客户或者一个合伙人"[2]。Cravath 对他们的培养重点在于：让其有能力成长为未来合伙人或高级律师，组织一个律师团队，把复杂事务分解为几个部分，将各部分逐一解决，并在最后重组形成最有效的解决方案。Cravath 注重把每位诉讼助理培养为最优秀的诉讼通才，不希望他们成为只专注于证券诉讼或反垄断的专项律师，Cravath 相信最好的诉讼律师往往能够在应对各种案件的挑战中茁壮成长。合伙人朱莉·诺思解释道："我们希望我们的诉讼律师可以精通各类案件，并通过处理的每个案件，学习如何更好地应对所有的诉讼案件。"但同时她也补充道："当然，我们也接受'次优律师'走专业化道路，因为这能够帮助他们较为彻底地掌握某个特定领域。"另外，乔治·吉莱斯皮进一步解释道："我们的最好训练方式正是工作本身，这也正是我们在多数情况下进行的训练，也是律师合伙人传递给助理律师、高级律师传递给初级律师的'Cravath工作秘籍'。"合伙人也一致认为，Cravath训练法正是公司最重要的"秘制配方"。几乎所有的合伙人都是通过此训练培养出来的，这拓宽了公司的专业性范畴，也扩散了合伙关系的权力。

基础能力尤为重要！正如切斯勒所强调的那样：

> 我们的意图简明扼要，即零缺陷。我们可能仍会犯错，但是并不经常。这里举一个与训练有关的例子。每当邮寄信件时，我都会重新检查一下，以确保信件准确无误。我的助理律师曾问我为何这样做，我解释说"细节决定成败"，这会给接收方一种正向的信号。废除陈旧的反垄断和解制度，这件事对IBM尤其重要，为此我向施瓦茨法官（Judge Schwartz）——在我们成功让埃德尔斯坦法官职务解除后，他接任主审本案件——写过一封信来解释IBM的案件。几天后，我接到法官的电话："我已经收到你的来信，也十分赞同你的逻辑。我将会终止那些限制，并且给政府部门的律师去电。"他在挂断电话之前补充道："哦对了，还有一件事，我的名字中有字母t。"无论Schwarz是不是一个十分常见的拼写，或者我们的合伙人中有人就是这样拼写，抑或是我们的同事严格按照司法部的格式，复刻了他的名字，以上这些都不是重点，重点是：我们拼错了法官的名字。基本原则尤为重要！正如没有学会像老鹰那样扇动翅膀，就别学老鹰那样啸叫。Cravath要求员工拥有一定的技能。我们会传授技能，但只有那些上场的员工，才能够真正体会到，每个人都应该开发出对工作有效的真正属于自己的"陀螺仪"，也就是自己的"拿手戏"。

律师的养成

Cravath 律师事务所的起源可以追溯至 19 世纪初期。在 19 世纪 60 年代，执业律师对一个问题一直争论不休，即新型法律学校的价值与意义，以及这些学校的毕业生应当具备哪些特权。1870 年，哈佛大学建立法学院，自此法学院的具体情况[3]得到全面升级。19 世纪末，Cravath 的工作量翻了三倍，整体的工作内容也更加繁杂，这时还是一家小律师事务所的 Cravath 意识到，应该开始致力于整改和提升员工的质量了。1896 年，Cravath 第一次聘用刚从法学院毕业的学生做自己的员工。此时的 Cravath 早已不是当初那个小律师事务所，而是历史悠久的律师事务所之一。虽然与 Cravath 合作过的律师合伙人未曾超过 5 位，但早在 1898 年，Cravath 便被评为"可与本市任何一家伟大的律师事务所并驾齐驱"[4]，这一评价长达半个世纪之久。

早期，这家机构有时会聘请一位十分年轻的外部律师保罗·克拉瓦斯[5]为其提供法律服务。克拉瓦斯对如何正确解决商业和法律纠缠问题有着不可思议的判断力[6]，同时也有能力让他人逐步接受自己的观点。1899 年，当事务所负责人听说克拉瓦斯的合伙人将要从私人机构离职，准备去哥伦比亚大学教授法律时，这位负责人向时年 37 岁的克拉瓦斯发出邀请，最终克拉瓦斯加入事务所，并成为当时的三名高级合伙人之一。克拉瓦斯完美地完成了他的工作，公司也很快就被命名为"格思里、克拉瓦斯和亨德森事务所"（Guthrie, Cravath & Henderson）。

跟随克拉瓦斯一起来到这家律师事务所的，是他自身关于建立新型法律公司[7]的基本观点与重要思想。克拉瓦斯先是以优异的成绩从哥伦比亚法学院毕业，随后加入沃尔特·S. 卡特（Walter S.

Carter)的律师事务所工作。深受沃尔特·S.卡特的思想影响，克拉瓦斯明白如何建立一个伟大的律师事务所。[8] 每年毕业季，事务所会从所有国内优秀的法学院，分别录用1～2名优异毕业生；要求这些录用的毕业生只为自家事务所工作（这一点当时是很大的创新）；用几年的培养周期，精心培养他们；采用"优胜劣汰"的管理方法，表现最好的毕业生会转为律师事务所合伙人，而那些表现不尽如人意的人将被开除，取而代之的是新录用的优秀毕业生。

Cravath的这套广受赞誉的年轻律师培养体系，通常被认为是保罗·克拉瓦斯一人完成的，但实际并非如此，这套体系也吸收了律师事务所的多年实战经验与其他人的悉心建议。但克拉瓦斯作为这个体系的首席架构师，确实一手打造了这套培养方案的核心理念，他本人也十分热衷于这套培养体系。此外，克拉瓦斯自身强烈的个性，对于同时推进多项变革以建立一种全新的年轻律师培养体系和发展一家能够基业长青的卓越公司而言，有着举足轻重的作用。100多年以来，坚持以最高标准来培训员工，一直是Cravath体系本身能够保持领先与卓越的重要动力。保罗·克拉瓦斯的推陈出新，经实践证明具备超凡脱俗的高效性，这促使其他所有较为重要的法律公司，开始选择沿着Cravath走过的道路发展前行。

在培训新律师的传统方式中，每个合伙人按照自己的方式来培训自己的助理律师。[9] 为避免所有人的工作习惯或工作标准不一致，Cravath引入一项以公司为中心的培训计划，坚持向员工强调团队合作的重要性，并硬性要求所有新人接受事务所的内部培训。这些员工在加入Cravath之前，必须首先拥有大学文科学习经历，并掌握普通法学的基本概念。他们最好在耶鲁法学院、哥伦比亚法学院和哈佛法学院接受过最好的法律知识教育，同时在学校里他们必须是出类拔萃的。除要求头脑聪明外，保罗·克拉瓦斯还要求事

第 4 章 人才成长
专业培训、员工教育与组织管理

务所的员工个性鲜明、精力充沛。尽管 Cravath 的员工都毕业于国内一流法学院，但他们很少出自富裕显赫的家庭。Cravath 的一位合伙人曾说："我们不在乎员工的家庭出身。"与之相反，Cravath 真正在乎的是留给大众的直观印象，即热衷于靠自身实力，培养出与之相似的合伙人。

Cravath 不会一开始就直接把新律师扔进"深水区"，让其自行学习如何"游泳"——完成任务；相反，他们会在精心的指导下，先在"浅水区"学习"划水"的基本动作。Cravath 不认为新律师提升自我的最好方式，是通过处理实际案件来快速学会如何成为更好的律师，因此拒绝在没有太多监督的情况下将小事指派给新助理的传统做法。在 Cravath 的培训系统下，每位年轻的律师通过观摩他的"师父"——一位资深律师，学习如何将一个复杂问题分解成一系列小问题。同时，他也会被安排处理分解后的某个"小问题"，竭尽自身所能，完成分配给他的问题或者任务。通过这种独特的训练方法，新律师将学会如何严格地分析一个复杂问题的每一个组成部分，而只让新人处理琐事是达不到这种培养效果的。

经过多年实践，Cravath 的专业培训开始具有定期性、可预测与制度化的特征。Cravath 培训的主要意图是帮助员工发展，使他们能够像合伙人一样思考、行动；在法律战略、政策与技术方面，有自己的主见；在处理具有挑战性的法律事务时，具备足够的创新性。Cravath 的合伙人一致认为，真正难住很多人的并不是过长的工作时间，而是工作强度过大。一名助理律师能够承受住这样的压力吗？他能否保持高度的专注度？能做到按日程完成工作计划吗？对所做的决策、工作的进度和最后的期限是否有担当？对于助理律师而言，最好的学习过程往往来自帮助重要客户解决那些对于他们而言十分重要的难题。这也是为何很多诸如法律、医学和咨询等专业领域的人士将其工作形容成"执业实践",因为实践才是最好的学习方式。Cravath 的合伙人认为,学习是员工自己的事情,他们所掌握的技能、所长的本事都只属于自己。合伙人也会通过提问的方式帮助员工提升自己。例如,在一次审判结束后,一位合伙人可能会问:"你给我的提醒很正确,我本可以反对对方,但并没有这样做。我为什么这么做呢?"如果这位合伙人只是全盘将其原因讲述出来,那么这只算是一次简单的训练,而没有达到向其传递严谨且独立的思考精神。切斯勒笑着说道:"当然了,这也是因为我们这些合伙人平时太忙了,没有那么多时间给予太细致的指导。"

Cravath 培训体系所产生的结果被许多人描述为"一个队列整齐且作风精良的骑兵团,可以彻夜不眠,完成任何一个有必要完成的任务"[10]。保罗·克拉瓦斯注重做事的结果。他的一个合伙人曾说:"保罗凡事追求完美,或者尽可能做到完美,但很少能够与他所期望的一样好。他的第一个伟大目标就是管理好自己的事务所和员工,帮助他们尽可能完美地完成任何可能的工作任务。"[11]

Cravath 在对员工培训的理念与教育方式方面阐释得更明确,与大多数大型律师事务所的"助理律师管理池"(the "pool" system of managing associates)有明显区别。例如,关于企业并购案,尤其是对收购出价不满意的情况会发生得很突然。这时原本正常的法庭流程会突然中止,甚至搁置长达数周。不少诉讼案的结果常常让人感到意外。上述突发情况是法律实践中固有的,这对律师事务所的盈利有极强的破坏性。也就是说,随之激增的工作量会降低事务所的生产力。与此同时,虽然有时业务量降低了,但是事务所人力资源和基础设施的固定成本没有改变。因此,传统意义上的典型大型律师事务所的经济性取决于组织的灵活性,尤其是分配助理律师处理特定工作的方式，"助理律师管理池"有助于保持供给侧的灵活性。

在"助理律师管理池"中，每项工作都会被分解成许多个细小的工作颗粒。有特定客户的事务所合伙人可以根据个人的工作能力与经验，以及客户问题的困难程度，对工作内容进行分割。当工作量增加时，合伙人可以向公司管理层请求更多帮手，例如，他可以这样讲："我需要一个有3年工作经验的助理律师，外加两个有1年工作经验的助理律师。"事务所的合伙人通常默认所有的助理律师都是可替代的。当客户需求增加时，律师事务所通常会放低工作经验要求，从而雇用更多经验不一但够用的新律师。一旦客户需求量减少时，这些新雇用的助理律师也会被辞退。长期来看，"助理律师管理池"确实缓解了事务所面临的成本压力和组织的困境，但是不可避免地，事务所变得不再那么有学院风，也更缺乏人情味。

Cravath反对这种传统的"助理律师管理池"，原因涉及诸多方面。尽管对于事务所而言，短期内可以出色地满足客户的要求，这点也十分重要，但与之相比，可以培养出为客户提供长期优质服务的好律师更为重要。Cravath认为，通过组建特定团队小组，将事务所的助理律师与合伙人组成一个团队，这一形式是培训年轻律师的最佳方式。一个案件小组通常由2～4位合伙人，以及指定的一批助理律师组成，根据案件性质团队合作时长为12～18个月不等——公司法案件需要12个月，诉讼案件为18个月。团队中的每个人总是激情饱满，全心全意服务于客户，为客户争取最佳结果，同时团队中的每位律师不断成长。通过这一过程，助理律师知晓了梳理客户问题的流程，理解了事务所高效处理特定问题的方法，以及洞察到将工作拆分成特定部分的意义，从而积累诸多宝贵的工作经验，而这些经验将提升他们在未来工作中的效率。

Cravath 的合伙人一致认为，事务所助理律师在经历了为期 12 个月或 18 个月的小组合作轮换后，已经掌握那些对其日后职业生涯有帮助的、可以通过传授习得的绝大多数知识与技能。关键之处在于，他们要加入不同的团队组合。对他们而言，工作经验和背景越丰富，他们越能更好地处理棘手的新难题，做到从不同的战略和战术上应对问题。他们在处理多方面问题上做得越好，陷入专业窠臼或墨守成规的风险也就越低。

朱莉·诺思感叹道："这是一个神奇的学习过程。通过 Cravath 的培训可以学到诸多能力，而整个学习过程中培养起来的自信，可以让你去任何你想去的地方。无论是私底下还是职场中，我们都可以做得足够了解身边的同事，并通过团队合作，将习得的技能付诸实践。这一点对 Cravath 至关重要。我们明白，这需要以牺牲工作效率为代价，但最终我们在效能方面收获颇丰。"

每一个成功的 Cravath 律师在加入 Cravath 之前，在各自的学校、大学和法学院，都有十分成功并且耀眼的个人光环。但是来到 Cravath 以后，他们要接受下面的转变，即将自己变成团队主义者，成为已有运作小组的新成员。对团队合作的重新定位，会威胁到长期处于成功状态的个人主义者。天赋异禀者一出生就自带一股傲气。无论是在学校，还是在大学，抑或在法学院，他们的排名总在前 1%。此外，在任何事情上也从未低于前 10%。然而，当他们加入 Cravath 后，不少人备受打击，因为他们有生以来第一次不再是前 1%、前 10%，甚至达不到前 25%。更糟糕的是，只要排名存在，就意味着总会有律师新人排在事务所的倒数 50%，且半数不能幸免。

助理律师的职业地位将随着自身成长不断上升，那些证明自己有实力的助理律师将会作为代表，向更年轻的律师分享自己先前经历过的培训内容，这也增加了他们个人的工作量和工作的复杂性。凯瑟琳·福里斯特在入职第一年与埃文·切斯勒搭档，后来又与托马斯·巴尔搭档。凯瑟琳总结道："他们教会我如何成为一名最好的律师。作为公司的助理律师，你可以尝试完成任何一件你尚未做好准备的事情。这是一种很好的赞美，具备挑战性的同时，也可以带来满足感。这会让人感到自己像一个明星人物。"

合伙人表示，与其说Cravath是一家同质、单一机构的律师事务所，不如说是一个以小型实践单元组成的紧密联盟。诺思解释说："在轮岗中，员工相当于从一个小律师事务所转到另一个小律师事务所，与每个单元的合伙人密切合作，向他们学习不同的法律领域和不同的执业方法。"这在诉讼案件中是特别重要的一点：想要在法庭上取得成功，律师首先必须做到认可自我。每个律师都应该找到并形成自己的风格。因此，了解不同的工作方式和不同合伙人的风格至关重要，这些不同方式同样有效，是因为人们只做最适合自己和自我风格的事情。Cravath在传授诉讼战略和战术上，比其他律师事务所做得都好，Cravath不仅"授之以鱼"，也"授之以渔"。当一个诉讼律师对所有可能的选择有足够多的远见时，他便可以让事态朝着他想要的方向发展。福里斯特解释说："我们相信，律师需要知晓如何排列多米诺骨牌，同时也要理解一张多米诺骨牌如何致使另一张多米诺骨牌倒下。只有这样，你才能确切地知道何时推倒第一张多米诺骨牌，以及随后事态的发展情况。"

或许由于法庭审理费用过高，也可能是双方已庭外调停和解，对复杂公司事务进行开庭审理的现象正在逐步减少甚至消失。一家律师事务所的诉讼律师在35年的执业生涯中，可能都不需要上法庭。相反，Cravath需要对诉讼律师进行训练，而最好的训练正是参与真实案件的法庭审理。没有一家律师事务所愿意因为旗下年轻律师不懂如何进行法庭审判而输掉一起关键案件。为给年轻的诉讼律师争取到宝贵的实践经验，Cravath 对这类庭诉案件只收取少量费用。

每次轮岗小组工作结束时，小组单元中的合伙人将会评估组内助理律师的专业能力和工作成果，并指导他们如何最好地成长。评估一般需要 1 小时，包括已完成的每项关键事务，以及对下一轮轮岗预计完成目标的建议。所有轮岗结束后的总结回顾则是对之前所有日常工作反馈的总和。无论当时的工作是被认可，还是需要调整提升，反馈从未停止，因此即便轮岗期结束，做总结回顾时也不会有太多意外出现。此外，助理律师也会收到客户的批评反馈。汇总所有反馈，梳理出一份关于该助理律师的洞察和建议，之后将一并传递给新一轮小组中的合伙人。轮岗的程序确保了培训的连贯性，因为没有哪位合伙人愿意被下一轮的合伙人问起："为何这个助理律师没有学过这个技能或那个知识？"

7 年里，年轻的律师进入事务所后，都将作为助理律师与 12～15 名合伙人密切合作，并于每轮轮岗期中的每一天与之并肩作战。合伙人可以做到真正了解他们，在知晓他们的工作能力的同时，指导他们完善陈述时的语气和内容。这种轮岗制度也避免了事务所内部形成小团体。依赖轮岗培训积累的经验和评估池，合伙人建立了一个强有力的决策系统，从而确定哪些助理律师可以进入合伙人序列。每个助理律师也都清楚此决策过程。假如一个助理律师的总排名在前 10%，但尚未获得明确的合伙人身份，那么可能是他在与合伙人合作时，做事失误过或发生过个人冲突。针对这类员工，事务所通常会推迟判断，或是根据下次轮岗表现再判断。

尽管优势诸多，但工作小组的轮岗也存在一个问题：客户不喜欢变更。合作客户会对为之提供服务的律师产生依赖感，当面对新的合作伙伴或其他合作者时，意味着一切从头再来，而这很难让人感到兴奋。只要稍有变动，人们就能预见到自己将失去什么，而对自己将获得什么一无所知。因此，Cravath 不得不解释这么做的好处。正如切斯勒所言："我们努力让客户理解我们对培训的投入将给他们带来长期好处。因为这使得我们的合伙人和高级律师之间可以随时切换，同时他们能够高效合作，共同为客户提供优质的服务。"

Cravath 强调，让公司保持卓越对长期客户而言至关重要。如果某个客户不愿意接受 Cravath 的行事方式，那么该客户成为事务所长期客户的概率通常会很低。切斯勒表示："我们事务所的运营依据的是某些特定的核心经营理念。但这并不意味着我们是一家不知变通的事务所，我们会根据客户需求有所变动。"例如，当遇到客户抱怨，小组轮岗制度意味着新助理律师加入时并不熟悉案件，在他对案件发挥作用前需要至少 90 天来了解案件时，Cravath 的应对变动是：首先，仍继续执行小组轮岗；其次，新加入助理律师的前 3 个月学习期，不会向客户收取任何费用。

过去 10 年里，Cravath 的培训也新增了一个维度。正规培训课程由一组合伙人一起讲授，其内容包括寻找证人、开庭陈述和结案陈述。开设课程的部分动机来自律师协会对继续教育的要求。[12] 在此基础上，Cravath 坚持认为，既然要开设课程，那么最好由事务所的合伙人亲自上课。事务所也会邀请客户公司的内部律师参加删减版课程，这些对外课程则会删减案件的一些细节。合伙人开设了一门专利法课程，以免当知识产权法在一个案件中突然变得重要时，事务所的助理律师措手不及。关于取证的培训，可以将合伙人实际取证视频作为教学工具，因为助理律师发现这种学习方式远比通过书本或课程学习理论知识更容易掌握这一技能。

保罗·桑德斯（Paul Saunders）开设了一门关于开庭陈述的热

门课程。他通过电影短片,以好莱坞军事法庭电影和辛普森案件[①]的一段视频作为课程的开端。在辛普森案件视频片段中,检察官故意夸张地对陪审团说:"我的工作是世界上最难的,因为我必须让你们相信,一个受人喜爱的美国偶像做了一件极其卑鄙的事情。"视频播放到这里时,被桑德斯打断:"不对!不对!不对!!他已经掌握了所有真相,已经没有'最难的问题'了。可以说,对于该案件,他已胜券在握。一切都是最容易的,而不是最难的。当他要求陪审团考虑那份关于工作困难的愚蠢陈述时,他实际上已经失去陪审团的信任。如果说控方在这个案子的什么地方输了,那就是输在了这里——开头就输了!"

海量课程与"传承节"

梅奥诊所的新医生面临着至少一个与 Cravath 的新律师相同的挑战。在医学院,研究和学习都是独自完成的。读书时,任何关于考试的相互帮助都将被视为作弊行为。个人的出色表现是他们进入一流医学院的敲门砖,也将为他们赢得住院医师资格。然而,骤然间所有事情都变了。如果新加入的住院医师想成为一个优秀的梅奥医生,他们需要理解医疗的专业精神在于共同解决问题,而非独自解决。他们也会发现,仅依靠对原有医学知识的记忆与理解是远远不够的,工作中更多的是仰仗新的医学发现,更侧重于挖掘并搞清楚疾病的真相。放射科医生斯蒂芬·史文森(Stephen Swensen)声称:"在梅奥工作的医生,在梅奥之外很难更优秀。"

---

① 1994 年,在前美式橄榄球运动员辛普森用刀杀害其前妻及餐馆的侍应生两项一级谋杀罪的指控中,警方的几次重大失误导致有力证据失效,使其无罪获释,仅被民事判定为对两人的死亡负有责任。本案也成为美国历史上疑罪从无的最大案件。——译者

每年，梅奥会为医生开设17门不同课程，其中一些课程只需学习几小时，但一些课程则需要学习几天的时间。护士在被允许进入手术室前，需要先在模拟中心参加为期12周的实践训练，这个模拟中心有点像训练飞行员的飞行模拟器[①]。梅奥有成千上万门课程，每年梅奥医学院三个校区的课程注册量超过94万次。一些课程的开设旨在帮助员工提高在当前岗位上的工作效率；而另一些课程则是为员工规划未来的职业发展。除此之外，当3 500名员工中有人需要在外部进修时，梅奥也会给予学费支持。梅奥的课程十分广泛，有"如何有效使用口译人员"的课程，也有与"目标设定""个人及职业发展""应对工作场所暴力""相互尊重与性骚扰问题""如何通过建立信任和激发信心来推动变革""应对挑战性谈话的技能""管理者如何回答与薪水有关的棘手问题""管理者关于商业法的介绍""致癌剂的真与假"等相关的课程。梅奥课程的培养目标只有两个：一是提升员工在完成当下工作时的个人能力；二是让他们有能力承担更多的责任。迈克尔·布伦南博士（Dr. Michael Brennan）说："这样做的目的是在梅奥的价值观指导下，为未来的人才储备做好准备。"

历史对于梅奥培训体系而言十分重要。梅奥诊所每年都会举办为期一周的"传承节"，活动上会追溯梅奥家族的历史，也会讲述梅奥诊所成立初期的故事。直到近期，阅读、描述诊所早期历史场景的资料，才开始作为培训新护士的一项内容。在其中一个历史场景中，一位已经工作47年的共济会护士玛丽·约瑟夫修女，讲述了自己当初面对男性病人裸体检查时的场景。每当遇到这样的情况，她总因羞愧、愤怒而背过身且颤抖不已。就这样，过了一段不

---

① 飞行模拟器的主要目的是训练飞行员，以达到测试和保持飞机操作的熟练程度，而无人员或财产危险。与实际驾驶飞机接受训练相比，在飞行模拟器中训练也要便宜得多。——译者

安的日子后，玛丽提出抗议。然而，她并未获得任何同情，并被告知：护士的"假正经"行为可能会导致护理工作的疏忽；无论男女、不分性别，她必须照顾好所有病人。这一简单的教学场景也一直被医学工作者反复使用。如今，他们也会使用视频辅助教学。

通过非正式课程观察他人行为，是传承敬业精神和团队合作精神的最好教学方式。内科医生道格拉斯·L.伍德（Douglas L. Wood）表示："文化建设很早就开始了。大部分来梅奥的医生，其目的是获得研究生训练。在这个过程中，他们自己就可以找到梅奥价值观在不同领域的意义。我们也从中找到最适合梅奥文化的人。"在价值观和专业性方面，梅奥会对新医生进行专门培训：入职第一年进行3周的培训，入职第二、三年进行2周的培训。当然，沟通技巧也一直作为重点培训内容。斯蒂芬·史文森解释道："我们为刚来的住院医师设置了一套'隐蔽课程'，这些课程隐藏着'如何做到始终以病人需求为先''无人监督下医生应该做什么'等课题。当日常使用的价值观不能匹配、强化既定使命时，理应文化占据主导地位。当外部人来梅奥诊所表示'我们想复制你们的流程'时，我们明白他们是做不到的。"患者总是说："你们是从哪里找到这些人的？他们总是乐意多付出一些。如果我的公司有这些人，我定能做出伟大的事业。"人们没有发现，梅奥诊所的员工之所以如此卓越，肯定是有原因的：这离不开梅奥管理层长年累月的精心训练及其强大的文化，而这一文化与梅奥的招聘实践和长期使命始终和谐一致。

让员工做真正想做的事

少数几家卓越公司认为，最好的培训意味着最少的培训。与

Cravath 正好相反，资本集团从未尝试过，也不想对其年轻一代的专业投资者进行正式的培训。资本集团所做的每项重大长期投资计划，都建立在对企业价值观的创造性理解、信息的全面收集和相关事实真相的详尽分析的基础之上。每个行业的独特性促使每个新手分析师各自建立自己的训练体系。当然，当他们遇到问题时，其他分析师与投资组合咨询顾问会十分乐意为其解答。一般而言，成功的投资研究及最终的决策必须独自完成，毕竟不同行业之间差异极大，且没有太多可分享的"行业公分母"，即"共同特征"。常规的培训反而会限制分析师的创造力和自发性，因此他们必须自学。正如资本研究（Capital Research）高级副总裁戈登·克劳福德[13]（Gordon Crawford）所说："关于如何做研究的课程没有任何意义。最终每个人会以不同的方式完成研究工作。"

虽然资本集团认为投资研究的技能无法传授，但它也坚信随着时间的沉淀和辛勤的努力，只要动机正确，优秀者自然而然可以掌握必要的能力——他们也正是资本集团希望招聘到的人才。在全球领先的投资机构中，有诸多消息灵通的专业人士，他们主导着这个竞争异常激烈的市场，因此分析师的个人才能和动力是其取得优异投资成果的关键所在。

资本集团面临的最重要的管理挑战并不是如何管理投资或服务投资者，虽然这两点也很重要。与其他所有专业金融机构一样，资本集团面临的最棘手、最重要的挑战是如何发现并培养天赋异禀的专业投资者，并围绕他们设计组织结构，将他们组成高效团队，从而实现卓越的长期投资目标。

在给出任何投资建议前，新手分析师需要对单个公司及其所在行业有至少一年的研究经验。对于指定行业，分析师必须首先找出其中的重要问题，之后与多家公司高管建立紧密关系，深入了解哪些因素驱动或阻碍了公司的长期发展，从而找到问题的答案。这种纵向的自主学习可独自一人，也可一群志同道合的分析师一起持续二三十年，同时他（们）根据复杂的、不确定的和持续变化的信息做出买卖决策，并始终与同行专业投资者保持竞争关系。凯瑞·拉森表示："一个有能力的行业分析师对某一领域的通透研究，通常需要 10 年的时间才能达成。但大多数金融公司的分析师根本没有机会长达 10 年专注于一个行业。也就是说，在分析公司和理解投资方面，我们的高级分析师比其他公司的分析师更具竞争优势。"

戈登·克劳福德研究媒体行业公司已经超过 35 年，他告诉新手投资分析师，友好相处的能力很重要，因为"人生苦短！每个人的时间有限，因此必须确定如何分配有限的时间。CEO 自然会选择将时间花费在那些相处愉快并能胜任工作的人身上"。很多年前，霍华德·肖（Howard Schow）还是资本研究主管时，他教过一个定律，如今被命名为"肖定律"（Schow's Law），即只雇用极其聪明的和至少喜欢研究的人。

尽管决策过程中相关信息总在变动，投资管理机构每天仍需要不停地做出有风险的决策去买进或卖出特定的证券。因此，投资组合本身是连续的复杂过程。成功取决于在两种截然不同的能力方面同时达到卓越：个体的创新性智慧和团队的合作能力。前主席詹姆斯·富勒顿（James Fullerton）说："我们珍视重要的、创新的想法，但即使是最好的想法，其价值也只局限于其能够被采纳应用的领域范畴。如果你喜欢某人，那么你一定会倾听他的想法。如果相互有好感，那么你们互相倾听的机会更多，并且彼此高度关注。或许再也没有一个行业比投资管理行业更注重良好的沟通软实力和奇思妙想了。"信息和想法的共享可能合并衍生成伟大的投资决策，而善于倾听的能力必不可少。当然，倾听的关键是相互信任和对彼此有信心。良好的沟通同时取决于发送者和接收者，当接收者未认真倾听时，这意味着"沟通权"完全由接收者掌握，并拒绝沟通。

资本集团中没有人会培养接班人，因为专业投资者各有强项和最好的贡献方式，没有人会为他人设计完全相同的、合适的工作。根据每位专家的强项来优化工作，可以使其更高产、个人满足感更强。资本集团不是通过控制，而是通过消除障碍[14]，努力让合伙人做到最好。尽管如此，正如资本集团的一位强势领导迈克·沙纳汉（Mike Shanahan）所承认的："成功执行这一点极其困难。"

资本集团鼓励公司员工专注于完成他们真正热爱的事情。资本战略研究主席比尔·赫特（Bill Hurt）解释道："人们都喜欢做自己擅长的事情，那些有能力的人总是专注于自己擅长的事情。同样，人们并不十分乐意做自己表现平平的事情。人生只有一次，如果想做的事情越做越少，那么不想做的事情就会越来越多地填充进来。"资本集团提醒员工要小心，不要让其他同事对自己的特长形成固有印象，否则会被安排越来越多相似的工作内容。资本集团鼓励员工持续改变和不断成长，促使其更了解自己，发掘自己从未发现却恰恰适合自己的事情。沙纳汉解释说："即便与自己一样优秀的同事不下百人，我们也希望每位员工能够明白，他对公司而言一直是独一无二的。对公司而言，关键问题在于他是否想尽力成为那个最好的自己。这一问题也被反复提起。"

"做自己真正想做的事"这一方式，通过严格量化评估个人实际投资业绩得到平衡。每天依据4年期移动平均值计算一次投资收益，根据一定的内部基准，第1年到第4年的权重分别是10%、20%、30%和40%。业绩是薪酬的最大驱动因素。赫特表示："资本集团将客观性视为上帝。华尔街需要聪明、积极、主动性高的人，更需要那些可以促进交易的人，他们在社会上占据主导地位，无论好坏其他人都会根据他们的建议行事。然而，资本集团并不追求社会名望高的投资者，因为那样会妨碍客观性。"

资本集团的创新体现为这样一个认知：除从初级分析师晋升为分析师，再升职为投资组合经理之外，还应该有另一种不同于传统的投资职业发展路径的替代方案。资本集团分析师的职业发展可以从初级分析师到分析师，再到高级分析师，职位提升的同时薪酬、所有权和地位也得到了同等提升。同样，员工也可以选择同时担任分析师和投资组合经理两种职务。戈登·克劳福德是一位拥有20多年职业生涯的全职分析师，他现在既是一名分析师，也是一名投资组合经理。克劳福德在资本集团公司担任董事也有近20年的时间，前两年担任非执行董事长，之后回归投资组合管理的全职岗位。当然，了解这样的职业发展对年轻分析师可以产生有意义的影响。同样，不间断地评估投资业绩也能达到这样的效果。

对协作和合作的追求，并不能阻碍资本集团雇用进取心强的风险偏好者。资本集团到处都是聪明、理性的专家，他们天生竞争意识强烈，但从不多愁善感、陷入情绪化。詹姆斯·罗滕伯格谈道："假设志向远大的人成长于不同的文化背景，那么他们的行为势必差异极大。为使公司业绩和团队合作最大化，资本集团通过组织结构的创新，将竞争从内部导向外部，通过市场和竞争者避免了内斗倾轧。"凯瑞·拉森看待这一问题时讲道："管理一群证券分析师很像养育孩子。重要的是，不用听信所有的内容，也不用记住所有的内容。"

为使工作环境的各方面协调顺畅，组织设计理应成为重中之重。在资本集团，组织设计包含财务薪酬、非财务薪酬、专业挑战和成长机会，并始终强调投资信息和想法的有效沟通。资本集团日本分公司前主席帕克·西梅斯（Parker Simes）说："很难找到一个环境，让你真正自由地做自己想做的一切。这里的环境又有趣又令人兴奋。资本集团没有办公室政治或官僚主义[15]，我们努力将其打造成一种精英管理体制。"

严格的评估流程是每一家伟大公司都具备的基本特征。资本集团每年通过10个标准对每个员工进行360度评估（涵盖不同级别同事的评估）。多年前，这10个标准被确定下来，都是衡量员工能否获得长期优异投资业绩的关键影响因素。公司要求每个人对一起工作的同事进行评估，分析师之间要互相评估，同时分析师也要评估投资组合经理，反之亦然。整个评估过程相当平衡，每个分析师会收到10名以上的投资组合经理的评估反馈，反之亦然。这套评估体系既包含根据标准因素的打分项，也包含评估者认为重要的开放式评价，还包含后续谈话中获得的深刻见解。

所有的评估结果最终汇编成册，并以五分位数①（quintiles）标记，同时花费1小时及以上的时间在公司内部进行分享。拉森表示："尽管一些员工已经做得十分出色，他们仍希望更深入了解自己目前的水平及改进的方向。"评估通常与年度自我评价一同进行，也会为每个员工定制自身发展和职业规划，从而帮助员工最有效地发挥自身价值。

资本集团的一个重要特征是它充分理解投资的不确定性，在员工备感煎熬时，仍愿意给予支持。那些自身经历过股市大起大落的投资者，与正处于低谷时期的投资者更加惺惺相惜。正如克劳福德所说："拥有良好的幽默感会有很大的帮助，因为即使是一名优秀的分析师，工作中也会有40%的失误，或一次重大失误。"当同事

---

① 五分位数是统计学中分位数的一种，即把所有评估结果从小到大或从大到小排列并进行五等分。——译者

处在低谷期时，仍能给予宽容的秘诀在于谨慎招聘。只有这样，才能营造一种环境，当一个人犯错时，周围人会给他留出充足的时间，等待他展示出应有的实力。

同所有伟大的公司一样，团队合作也是资本集团发展壮大的核心要领。随着公司组织结构的不断扩展，资本集团一再重塑团队模式，形成诸多小团队[16]，方便员工熟悉身边的同事，同时了解自己在团队中的贡献。这么多规模适当的工作团队，正是资本集团解决全球投资模式下内在复杂性的效率保障。随着投资全球化的推广，需求多样化也在不断增加。[17]"要想成为一家全球投资公司，我们必须更具多元文化背景和多种语言能力。"戴维·费希尔（David Fisher）解释道，"资本集团的投资分析师和投资组合咨询顾问来自全球38个不同的国家，语种超40种。当走进公司，顺着大厅往前走时，你可以遇到加拿大人、智利人、法国人、德国人、美国人、巴西人……又一个法国人、中国人、阿根廷人和印度人。"

正因为大家兴趣相同，开放式沟通和团队协作得以在资本集团发展起来。对通信领域、金融市场、新兴市场或其他领域感兴趣的分析师经常聚在一起讨论问题。分析师有时会组织为期一周的深度企业调研，有时会在某个周末举行讨论会或全球电话会议。得益于电子通信技术的发展速度远远快于资本集团本身，上述各类沟通交流方式才得以实现。全球电话会议将世界各地的团队联系起来。企业调研结束时，分析师将收集的各类信息通过互联网进行实时分享。每日网络资讯可以在体系内广泛传播，同时大型研究项目聚集大量团队共享信息。频繁召开视频会议意味着频繁使用基础设备，通信公司因此给出一个优惠方案：只需支付一定的固定费用，就可以一直使用这些通信设备。

伟大的公司总能留下大多数专业人才，资本集团每年只有2%

的专业人士离职。前高级投资组合经理鲍勃·柯比（Bob Kirby）表示："资本集团的最大特点是公司的员工流失率极低，可以说是市场上最低的。基本上，人们留在这里是因为这里有行业中最好的工作环境。员工有足够的自由度和灵活性来决定如何完成工作，并根据成果衡量工作能力。"

超乎寻常的长期职业生涯使得资本集团的分析师能够详细地了解公司、产品、经理和技术，从而了解当前发展对长期投资价值的影响。为期较长的职业生涯有助于专业人士更好地了解自己，并促进同行之间的彼此了解，以便在复杂的投资决策上进行更有效的沟通。一个组织内部网络的价值，会随着人际关系数目的增加和时间的延长而不断上升。当一个有经验的专业人士离开公司时，公司失去的不仅仅是这个人，也将同时失去这个人多年积累的关系网，以及这个人与网络中的其他人沉淀下来的默契。

360度全方位考评

与资本集团类似，梅奥诊所在人员管理方面的成功也体现为医生的自愿离职率很低——梅奥的三个医学院每年医生自愿离职率略高于2.5%，而那些非医生工作人员，在明尼苏达州医学院仅有5%的自愿离职率。另外，在亚利桑那州和佛罗里达州，业内其他医疗机构的离职率超30%，而梅奥仅在10%左右。此外，已离开梅奥的员工大部分会在离职一周后表示，后悔当初选择离开梅奥。

这种问题行为可以通过梅奥诊所的360度全方位考评得到直接解决，考评涵盖患者和一起工作的同事的评估。虽然评估采取自愿模式，但越来越多的医生参与其中并使用评估结果。评估的重点在于个人行为能否体现出梅奥的核心价值观。此外，检查清单也可以反映出员工是否做到：

- 促进同事之间的相互尊重[18]，并支持梅奥诊所发展多元化的承诺。
- 促进团队合作，促进个人责任感、正直感、创新意识、信任度和交流沟通的提升。
- 坚持个人发展的高标准，坚持专业与专业服务水平的高标准。
- 坚持提升专业技能与其他领域的知识水平。
- 推动患者护理、教育以及研究等多领域的相关进程与服务的发展。

医生的同事和上级领导在对其进行评估时，会重点考察以下三个方面：（1）换班时，该医生是否顺畅完成交接？（2）如果自己家人得了某种疾病，是否愿意让该医生作为主治医师？（3）如果你正在策划并推行一项个人实践项目，是否愿意让该医生作为项目伙伴参与进来？

多元化必然带来一个问题，即总有个别医生不能对所有人表现出尊重，而部门主管可以通过员工满意度调查了解这一点，进而明确组织内部仍存在的待解决的行为问题。调查显示，如果某些程序未得到正确执行，50%的工作人员将不愿意直言不讳地表达自己的看法。因此，管理层一直致力于让护士和医生，超越种族和国家的界限建立更好的联系，做到沟通时彼此之间感到100%的舒服和自信。

"松树街"项目

高盛的培训多年来依赖于日常工作中的一对一即时辅导。这种

| 第 4 章　人才成长
专业培训、员工教育与组织管理

一对一辅导并非由公司组织，而是员工自己寻找导师或拉比。作为高盛投资银行部的一名新员工，亨利·保尔森（Henry Paulson）在吉姆·戈特（Jim Gorter）那里学到了记忆深刻的一课。戈特是芝加哥分公司的领导，十分擅长培养公司的未来管理层。戈特看过保尔森撰写的第一份重要书面文件后，在顶部评价了一句"很好的备忘录"，并返还给保尔森，其中每页有 3～4 个"我"字，都被划上"×"以示提醒。

戈特关于与客户建立牢固关系的建议一直未变："交易完成得越快，并不意味着客户与经理人的关系越好，其关键在于工作完成的质量。因此，我们要始终以高标准要求自己，不要沉迷于短期利益，一定要把眼光放长远些，多去考量交易的长期优势。只要我们做到了，那么生意自然而然便可做大做好。千万要记住，同客户关系的维系，不像是简单的短跑，而更像是一场费时费力的马拉松。"戈特给保尔森上的关键一课在于让他知晓："可靠的人可以把功劳全部归功于团队。"这一建议的优势在与那些过分邀功、长期来看实际上严重损害了自身职业生涯的合伙人的比较中，得到了放大。

高盛的培训在形成过程中经历了几个阶段。20 世纪 70 年代早期，理查德·门舍尔（Richard Menschel）和罗伊·扎克伯格（Roy Zuckerberg）组织了最早期的公司培训活动。那时的培训在每周三和每周五的晚上 5 点半至 7 点半举办，他们会组织数十名员工参加证券销售的培训。之所以选择在每周五晚上，有传言说，是因为那个时间段正好与纽约的重要社交夜冲突，所以参加培训的人有义务展示出对公司的忠诚度。作为进一步的测试，周五晚上的培训课开始时间经常延后 1 小时左右，多数情况下过了 7 点半，甚至 8 点半，有时 9 点才结束。结束时间太晚以至于员工没有时间计划或参加其他社交活动。

每周两次的培训活动中有一个重要环节，即选中一名培训者，在所有人面前进行模拟训练，将产品推销给门舍尔或扎克伯格，而他们则扮演会提出各种问题且又非常难应对的客户。培训大约维持了 6 个月，凡是没有通过最终测试的员工，全部回炉重造，重新参加新一轮培训。最终测试虽然形式较为单一，但颇具难度，通常是研究公司的一个主推产品，直到其自认为完全搞定，最后与门舍尔一对一交流，并尽可能严谨、有信服力地将培训结果展示出来。

通常门舍尔会不断追问下去，但有时仅 10 分钟他便出人意料地对受训员工说："你的展示很有说服力，我要买上 10 000 股。"如果员工回答"谢谢"，并在订单簿写上"购买股票"，那么这意味着他通过了考试。然而，如果员工多说了额外的话，那么这场考试便失败了。因为画蛇添足的解释可能会导致客户重新思考自己的购买决定，甚至可能导致客户选择研究之后再做决定。果真如此，这份订单大概率会失效。正如销售行业的俗语所言，实习销售员又把订单"买回来了"。

随着高盛的组织架构的复杂化，公司发展逐渐全球化，多年以前，高盛开始渴求更多经过专业培训与教育的高级经理人。同时，高盛也需要一套能够高效培养经理人的系统化培训方案。多数部门的规模已相当于 10 年前整个公司的规模。公司多次通过网上调查和线下访谈的形式，征求管理和领导力发展方面的意见，涉及的问题有：进展情况如何，目前效果如何，以及公司不断变化的发展需求是否得到满足。顾问们就管理发展的最新概念接受采访，并拜访管理教育领域的"最佳实践者"，学习他们的工作内容与工作效果。早期，公司认识到一个十分严重的问题：公司的职业道德和奖励制度，尤其是快速增长的公司文化，都开始以商业化为中心，其结果是公司越来越注重短期利润。因此，像管理培训和发展计划这些软性又抽象的项目，特别是当这些项目处在效果未知的新开发阶段时，常被真实又具体的交易项目覆盖。对于新项目而言，领导能力至关重要，因此后来公司聘用了通用电气克劳顿维尔领导力中心的负责人。一开始所有人并不清楚这一新项目的开发需要投入多少时间与精力，而这位新领导人在未正式加入公司前已开始参加每天6点的晨会。

最终，这一新的培训项目被命名为"松树街"（Pine Street），并扩大了覆盖范围，将近100名迅速崛起的董事总经理也被纳入"领导力提升项目"（leadership acceleration）（高盛大学将继续关注副总裁及以下职位的技能培训需求）。30年前，怀特黑德和约翰·温伯格传递了相同的信息，它们依然回响在这里的每位新合伙人耳边："你的升职当之无愧。我们对你有更高的期望，请一定要加快自己进步的步伐，向我们展示你可以成为一名真正的领导者。"

如今，每个新员工必须参加为期一周的介绍性培训，熟悉高盛的发展历史，了解可以突出公司文化的重要商业条线。之后，每个部门会按照各自需要，举办为期几周甚至几个月的技能培训。最常使用的一个案例为，一名交易员的直接上级了解到，这名交易员在长达11年的职业生涯里保持稳步提升且得到积极评价，在他入职前的声明中未有被捕经历。但据了解，他在大学时，曾因持有大麻而被捕。对于这类情况如何处理？相关讨论通常很活跃。对此学员们达成共识，即多年前的错误无所谓，也不会影响他的职场表现。然而，实际上这很有所谓。在证券交易的世界，众所周知诱惑实在太多，倘若他在求职申请书上为"走捷径"而不诚实，那么他之后还会犯同样的错误。遭受质疑时，如果员工表现出懊悔，公司给予严厉警告即可；如果他仍是满嘴胡话、闪烁其词，可以直接开除。

公司通过"松树街"项目明白：第一，培训课程应该按照各个部门的需求进行设计与实施；第二，课程教授，无论他是否来自知名大学，只要他没有真正了解高盛，那么他就无法像公司资深领导那样得到信任。在"松树街"项目中，80%以上的课程由高盛的高管直接教授。当管理委员会成员主动寻求辅导时，高管的相关培训也随之增加，这类课程很快就被视为一种高管的自我发展，而非亡羊补牢式的自我纠正。所有培训中的指导关系将会维持几个月，但为避免组织内部产生办公室政治，教练都是外聘人员。此外，几十位董事总经理参加了该培训项目，高盛也会邀请客户参加部分课程，他们都很享受这一过程，并对高盛更加赞赏。在高盛，即便是那些商业气息最重的人也明白，与重要客户进行 5 小时的一对一交流，是发展更为牢固关系的好方法。

虽然"松树街"项目的参与率稳步提升，但它的回报依然十分模糊。当保尔森进入财务部门时，高层对该项目的支持逐渐减少，而那位来自通用电气的项目负责人也已退休，公司的发展重点开始越来越趋向于商业化。直到华尔街崩溃（2008 年）后，劳埃德·布兰克费恩对"松树街"项目的关注度再次升高，他招募了一位新的领导人乔治·帕森斯（George Parsons）负责推动培训项目再振雄风。随后，超过 6 200 名董事总经理、副总裁和合伙人参加了"松树街"项目，但结果好坏参半。帕森斯任职两年便离职，在离职后不久他坦承道："领导者必须摒弃传统思维方式和旧技能，学习新的思维方式和新技能。这很难做到，尤其在企业面临困境时更难做到。"公司的另一位董事总经理说得更直接：

> 这个组织太愤世嫉俗，太专注于商业，以至于对那些自认多余的事情没有一点耐心。如果"松树街"项目与公司变得更具商业效益之间没有关联作用，那么这个项目的存在价值瞬间就消失了。

注重公司利润的同时，遵守对客户的承诺，两者都是公司高管经常提及且又热切传达的明确观念。"一切与你无关！"是高盛新员工在入职仪式上接收到的核心思想。"确实，当你享受这份工作时，才能做好并取得成功，但这一前提是你必须明白企业不因你而存在，一切与你无关！企业的存在是满足客户的需求，你所需要做的只是竭尽全力满足客户的需求，否则不可能在这里获得成功。"外部人士惊讶于高盛内部对"客户利益第一"的重要性的强烈鼓吹。与此同时，也有外部人士甚至是公司前合伙人认为现在很多高盛人其实已不相信自身宣扬的内容，也不再具体实践，对此内部人士感到十分诧异。所有的商业原则条例仍挂在墙上，也出现在年度报告中，但可能已不再是公司文化、规范或优先事项的核心。

非升即走

可以说，每个伟大的组织都是在应对来自客户的特定挑战中不断成长和发展起来的。与其他大公司一样，麦肯锡的培训在很大程度上是通过参与具体工作来完成的，因此，对咨询顾问而言，其职业生涯中的培训从未停止：从收集和分析数据到组织有效的展示，再到与客户建立团队一起制定对其发展有利的建议方案，并在此过程中让客户感受到主人翁意识，然后再与客户一起有效地实施。只有落实的建议才算数。这加剧了管理每一项重大业务的挑战，因为对于聪明且雄心勃勃的年轻顾问来说，就有效实施的细节进行咨询，其实质内容可谓乏味，而对客户来说似乎成本又太高。

咨询顾问学习的一个主要来源是在每个项目的跟进过程中，得到连续有效的反馈。另一个主要来源是在项目刚结束且对项目流程的相关记忆尚清晰时，在团队内部及时评估每个顾问的贡献度。年终，每个项目的打分与评定累积成较为整体且严谨的评价报告，这决定着年轻顾问未来的工作薪酬和职业晋升。

在质量控制方面，麦肯锡主要依赖招聘杰出人才和在职培训，而不在于总部的直接监督，其背后有若干原因。首先，咨询工作需要一个过程，而公司各部门负责的领域不同，专业度要求高，且遍布世界各地。其次，麦肯锡需要部署多达 50 名甚至 60 名顾问的团队。对于如此庞大的团队，不同学科专家之间的沟通本身就是一个极具挑战的难题。麦肯锡的公司声誉和经营效率取决于各地的高级顾问、项目负责人和董事，而他们总是需要在远离总部的地方对复杂问题做出决定。

每个新员工各配置一个合伙人作为导师。双方严肃对待导师和学徒这一关系，并将其视为明确的责任。特里·威廉斯解释道："麦肯锡的培训一直以来都是以见习员工向经验丰富的合伙人学习为基础的。"与 Cravath 一样，麦肯锡也对培训和教育做了区别。伊恩·戴维斯解释说："经过学徒模式训练的人，其自身的水平已达到硕士的标准，但未超过硕士水平。教育与培训不同，教育重在发展人的创新力。因此，麦肯锡致力于教育。另外，可以在公司内部复制的内容，也可以被竞争对手复制。"

麦肯锡从 20 世纪 30 年代开始设计的一项实践，在第二次世界大战后发展推广成公司的相关培训，最终取得的效果是：无论哪个员工负责某一具体咨询业务，其工作质量成果都应一致。每学年，每隔 3~4 周，所有顾问会在一个周六开展一次培训会议，集中培训一类主题课程。同时，团队花费一学年时间编写完成一本关于如何降低成本的手册，之后，还完成了关于应付账款管理的手册，以及关于应收账款管理的另一本手册。"再之后，我们在人事和产出管理方面，也做了同样的事情。"麦肯锡前高级合伙人罗杰·莫里森（Roger Morrison）说。

> 培训顾问的同时，我们正在打造真正的专业知识资产，以及参与者之间的牢固关系。然而，讽刺的是，一旦完成对这些最好思想的收集、合并、阐明和编纂等所有工作后，我们几乎没有再看过这些手册。实际上，我们也不必那样做，因为在完成真正的工作后，得到结果的同时，那些知识和过程也深深镌刻在我们的头脑中。这样的收获在于：通过一起攻关，我们得以自律，并重塑了我们的思维方式。

在20世纪50年代末60年代初，每年都会有五六十个MBA毕业生被招聘到麦肯锡，为了更好地培养他们，公司制定了25人一组，为期2周的强化"入门培训计划"（Introductory Training Program，ITP）。这一计划的核心目的是，确保年轻的咨询顾问能够迅速学会团队合作，发展彼此之间的关系，以及建立与公司的牢固联系，同时学到麦肯锡的价值观和运营效率。ITP的价值走向与公司的价值观保持高度一致，这对麦肯锡实现全球"一体化公司"扩张至关重要。

在麦肯锡，所有的咨询顾问都是以团队形式开展工作，因此具备团队合作的高效性对咨询顾问个人而言尤为关键。公司看重积极思考，而非咄咄逼人的行为，也就是说，顾问被要求讲究礼貌，同时要敢于大胆思考。他们被精心分配到不同小组，从而可以融合不同的观点和思维方式。在麦肯锡，多样性很重要，这种多样性包含文化、经验、知识兴趣、学术培训、性别、年龄、种族和国籍。每个团队都有业务主管，其与客户一起确定每项业务的目的、范围、时间和费用。业务主管还负责监督工作的质量、维持与客户的良好关系、保护公司利益及声誉、管理成本、确保团队行为符合职业道德要求，以及培养团队未来的中坚力量和负责人。"这是整个系统中最难扮演的角色。"前高级合伙人迈克尔·穆特在反思中层管理者的现实处境时笑着说道。

第二次世界大战期间，麦肯锡从"足够好"的招聘策略中得到的教训极为惨痛，并认识到唯一能确保公司拥有最优秀的咨询人才的办法是剔除那些不够优秀的人。1950年，麦肯锡开始采用头部律师事务所使用的"非升即走"政策。鲍尔认为，"非升即走"政策使公司在招聘方面表现得更好。麦肯锡只聘用优秀人才，因此，如果他们在咨询方面表现不佳，就应该离开公司，去为那些能够更好地发挥自身才能的机构工作。如果任何一个公司员工被视为"打工人"（workhorses）或二等公民，严重受损的将是公司士气而非个人。此外，正如鲍尔在1952年向合伙人提交的年度报告中所抱怨的那样，公司"在淘汰那些公认缺乏能力的员工方面，进展缓慢，缺乏魄力"。

每家严格执行"非升即走"政策的公司，都知晓始终如一地采取行动有多么困难，但只有杰出公司才能真正明白，这样坚定的执行对公司整体迈向卓越意义非凡。除非咨询顾问能够按照公司规定的节奏证明自己与咨询公司契合，否则麦肯锡的"非升即走"政策会将其淘汰。自麦肯锡开始实行"非升即走"政策以来，每年的员工淘汰率为18%，项目负责人淘汰率为11%，董事则为3%，因为"非升即走"的政策循环执行永无止境。公司明白，建设性离职的名声可以提升招聘水平，鼓足留任专业人员的士气，强化公司的"特许经营权"，以及壮大公司的未来业务。

麦肯锡在人事管理方面的决策，态度总是十分强硬，但实际执行时，公司高层往往较为人性化。公司会反复帮助咨询顾问找到与其自身技能和兴趣更匹配的职位，当然客户也会经常参与其中。例如，当公司决定让董事离职时，可能预留 2～3 年的时间让他们准备离职。许多麦肯锡的工作人员离开咨询行业时往往图谋甚大，下一份工作可能是某家大公司的 CEO。正如 IBM 的 CEO 路易斯·郭士纳（Lou Gerstner），也是麦肯锡的"校友"，曾非常诚恳地问纽约办事处的一位主管彼得·沃克："你为什么还在麦肯锡？你完全有能力在麦肯锡之外经营出另一番大天地。"

麦肯锡想要制定相对公平的退休政策，退休工作领导小组由资深合伙人洛厄尔·布赖恩（Lowell Bryan）负责。退休优惠政策可以保留员工颜面，同时确保政策在所有地区有效。对于咨询顾问而言，50 多岁时工作效率已大幅降低，但可以理解的是，他们自己并没有意识到这一点。而那些超过 60 岁的员工经常令公司感到头疼。公司也为退休的高级顾问提供了很多定制性退休福利。例如，有些人想要一间办公室和一个专属秘书，有些人想要一个私人游泳池，还有些人想继续做咨询工作。

一些离开的人明确感觉到，离开时并不友好。正如罗纳德·丹尼尔所说："这不是狗咬狗，而是年轻狗咬老狗！"年轻的合伙人会将老合伙人驱逐出公司，尤其是在他们不是特别受欢迎的情况下。权宜之计是通知一些消息时故意漏掉他们，或在一次重要会议之前一直不通知他们，直到通知得太晚，以至于他们的日程表已排满其他事情才被告知。考虑到公司的整体利益，公司推出一项新政策：员工必须在 60 岁或更年轻时退休。公司曾将退休年龄定在 55 岁，这可能导致一些顾问太早退休，但在某种程度上对组织是一种保护措施。[19] 在顾问还有 3 个月即将 55 岁时，他会收到一封来自公司的生日祝福信。之所以选择让他们在 55～60 岁之间退休，是因为这个年龄段的咨询顾问在精力和工作效率方面开始出现下降趋势[20]，原因可能是他们熟悉的客户高管退休了，也可能是他们本身的精力衰退了，或是他们有了更多工作以外的兴趣。为消除提前或延迟退休带来的负面影响，麦肯锡承诺给退休的人提供过去3年平均薪酬1.5倍的补偿金以达到一别两欢的效果。[21]另外，员工60岁时，将再支付1年的津贴，这样做基本上可以敲定退休协议并结束退休相关的讨论。制定这项政策的目的是确保咨询顾问60岁前离职退休，同时咨询顾问保留对具体退休时间的选择权，这意味着每个顾问可以这样想："一切还在我的掌控之中，这是我的选择，这是我的决定。"那些真正想继续做咨询的少数顾问如果表现出色，可以选择在60岁前多干一段时间。但对于公司高层，则根据业绩高低确定是否可以延迟退休至65岁。

必不可少的内在激励

尽管外在的金钱补偿很重要，但卓越公司运营的核心仍以人才的内在激励为原动力。金钱补偿有助于公司减少麻烦、正常运营，但如果这一制度导致出现不公平现象，反而会成为主要的抑制因素。那些愿意额外多做工作、尽其所能做好工作的人，是因为他们热爱这份工作，同时能从这份工作中感受到自己的价值。梅奥的每个医生都会领取薪酬。正是拥有完善的薪酬体系，梅奥才吸引来理解信任重要性的医生，这种信任既是医生之间的信任，也是医生与患者之间的信任，并让患者确信医生不是为金钱才做这份工作。薪酬激励既要符合患者利益，也要符合机构的利益。梅奥的公共受托人将薪酬设定为公开市场特定专业或领域同行薪酬的70%。[22]新医生前5年的薪酬一直保持上升趋势，直至其达到经验丰富医生所应拥有的薪酬水平。（另外，办公室及其家具方面也体现了医生之间的平等关系，所有办公室面积相等，家具都是"模块化"的，没有差异。）职位越高，所承担的责任越大，因此，当医生升职成为某科室或某部门的主管时，其薪酬会相应提升 5%～10%。同时所有升级为管理层的医生仍将继续行医，正因如此，管理层得以取得较高的信任。此外，部门领导的"头把交椅"每 8 年轮换一次。[23] 为防止因轮换而遭遇任何个人经济损失，在该职位上的薪酬增长将一直持续到退休。由于养老金与总薪酬挂钩，因此，通常在 40 多岁或 50 多岁时，医生想要担任部门领导的动机非常强烈。与其他私人诊所不同，梅奥的所有医生都有薪酬，这样做的好处是医生都很乐意将时间花在病人身上，与其他医生一起会诊或分析病人的检查结果，以给予病人最好的治疗。

在梅奥，医生可以享有一些重要的无形好处。没有医生喜欢自己经营小诊所而徒增烦恼，同时他们都期待每年为期 18 天的专业会议，可以暂离临床专心学习或发表论文。另外，医生也可以获得其他比较间接的补偿，比如有权配备最新设备。因此，梅奥每年投入近 100 万美元资金以推动三方电视会议，而每年在医疗设备上的花费高达 1 亿美元。*

麦肯锡和 Cravath 的薪酬与直接收入是分开的。麦肯锡的咨询顾问专注于分析和业务展示，不寻求可收费的委托，而是希望公司可以用具体业务服务于每个客户。20 多年前，麦肯锡确定薪酬时已不再依据收入或盈利能力数据。鉴于这项变革的倡导者和反对者各执己见、僵持不下，前后耗费 20 年才逐步减少以收入或利润作为计薪基础的做法，直到降为零。几十年前，麦肯锡就努力评估过

---

* 医疗设备折旧快。一台采购价格为 160 万美元的核磁共振（MRI）成像仪，5 年后将以 5 万美元的"垃圾"价抛售。

介绍客户与实际咨询工作量之间的价值关系，结果发现，这种收入分配方式极其不合理。麦肯锡的座右铭是公平公正，但不同人的贡献存在差异，而涉及收入或者利润的事情，很难做到完全公平。例如，为管理良好的戴姆勒–奔驰公司提供咨询服务所赚到的1 000万欧元，其难度要大于为自身存在诸多问题、政府扶持的保险组织提供服务所赚到的4 000万欧元。此外，咨询顾问在客户和非客户工作上花费的时间，很难清楚划分。客户配置的困难也是如此：咨询顾问是只为2个主要客户服务，还是需要分散在10个规模较小、风险较小的项目中？

各级别的咨询顾问都要根据非客户工作、内部声誉和对他人的影响力三项标准进行打分，分数为1～3分。非客户工作包括招聘和刊物出版。智慧型领导可通过咨询顾问向更多客户传递增值价值。这类分布式价值的扩大最终有助于增加企业的收入和利润，这是由咨询顾问和客户共同从事杰出工作而创造的。

关于内部声誉一般会考虑以下几个方面：顾问是否对客户有重大影响，特别是意料之外的影响，以帮助客户采取相应的行动？重要客户的领导层是否将顾问，特别是高级顾问，视为外部领导者？顾问在内部是否得到尊重？以上这些标准对于年轻咨询顾问而言至关重要，这将决定其是否可以加入咨询顾问团队。

对他人的影响力可以通过其他顾问与之合作或请其指导的意愿度来衡量。例如，作为团队领导者，是否在最后一刻推卸责任？作为高级顾问，是帮助团队成员提升技能、改善效率了，还是为年轻咨询顾问制造了一种不安全感，甚至降低他们的工作效率？如果业务经理把某个年轻顾问的想法看得过重，那么这个问题就需要从团队层面解决，以减少内部竞争和摩擦。

优秀的后勤员工

伟大的公司之所以伟大，且区别于一般公司，是因为它们在员工的后勤支持方面做得极好。高盛、麦肯锡、梅奥以及资本集团的后勤员工都具有非同寻常的工作质量和敬业精神，且长期服务于一家企业。如何培养优秀的员工，其背后的方法大同小异，就是招聘时认真负责，培训时认真严格，制定规章制度强调互相尊重，报酬优渥，管理照护。与其他卓越公司一样，Cravath 的非律师员工也会得到公司的重视与尊重，因为他们同样为事务所努力工作，就像 Cravath 的律师服务于客户一般，他们为律师提供服务，以辅助律师完成工作。Cravath 的一位前律师曾说："除非离开这里，要么你永远不清楚，作为一名律师在 Cravath 能获得多高水平的专业支持性服务。"所有的非律师员工都是高效的"信仰搬运工"，他们通过具体工作传递企业文化。他们也帮助新律师迅速适应工作环境和快速习惯搭档的个人怪癖，甚至包括诸如周六工作时的着装建议等小事。Cravath 后勤员工的工资待遇极其丰厚，同时他们对事务所无比忠诚，服务年限为 50 年甚至更长时间的并不少见。此外，还有一个特别优势：非律师员工即使不是合伙人，也可以一直留在事务所。

"我们所有人——包括我们的每一位非律师员工——就像一个团队一样行动。"凯瑟琳·福里斯特说。

在这里，所有员工都被告知，对每个人表示尊重是神圣不可侵犯的准则，这一点对我们十分重要。不允许大喊大叫或责骂。如果我被抢劫，钱包和衣服被偷，或者在一个不熟悉的城市迷路了，我知道 38 楼的前台接待员可以帮助我安全回家。

我们的后勤员工总是竭尽所能为我们提供服务，因此我们才能专心为客户服务。即便面前是一堵"墙"，他们也会为我们跨过那面"墙"。我们对他们的尊重，以及他们为我们提供的支持，正是这些让我们变得不同。设想一下，一个周五下午，有一份备忘录需要处理，每个人心里都有两个选择：快点做完回家和尽可能做到最好但很晚回去。当他们自己以及他们的工作被看重时，他们一定能感受到，并会对此表示感激，而这些最终将影响他们的选择。

执行董事史蒂文·斯皮斯（Steven Spiess）主管后勤组织，关于对后勤员工的尊重，他列举了一个特别简单的例子：

> 萨缪尔·巴特勒是当时的首席合伙人，当我第一天上班时，他打电话说想见我。我回答说马上过去。他说不，他想来找我。当时我在半地下室工作，一出电梯，面前只有一扇锁着的门，必须用特殊的钥匙才能打开。最后萨缪尔仍坚持要过来，并与我交谈了30分钟。这件事我永远不会忘记。他是一个好老师，教会了我如何做一个好人。

Cravath后勤员工的工资偏高，包含养老金、401（k）计划[①]，仅需4美元的美味自助午餐，拥有健身房、屡获殊荣的日托中心以及专门的秘书和文字处理培训部门。Cravath从不裁员，会通过外部公司为任何有家庭问题或酗酒的人提供保密援助。每年的某一天，它为员工及其家人包场"大苹果马戏团"[②]，在感恩节前一

[①] 401（k）计划也称401（k）条款，401（k）计划始于20世纪80年代初，是一种由雇员、雇主共同缴费建立起来的完全基金式的养老保险制度。——译者
[②] 1977年在纽约成立的一家马戏团。——译者

天下午 2 点提供感恩节晚餐及所有的节日装饰。通过以上方式，Cravath 为员工营造了一种家的感觉。

2003 年，纽约市大停电期间，Cravath 确保了 800 多名 Cravath 员工安全回家，而对于那些因工作留下的人，事务所在大厅为其摆上一张床，并送上瓶装水。在此期间，一位客户向 Cravath 求助，希望寻找一个临时办公场所。其他机构对客户表示，这需要几天的时间，但 Cravath 不到 24 小时便为客户准备妥当：整整半层楼，包括电话、IT 设备、文字处理系统和办公设施等。另外，事务所在偏远地区专门设立了分支机构，解决律师在外地出差时对设备的需求问题，从而让其集中精力处理法律问题和与客户合作。

Cravath 曾与另一家律师事务所一起为客户处理垃圾债券的诉讼。当另一家事务所的律师访问 Cravath 在俄亥俄州哥伦布市设立的临时办公室时，他们看到了文字处理和数据处理设备，繁多的数据线、电话线、办公桌、会议桌等，这里的装备如此齐全，员工工作井然有序，以至于他们惊讶地问道："你们在这里办公多久了？"

"4 天。"

"4 天！看起来像是 4 个月！"

斯皮斯解释说："我们希望这些事由我们自己人来完成，而不是外人。这是我们的标准，正如本·富兰克林所言：'如果想把事情做好，那就自己去做。'"

对于个人，职业生涯中要不断地提升个人能力和效率。对于企业，要致力于维护和发展长期客户。

注　释

［1］麦肯锡的导师，被称为"个人小组领导"。

［2］ Robert T. Swaine, *The Cravath Firm and Its Predecessors, 1819-1948* (two volumes, privately printed; New York: Ad Press, 1946-48), Volume I, p.4.

［3］ 在经历大量争论后，律师协会的录用通知和法学院毕业生的自动执业权被取消。

［4］ Edwards Patterson, "A Successful Life: Address in Memory of C.A. Seward," Phi Beta Kappa Society of Hobart College, Geneva, New York, June 22, 1898.

［5］ 保罗·克拉瓦斯出生于俄亥俄州柏林高地（Berlin Heights），他是当地教会牧师的儿子。当他的父亲在纽约推广主日学校（Sunday school）时，年轻的克拉瓦斯先到布鲁克林理工学院（Brooklyn Polytechnic）学习，然后又在瑞士日内瓦待了两年，最终去了奥伯林（Oberlin）。21岁毕业后，他来到明尼苏达州圣保罗市，为弗兰克·B.凯洛格（Frank B. Kellogg）当书记员，而凯洛格则在几十年以后，成了卡尔文·柯立芝①（Calvin Coolidge）的国务卿。克拉瓦斯曾得过伤寒，康复后，他在标准石油公司的一家分支机构从事销售工作，其薪酬足以支付他在哥伦比亚法学院的学费。1886年，克拉瓦斯以全班第一的优异成绩，从哥伦比亚法学院毕业。他于1886年加入律师协会，并加入Carter Hornblower & Byrne律师事务所。

［6］ Swaine, p.572.

［7］ 20世纪初，联邦政府开始监管铁路领域，以打破铁路行业的垄断，这一时期法律实践也发生巨大变化：新成立的法学院培养的年轻律师越来越多；随着机构客户逐渐取代个人客户，越来越多的律师开始在机构中工作，而政府、公司和非营利组织等规模越

---

① 卡尔文·柯立芝为美国第30任总统。——译者

来越大，经营模式也越来越国际化。监管者变得更为强大，监管方向更多，监管精度更加具体。国民经济从地方所有制向大型国有企业转变，从私有制向公有制转变。律师日常处理的难题既有商业问题，也有法律问题，因此愈发复杂。股票与债券市场随时充满未知变数，银行家努力跟上快速变化的市场步伐，金融规模得以扩大膨胀，金融市场发展节奏加快。法律实践也从分析过去转向预测未来。这种新的法律实践模式需要从客户的角度出发，尽力为客户带来更大的收益或减少损失，因此，律师执业开始更有利可图。

随着法律问题的复杂性不断增加，其自身的专业性也在随之增强。20世纪初期集中在一个城市的公司，到了20世纪末将会在美国十几个城市和十几个海外城市设立办事处。公司规模的扩大要求公司管理模式和治理观念的革新。50年前，拥有上百名律师的事务所只有十几家；如今，该行业有1 000多家律师事务所，其中最大的25家事务所，平均每家拥有近1 000名律师，每家律师事务所的收入也都超过5亿美元。但是，合伙人之间丧失了充当黏合剂的个人友谊，同时对客观商业经济的监管与惩罚加严，这些都给公司带来巨大压力——迫使公司要求律师产生更多的付费时间，收取更多的费用。但是，一个世纪前，律师事务所的情况截然不同。

［8］ 在保罗·克拉瓦斯的执掌下，律师事务所的收入在几年内增长了2倍；不断增长的业务，主要由合伙人负责，对律师事务所的经济状况产生了积极且实质性的影响。在克拉瓦斯的管理时代，律师事务所的律师合伙人从3人发展到22人，助理律师从16人壮大到72人，同时拥有超过100名后勤支持人员，此时Cravath已是纽约地区和美国最大、最受尊敬的律师事务所之一。Cravath特意聘请来一位哥伦比亚大学的图书管理员，专门负责文件的系统化，这是Cravath建设专业后勤团队的开始，而这支队伍也成为事务所的中坚力量。不久，公司从松散的员工与合伙人关

系，转变成了 Cravath 特有的、紧密结合的团队合作关系。

［9］ Cravath 的每个合伙人的培训方法早在 40 年或 50 年前就已经有十分明显的不同。在 Cravath 工作一年后，萨缪尔·巴特勒被 65 岁的高级合伙人唐纳德·斯沃特兰（Donald Swatland）指派起草一份联合化学公司（Allied Chemical）的合资协议。斯沃特兰提出一些建议，巴特勒开始推动工作。当巴特勒把协议草案交给斯沃特兰后，他要求巴特勒在那个周六的早上一起工作处理草案。巴特勒回忆道："我们用了 5 小时，逐行阅读整个文档，逐一检查用词是否准确，最后又一起针对几个主要概念展开探讨。很显然，这样做使文件得到极大改进，但更重要的是，个人在工作中也得到了训练。"

同一时期，与之形成对比的是，一名来自耶鲁法学院的暑期研究助理，被安排处理一个较为复杂的问题，并为整个暑期不在场的资深合伙人罗斯韦尔·吉尔帕特里克（Roswell Gilpatric）撰写一份备忘录。他通过艰苦卓绝的努力完成了工作，在暑期结束重返法学院后，收到以下反馈。

> 亲爱的贝德里克（Bedrick）：
> 　　我已看过你撰写的备忘录。你在结论部分遗漏了一个"不"字（not）。[①]
>
> 　　　　　　　　　　　　　　　　　　谨上，
> 　　　　　　　　　　　　　　　　R. 吉尔帕特里克

［10］ Amy Singer, "A Passion for Organization," *The American Lawyer,* December 1959.

[①] 在一份法律文件的结论部分遗漏一个单词"not"，意味着结论完全相反。这从侧面说明合伙人吉尔帕特里克的"资深"和认真。——译者

[11] 1926年以前，大多数新合伙人在事务所的工龄为5～6年。1940年起，工龄上升至8年。第二次世界大战期间，虽然后续事实证明，学徒期的时间跨度过长，但依旧曾短暂地延长至10年时间。正如斯温（Swaine）解释的那样："如果一个人没有被告知，自己有机会成长为公司合伙人，在正常情况下，用10年时间保持自己Cravath员工的身份未免太久了。一个在专业性方面没有成长的人，会给组织内年轻人的进步以及自身的发展带来不小的障碍，这样往往会导致其陷入精神上的僵局，失去雄心，工作粗心。对于他自己、整个办公室和客户来说，在他自信尚存之际，尚有决心前进时选择离开反而更好。受挫的人不会快乐，而不快乐的人也做不好工作。"

[12] 律师协会要求每年12小时的继续法律教育（CLE）学分，其中包含2小时的职业道德课程。律师教课1小时，能够收获3小时的学分。一位外部讲师提供了一门关于法务会计的强化课程。

[13] 当克劳福德被招聘到资本集团时，他声称自己在夏洛茨维尔的野猪头客栈（Boar's Head Inn）做过酒保，在卫斯理学院获得了古典文学学士学位，在弗吉尼亚大学达登商学院获得MBA学位。克劳福德最初为保险公司服务。在资本集团工作一年后，他转行做媒体了。

[14] 两个不寻常的例子：比尔·牛顿（Bill Newton）在怀俄明州的杰克逊·霍尔（Jackson Hole）的家庭办公室中工作；沙纳汉在洛杉矶的办公室工作了30年后，开始在棕榈沙漠（Palm Desert）的家中工作。

[15] 即使在资本集团，办公室政治也可以成为现实生活和现实工作的一部分，因此，拥有一个有长远眼光的仲裁者对于一家公司而言是十分重要的。乔恩·洛夫莱斯担任这一角色已有多年；如

今，还有其他几位决策仲裁者，包括詹姆斯·罗滕伯格和迈克·沙纳汉。在资本集团的传统中，每个人都会偏离个人角色的重要性，并指出在资本集团，几乎没有人能够得到自己最初想要的东西。

[16] 同样，股东服务中心在人数规模上有限制，上限为500人，这样高级经理能够了解在服务中心工作的所有人员。如果工作中需要更多人员，容量需要扩充，那么公司将启动新单元。

[17] 如今，在工作责任、尊重和报酬方面，男性与女性正逐渐得到平等对待。但是，现实情况并非总是如此。要知道，早在50年前，美国男性与女性的地位就存在明显的差距。马季·费希尔（Marj Fisher）作为资本集团雇用的第一个职业女性，认为今天的发展现状其实早有根源："乔纳森·贝尔·洛夫莱斯有两个非常能干的女儿，他与女儿们的相处经历也促使他坚信，女性应该得到充分的机会来展示自己的能力。当我于1951年加入资本集团时，公司只有19名员工，而我也是公司的第一位职业女性。当我们的一位分析师从洛杉矶分析师协会的一次会议上回来时，他宣布第一位女性会员刚刚产生，这显然意味着，我也应该申请加入协会。"实际上，费希尔确实提出了申请，成为该协会的第二位女性会员，后来，她成为第一位担任会长的女性。

[18] "我们尊重员工，也尊重他们的选择。"梅奥诊所的首席人力资源官吉尔·拉格斯代尔（Jill Ragsdale）表示。20世纪90年代初，梅奥诊所曾为家庭伴侣提供福利，后来也赞助了包括同性恋、双性恋和变性人在内的各种社交网站。

[19] 1994年，60岁的查尔斯·肖正在解决自己的个人问题：是否要退休。他对退休毫无兴趣，于是他想出一个办法：两年支付60%的工资，之后两年支付30%，最后两年支付15%。另外3位顾问也得到了同样的待遇，但两年后这一安排被取消，因为其他几位高级顾问也想要这样的薪资安排，但是公司并不真正想继续

雇用他们。

[20] 欧洲的顾问通常会提前退休，但美国的顾问，特别是在纽约工作的顾问，往往会留下来，这可能与他们正在经历的第二次或第三次婚姻有关，也有可能与他们的孩子尚未完成大学学业有关。（纽约地区的离婚率高于全公司的平均水平，但其他办公室正在缩小差距。）一些人十分坦率地抱怨说："如果我选择离开，便无事可做。我总不能整天都无所事事地坐在家里吧。"所以有些人达成协议，在公司多工作两年左右。当赫伯特·亨茨勒在执委会任职时，公司本来打算给他一个退休特例，但亨茨勒坚持要把退休问题提上合伙人的议事日程。当下一次会议在罗马举行时，年轻的合伙人一致赞同亨茨勒继续留任的提案。于是亨茨勒说："好，那我就再干两年。"

[21] 2001年正式退休后，迈克尔·穆特继续在慕尼黑办事处从事顾问培训工作，日工资为5 000美元。

[22] 同行组织包括莱希诊所（Leahy Clinic）、克利夫兰诊所（Cleveland Clinic）和斯隆-凯特琳癌症研究中心（Memorial Sloan Kettering）。护理费依据市场，即明尼阿波利斯-圣保罗（Minneapolis-St. Paul）市场定价。

[23] 领导轮换让他们的工作经验变得丰富多彩，也让每个工作单位能够接触到不同的领导风格。在领导选拔中，比如选拔部门主管时会征求部门中每个人的意见。这使甄选委员会能够最大限度地了解每个候选人。行政人员的选择过程也会遵循同样的流程，但因为行政人员要从一个部门轮换到另一个部门，所以职位公布后需要个人提交申请。

第 5 章

客户关系
客户价值恒久远

诚信是企业的底线

虽然原因各不相同，但显而易见，企业的专家和客户之间关系的质量对两者都很重要。伟大的企业总是从客户利益出发，提供比竞争对手更优质的服务，进而做到其服务比客户期望的更好。在处理与客户的关系时，企业的信仰决定了它们的专业精神，正是对专业标准和职业操守毫不退让的坚持，才会始终考虑客户的长远利益——持续做到这些，业绩自然会好。做到专业对于成功的企业而言相对容易，但不能因此忽视一个突出的现实问题：一流的专业企业一再表明，卓越长青始于诚信。毕竟，主要客户一直在寻找那些既精于技巧又绝对诚信可靠的企业。

资本集团经常对客户勤勉认真地表示"这些事我们公司不能做"，并指出哪些是公司及基金经理不能碰触的原则。资本集团认为，要想拥有最好的共同基金，基金经理必须足够聪明，能正确地把诸多事情做好，能够承担巨大的投资风险，同时还应该有足够的运气。具体来讲，如果一个投资者选出一系列股票，它们每6个月上涨50%，也就是说，10美元将变为15美元。假设他30岁开始投资，初始金额为1万美元，36岁时这笔资金已超100万美元；44岁时，接近10亿美元；56岁时，资产总额相当于整个纽约证券交易所的价值；60岁时，其私人资产将等于全世界所有财富的总和。显然，这是不可能的事情，因为最初的假设，即每只股票每

6个月上涨50%不是确定的。*

明确公司不能做什么，可以更好地巩固公司与客户之间的关系。资本集团在发展过程中一直把客户放在第一位，比如推迟发行盈利类型的共同基金，直到市场泡沫破灭。当然，公司这么做最终也得到了回报。资本集团的决定与做法，既保护了投资者，也保护了向他们出售股票的职业经纪人，并使这两个群体保持对资本集团的长期信任。这就解释了为何资本集团的赎回率（共同基金股东撤出资产的比率）只有行业平均水平的一半——这对公司和客户来说是一种双赢局面。较低的赎回率使资本集团旗下的美洲基金[①]（American Funds），在管理方面和间接提高投资者回报方面，都更有利可图。

资本集团的诚信让客户极为放心，这体现在很多方面。在金融投资行业，一个臭名昭著的行规是很多共同基金董事会里总会安插一些管理公司的所谓的"安全"的朋友。但资本集团不一样，它坚持管理层不能推选董事，而是由负有独立责任的外部董事会成员选择。为确保独立性，资本集团让基金董事深入了解情况，这其中甚至包括外部顾问针对监管事项所提出的建议。

尽管其他基金提高了管理费，但资本集团在降低管理费方面一直处于行业领先地位。资本集团率先在每个主要投资组合中使用多个经理人。这种投资组合管理系统使得大基金规模成为可能。由于投资组合达到一定规模后，手续费开始下降，因此资本集团每千美元的平均费用远低于行业标准。其费用比率，即共同基金费用，比各种基金的行业标准约低1/3，如表5-1所示。

---

* 当然，当一个投资者幸运地赢得收益时，这会让他相信自己可以做得比实际取得的收益更好，他一再尝试，甚至更加努力，但这反而把他推向危险之地。

① 美洲基金也称美国基金，管理着65只共同基金，它是资本集团最大的一个部门。——译者

表 5-1

	美洲基金费率（%）	行业平均值费率（%）
成长基金	0.82	1.35
全球权益基金	1.01	1.55
平衡基金	0.67	1.19
债券基金	0.72	1.01

除了费用低，资本集团也是为投资者减少税费的行业领先者：通过管理投资组合，最大限度地减少短期资本收益，从而为投资者节税。当考虑10年或20年的复合收益时，即便最初的微小差异，也会对投资者的长期回报产生很大影响。此外，大多数竞争对手和投资者甚少注意投资风险最小化，而资本集团始终坚持认为，风险调整后的投资回报率才是衡量投资成功的唯一标准。

高盛的"魔毯"

拒绝做竞争对手做过的事情，是促使高盛从一家勉强跻身华尔街前十的中间市场投资银行，成长为行业佼佼者的重要原因。"客户的利益永远排在公司首位"，这是高盛一直倡导的一条重要商业原则。多年来，公司宣称不为恶意收购提供咨询服务，这体现了高盛自身秉持的"客户利益至上"原则。头部投资银行都有类似的政策，直到1974年，摩根士丹利作为国际镍业（International Nickel）的高薪顾问，为其恶意收购电子蓄电池公司（Electronic Storage Battery）的业务提供咨询，这一原则才被打破。此事发生后，华尔街几大头部投资银行把高额收费的"恶意咨询"从行业大忌变成了争先恐后必须做的事情。从那时开始，在恶意收购业务的暴利驱动下，各大公司开始争相为恶意收购方提供服务。

第 5 章 客户关系
客户价值恒久远

但有一个例外：高盛并没有参与其中。作为华尔街最具有进取心的公司之一，高盛刻意不与其他主要投资银行竞争这类业务。相反，它另辟蹊径，而这很快带来了巨大改变。

当知名公司突然被恶意收购时，很多公司的管理层开始担心"周六夜突袭"——之所以如此称呼，是因为如果在周末发起恶意收购，按照法律规定，被收购公司只剩 5 天的防御时间。但对高盛而言，这是一次重大机遇，运营多年所建立的数千家客户关系终于迎来资本化的机会。过去，高盛的业务主要针对小公司，目的是帮助小公司在优惠条件下找到买家，这之后它转向为大中型企业免遭恶意收购提供保护服务。

高盛向其所提供服务的企业保证，公司不会为恶意收购方提供咨询服务，这也将作为公司的一项政策。高盛开发了一套全新的"收购防御系统"，并向客户展示如何保护自己不被收购。关于费用，高盛较为克制，每年收费少于 10 万美元。尽管如此，公司整体营收稳定且可观，因为这项服务十分畅销，同一服务可同时卖给数百家公司，而客户每年支付一次且连付多年费用。这一切仅仅是个开始。多年来，高盛通过"收购防御系统"帮助客户公司的管理层免受排挤，成为美国企业最值得信赖的朋友。这给了它进入数百家公司董事会的机会，进而展现它的各类业务能力。这项服务不但为高盛赢得以优惠条件争取新业务的绝佳机会，而且当高盛向潜在客户推销其他服务时，所遇到的阻力极小，通常后者都会购买这些服务。对于一家渴望扩张，同时可提供多种服务的投资银行来说，这就如同"狐狸进了鸡窝"，一切唾手可得。

高盛有诸多赚取交易费用的机会。如果客户公司遭到收购突袭，高盛可以花一笔大钱请来"白衣骑士"[①]并收取高额费用，或将收购

[①] 恶意收购方的竞争者，或称善意收购方。——译者

价格抬得更高，从而争取更高的业务提成激励。此外，"收购防御系统"通常会导致这样一种情况：目标公司的前高层已收购但尚未融入公司主要业务的非核心业务，将会优先剥离出去，因为任何蓄意收购者一定会选择出售这类业务，以便筹集收购目标公司的资金。高盛安排了很多类似的优先剥离交易，目的是收取服务费用，赚取买方的钱，并以此为契机，与买方发展更深入的关系，成为买方的高信誉度顾问。此外，由于收购防御能满足所有领域企业的需求，高盛因此拥有一项核心优势，可以把之前分离出来的各单元重新整合为一家公司。凭借收购防御能力发展出来的直接和间接业务，高盛收取的年度并购费直接从300万美元飙升至20亿美元。

让潜在客户了解到一家公司"哪些事情不能做"的原则，并知晓其背后的好处十分困难。约翰·怀特黑德从一个与众不同的角度，对这一战略的重要性发表了自己的赞同看法：我们致力于保护公司的董事会和高层管理人员，从而成为管理层值得信赖的朋友，这也让高盛变得与众不同；相反，华尔街的其他公司却专注于从恶意收购方获得丰厚的短期回报，它们想用此显现自己公司的服务与产品可以卖给市场上出价最高的人，而这并不会为它们赢得客户的信任。怀特黑德的观点完全符合其身份，也符合高盛的"第一商业原则"。高盛正是依靠这一"魔毯"，不仅追平摩根士丹利、第一波士顿和雷曼兄弟，更是毫无争议地坐上投资银行头把交椅。[1]

不做什么比做什么更重要

同样，麦肯锡也向客户表明，哪些事情它不能也不愿意做。马文·鲍尔曾在5个不同场合拒绝过霍华德·休斯（Howard Hughes），因为他确信根据麦肯锡的建议采取行动时，休斯是靠不住的。此外，他还拒绝为德事隆公司（Textron）的CEO罗伊·利特尔（Royal Little）工作并表示："利特尔先生，这家公司真正的问题恰恰就是你！"

鲍尔和唐纳德·韦特曾一起会见一家银行客户的负责人，其目的是向其解释为何麦肯锡要终止两家公司之间的大规模且有利可图的合作关系，原因在于该银行客户在公司战略方面面临重大问题时，仍未采取任何行动。"目前暂时不准备处理这一问题。"银行的CEO向其诚恳回应。鲍尔再次表示，从麦肯锡的角度分析，出于良知，合作关系将无法继续。韦特后来回忆说："鲍尔很了不起，处理问题的思路清晰且直接。另外，他绝对敬业，且遵守行业守则。但对于任何人来说，只有当你深刻意识到自己拥护的原则可以招致惨痛的损失时，才开始真正了解自己代表什么，以及自己是谁。"（两年半后，情势迫使该CEO采取行动，但他已失去主动权，银行也因此损失巨大。）

乔恩·卡岑巴赫也讲述了一件与鲍尔相关的事："当时，我正在解释，我如何失去与美瑞思（Memorex）CEO拉里·斯皮特斯（Larry Spitters）的合作机会。[2]因为我表示，如果不了解他们公司的经济状况和战略部署，我将无法给出能帮助他组建高级领导小组的具体方法。然而，斯皮特斯认为没有必要做太多额外工作，从而拒绝了我的建议。可能在我讲述这段经历时，语气中带有一种失落感，鲍尔很快指出，我应该为此感到自豪，因为我意识到在没有掌握确凿事实的情况下，我没有能力为其提供具体建议。鲍尔一直认为，当我们缺乏某些独特能力时，我们应该以拒绝这项工作为荣。"

鲍尔认为，当一项工作的目标与方法尚无法确定时，麦肯锡不应该接受这份工作。然而，鲍尔的继任者之一弗雷德·格卢克（Fred Gluck）认为："这种自我设限完全没有必要。"凭借咨询顾问对行业的深入认知和极高的专业能力，麦肯锡能够且应该谨慎把握机会，以便针对不确定性问题，找出合适的解决方案。最终，格卢克这种更为大胆的策略大获全胜，因为这更能满足公司重要客户的需求。

一切以客户需求为导向

卓越公司总是希望客户能更信任公司，而不只是更信任某个出色的合伙人。Cravath 的鲍勃·乔菲（Bob Joffe）解释道："如果一家公司存在一个明星人物，那么公司和其他合伙人都需要为此付出代价。客户都会排队等候这个明星人物，他将获得最好的项目以及最优质的客户资源，继而更加耀眼。"然而，当遇到"明星专家今天太忙了，帮不上你"的情况时，公司对客户的服务能力将受限，最终造成公司声誉和士气受损。

Cravath 的合伙人更多地将自己视为公司的"房客"和"管家"，而不是"房东"。这家事务所已良好地经营了一个多世纪，一批批老合伙人离开公司后，Cravath 仍能长久继续下去。为与客户达成比较制度化的长期合作关系，Cravath 一直强调要尽早引入年轻合伙人，同时 Cravath 也会更早地将负责联系客户的合伙人替换为年轻一代的合伙人。例如，布鲁斯·伯罗姆利把 IBM 的业务对接给托马斯·巴尔，后者又移交给埃文·切斯勒，最后切斯勒又对接给新的年轻人，他们做出这种移交时都离退休尚早。

公司需要对每一个客户给予密切的关注。因为双方都在改变，对彼此的理解会随时间消散，从而错失一些诱人的好机会。因此，

Cravath 的合伙人每年都要与每个客户会面，逐一审查之前的工作，有时甚至逐项审查条款。此外，审查内容也包括客户法律需求与事务所工作能力之间的一致性。在评估所做工作和服务的质量时，Cravath 也会邀请客户对其进行严格评价。几年前，作为新任的副首席合伙人，切斯勒会见客户时提道："如果您对我们的服务有任何问题或要求，无论问题多小，要求多烦琐，都请及时打电话给我。"

Cravath 的合伙人相信，他们有责任让客户注意到法律问题的具体进展，并向客户解释立法的变化趋势，同时及时掌握每个客户的业务变化，并明白两者之间的交叉关系。当切斯勒敦促一个从事技术开发的大客户留意公司的知识产权问题时，该客户才意识到，原来 Cravath 已成长为该领域的领导者。随后切斯勒做了三件事。首先，他承担起这一责任，并向客户表示："没有及时让您了解到我们事务所在知识产权方面的强劲发展，这是我工作的过失。"接着，他主动提出："以后，如果您在知识产权方面遇到任何问题，请打电话给我，给我机会向您展示我们的能力。"最后，考虑到公司永不停止的培训计划，他告诫与这个客户共事的年轻合伙人："现在我把责任承担下来了，但这本来是他们应该知道的事情。尽管你为他们提供服务的领域与知识产权完全无关，但这是你对客户和公司所应当承担的责任。如何以及何时拓展新的生意是一门艺术：你需要学会在'该问时多问'和'不该问时少问'的两难之间巧妙把握分寸。"

倘若在重大问题上，公司能为客户提供卓越的服务，那么客户对公司的忠诚度将异常高。在 Cravath 的十大客户中，其中有一半 20 年前就是 Cravath 的客户，甚至有些 40 年前就已经是了。（没有什么是完美的，伯利恒钢铁公司（Bethlehem Steel）和库恩 – 勒布投资公司（Kuhn Loeb）现在都已停业，这两家公司也都一度是Cravath最大的客户。）前二十大客户为Cravath贡献了2/3的收入。Cravath设定最大客户的收费比例不应超过总营收的10%，这是在服务加拿大的房地产企业坎波公司①（Campeau Corp）时得到的教训。1986—1988年，坎波公司的服务费用从零上升至4 800万美元，随后它在一次收购失败后破产，因此支付的费用再次回到零。所以，IBM对Cravath营收的贡献不到10%。当然，Cravath乐意看到与客户关系的发展。化学银行（Chemical Bank）是Cravath的长期客户，它通过不断收购发展壮大，其收购的公司有制造商汉诺威（Manufacturers Hanover）、大通曼哈顿（Chase Manhattan）、第一银行（Bank One）和J.P.摩根（J.P. Morgan），也就是今天的摩根大通银行。因此，化学银行支付的服务费用也增长了近6倍。合伙人理查德·克拉里（Richard Clary）回忆其他案例时讲道："最初，奥奈达部落②（Oneida Tribe）作为免费客户来到这里，但随着博彩业务的蓬勃发展，它已成为固定的付费客户。它的内部法律顾问毕业于哈佛法学院，并把来自赌场的钱转变成部落的长期财富。一开始，它们的占地面积只有12英亩，而现在已超过10万英亩。"

Cravath希望从客户那里听到这样的话："这个案子对我们来说太重要了，因此我们需要Cravath。"乔菲表示："我们希望在最棘手的案件中、在行业中Cravath表现最好。我们想成为对公司有收益、对客户有实惠帮助的律师。"在费用实惠的基础上，为客户解决重大问题并赢得客户信赖，做这样的事情通常让人感到兴奋，因此Cravath很注重避免琐碎的日常事务。正如合伙人朱莉·诺思所言："我们希望采用美好、新颖、非传统且最佳的途径，为客户解

---

① 这是一家加拿大房地产开发和投资公司。——译者
② 奥奈达部落是一个联邦政府承认的印第安人团体。奥奈达人为美洲印第安原住民，主要分布在美国的纽约州和威斯康星州，以及加拿大的安大略省。——译者

决问题。"

长期客户的某项商业决策是对是错，不属于Cravath的工作范围。萨缪尔·巴特勒解释说："我们之所以有报酬，是通过帮助客户实现目标得到的，帮助他们完成他们想做的事情。作为一名律师，我的工作就是不管失败与否，都让交易按客户希望的方式完成。我们不当'红娘'，我们只是'司仪'。"律师的现实主义与其为客户考虑未知风险的责任感相平衡。对此，（以研究军事战略为消遣的）凯瑟琳·福里斯特表示："我们从不做只解决当下问题，但未来看不正确的决策；我们做决策不会只考虑眼下，而是既要高度关注当前的具体问题，也着眼于未来大局。"

由于大型公司内部设置法律总顾问已成为一种常态，因此Cravath的律师不能再如过去一样，与客户公司的CEO直接对接。一家典型的大型公司内部通常有100名律师，他们只负责与交易相关的咨询工作，但不涉及任何重大诉讼。由于诉讼涉及的和解金额非常大，通常会引起CEO的关注。Cravath的绝大多数新客户也是通过诉讼案获得的。切斯勒解释道："我们有时也举办'路演'，但我们的新客户大多都是由满意的老客户介绍的。此外，我们在重大纠纷案中为客户争取利益的优异表现，也为我们赢得更多的新客户。"

Cravath将近85%的业务和工作内容来自长期客户，因此，相比其他律师事务所，拓展业务对于Cravath而言反而没有那么重要。正如理查德·克拉里所说："对于送上门的业务，无论是什么，我们都会好好做。这丰富了我们的工作实践，有效地防止精力耗竭，我们对此深感轻松快乐。"Cravath的合伙人微笑但带着歉意说："多年来，Cravath的营销策略就只是要求员工在铃响两声时接听电话，而不是响到第四声时才接听电话。我们相信，潜在客户都会自己找上门。"信托和房地产业务的大多数客户都是其他客户推荐的，但也有客户不愿意推荐 Cravath，因为担心事务所太忙，以至于不能为自己提供最好的服务。举一个意外又神奇的实例，乔治·吉莱斯皮初次会见一个重要的潜在客户——沃尔顿家族[1]（Walton family）时，曾邀请丹尼尔·莫斯利与他一道出席，并解释说："他们来自阿肯色州，你来自亚拉巴马州，所以你们应该聚一下，好好了解一下对方。"

客户计费方面，Cravath 首先准确记录工时和预设的每小时费率[3]，然后根据公司向客户提供服务的价值和客户的支付能力进行调整，费用波动幅度为 10%～15%，甚至更高。一位合伙人回忆道："一位客户觉得我们的费用太高，但我们不想降低，我们随后找到一个新的且双赢的解决方案。我们表明，事务所可以为它免费办理一个小案件，而这个案件将由一名极其乐意承担该工作的助理律师负责。"

诺思承认："我们认为，与其他律师事务所相比，我们值得更高的律师费。因为我们的人员精简，所以相比之下总费用通常较低。另外，我们给客户提供的价值更高，'更高'意味着我们的日常工作质量更高，同时帮助客户公司变得更好，二者之间高度契合。"例如，在一起重大收购案中，Cravath 的要价只有 150 万美元，而为收购案另一方工作的律师事务所要价 1 000 万美元。虽然它最后得到了这 1 000 万美元的报酬，但也失去了这个客户，因为这个客户后来与 Cravath 建立了长期合作关系。正如这个新客户解释的那样："Cravath 做了大部分的工作，而对方却拿走了大部分的报酬。"

---

[1] 沃尔顿家族的财富来源于山姆·沃尔顿和巴德·沃尔顿兄弟所创建的沃尔玛——世界上最大的连锁零售企业。——译者

市场力量不断变化，市场的定价权开始从律师事务所转向客户。过去，客户很少把计时收费条款拆分细化到时长和费率。但随着企业内部顾问数目的激增，细分收费已成为一种新常态。客户这么做的目的，有的是减少费用支出，有的是提高案件结果的可预测性。此外，导致费用降低的其他原因还有，新兴起一种机构可提供法务账单监控服务，并承诺将客户的法务成本降低5%～10%，而它们将收取节省费用的50%。

专业律师都不喜欢计时收费制度，因为这意味着他们在工作中需要不停地将每个15分钟的工作成本记录在案，并向客户说明每个15分钟的工作内容。领先的律师事务所正转向"更有价值"——根据案件的重要性和难度收取费用——的收费方式。为了说明这些问题，切斯勒于2009年在《福布斯》上发表了一篇文章[4]：《取消计时收费制度》（Kill the Billable Hour）。Cravath依托"基于委托业务价值"的收费方式，仅从大公司收取的费用已由几年前的3%增至15%～30%。*

尽管如此，有些客户的关注点仍在成本上。通用电气的内部律师表示，他们理解Cravath所提供服务的额外价值，不愿过问太多，然而，通用电气前CEO杰克·韦尔奇（Jack Welch）要求其旗下的通用电气金融公司（GE Capital）必须在费用上争取到折扣。尽管此前在费用上Cravath从未让步，但是仍给予通用电气比较低的费用，以换取后者更多关于合同和更短账期的承诺。由于这些承

---

* 在1990年美国联邦存款保险公司（FDIC）对德崇证券（Drexel Burnham Lambert）的迈克尔·米尔肯（Michael Milken）和洛威尔·米尔肯（Lowell Milken）的诉讼中，Cravath曾为从FDIC收取意外风险费用一事苦恼过。合伙人拒绝了FDIC最初提出的严格按费用比例收费的方案，尽管按这一方案收取的费用比最终实际收取的费用多1 150万美元。在经过激烈的讨论后，最终确定了根据赔偿程度确定费用的复杂方案。Cravath认为，未来将会有更多案例借鉴FDIC的费用方案。

诺并未兑现。当通用电气金融公司再次要求更低费用时，Cravath拒绝了。于是，通用电气逐渐减少了与Cravath的合作。之后，当通用电气再次要求降低费用时，Cravath寸步不让，这导致通用电气金融公司开始与其他律师事务所合作。通用电气离去所带来的富余时间，很快被Cravath的其他客户填满。*

"我们值这个价"

拓展新客户，或在原有客户关系上进一步拓展扩大业务，是所有专业公司得以长期成功的关键。尽管麦肯锡在政策上不从事"销售"服务，但它一直对业务的拓展保持高度关注。某一典型年份中，公司80%的收入来自定期的回头客，70%的收入来自《财富》100强公司。可以说，麦肯锡为《财富》100强中的80家公司提供过服务。在麦肯锡服务过的客户中，有些客户每年支付的费用超过1亿美元，另外有100多家客户，其年度费用高于5 000万美元。50多年前，加拿大铝业公司（Aluminum Co. of Canada）的CEO对咨询顾问埃弗里特·史密斯（Everett Smith）说："你们公司的收费标准是其他咨询公司的两倍！"史密斯不假思索地回答道："我倒是希望如此！因为我们值这个价！"最后，加拿大铝业公司还是接受了麦肯锡的收费方案。这件事后，麦肯锡的高要价、高利润名声与麦肯锡本身的威信联系起来了。

客户公司的每个方案决策者在思考过程中都会经历一系列过

---

* 麦肯锡的弗雷德·格卢克也热衷于把费用与价值而非成本挂钩。格卢克领导了公司的定价改革，并将定价的对标价值从投入价值转向产出价值，即问题本身及其解决方案的价值。他认为："客户服务与客户影响不同，后者的目的是改变客户的思维和行为方式，而新方式只有在内化到客户内部时，才能真正改变客户。"

程：首先，他意识到自身存在问题；其次，他明白自己应该向外部寻求帮助；再次，他意识到需要向麦肯锡这类公司寻求帮助；最后，他才会与咨询公司协商问题的性质、对问题的理解和解决问题的最佳途径，包括后续过程中可能需要的帮助。其实，服务成本是潜在客户最不担心也是最不需要双方协商的。如果公司面临的问题很严重，那么与咨询方案能为公司带来更有价值的结果相比，即便咨询公司收取"天价的费用"也都是"可以理解"的。

麦肯锡制定了两项定价政策：第一，在大型项目上不进行固定收费，但是，在小项目上可以采用固定收费；第二，公司与其他咨询公司不在价格上进行竞争。在与博思艾伦和波士顿咨询集团的竞争中，麦肯锡赢得了一家大型国际银行的业务机会，合伙人查尔斯·肖事后向这家国际银行的负责人求教道："请告诉我，为何最终选择麦肯锡作为合作方呢？"客户的回答让麦肯锡备受鼓舞：因为波士顿咨询集团过于理论和抽象，通常只专注于高层的管理；其次，博思艾伦虽然对银行业十分了解，但其提议过于保守，未脱离银行业的现有标准；然而，麦肯锡能意识到客户十分看重自身的问题，并开发出一套定制方法，让咨询顾问和客户自己的人一同参与业务的分析和方案的实施。此外，麦肯锡还明确表示出未来也愿意与这家国际银行保持合作的意向。

公司可以通过提高咨询服务收费提升自身利润，进而提高公司所有者即合伙人的回报。但公司也可以通过实质行动为客户提供杰出服务，进而提高自身利润。采用这两种方式所取得的结果有很大不同——目的与手段不能本末倒置。作为努力将麦肯锡打造成一家"更好的企业"的一部分，资深合伙人阿尔·麦克唐纳（Al McDonald）几年前发起了一项致力于提高公司合伙人工作报酬的活动。随后，罗纳德·丹尼尔也把稳定且适度地增加咨询收费，作为自己工作的一项主要承诺。然而，关键之处在于两人的方案完全不同，麦克唐纳专注于提高收费标准，从而让公司高级合伙人获得更多收益，但丹尼尔明确表示，麦肯锡想要收取更高的费用，就先要成为能为客户提供高价值服务的公司，因此麦肯锡的首要任务就是找到能为客户创造更高价值的方法。"如果我们提供的咨询服务，其价值和影响力比预期或承诺的高出 50%，"他解释道，"我们就可以比其他公司多收费 30%。"

为成为欧洲咨询行业的领导者，麦肯锡一直坚持以客户关系为核心。高级顾问赞同只进入公司有机会接触并建立强大的长期客户关系，进而对公司能产生重大影响的业务领域。理想情况是，客户自认为有咨询需要，并在接下来的二三十年里，由麦肯锡定期为客户处理各种问题。与此同时，服务费保持稳步增长，其全球范围的平均收费已翻一倍。罗杰·莫里森解释说：

> 关键的一点是，我们确信，如果我们坚持进入企业内部和中心，而不是在企业外围完成工作，我们能够产生与客户的战略大局相一致的重要影响，这使得我们与其他咨询公司明显拉开差距。另外，从客户中心角度出发完成咨询工作后，客户支付高额费用的合理性就更容易被证明。

与其他咨询公司一样，麦肯锡同样依赖于从客户组织内部获得帮助，而要从自负傲慢的内部人士获得帮助殊为不易。客户必须愿意配合咨询顾问，找到问题的真相及其原因，也要辅助顾问收集事实和意见，最后完成可行的执行方案。任何缺乏信任的行为都会阻塞信息的流动，因此，顾问必须竭尽所能，通过自身的独特个性、出色的技巧和技术能力，赢得客户的信任。在同一行业中，信任对于存在竞争关系的客户尤其重要。麦肯锡在该行业的专业知识必须与公司传统的"中国墙"①（Chinese wall）政策相平衡，即通过独立的顾问团队，分别向互为竞争对手的客户提供服务。

麦肯锡的咨询顾问认为，在咨询过程中，他们有责任说服客户参与其中并成为咨询建议的"所有者"，而不是仅仅坐等最终建议的形成。当重要客户接受了问题分析和专业建议时，他们将作为公司改革的推动者，而不是沉默的抵制者，只有这样才能大大增加建议实施的可能性。[5]成功实施是变革成功的必要条件，而成功地与客户合作完成任务 A，通常是麦肯锡争取业务 B 的关键。此外，良好的客户推荐使得公司很大一部分年收入来自"辐射式推荐"。[6]

* * *

卓越公司都明白自己与客户的关系越被客户公司最高等级的人看重，客户对自己的价值也就越大。对客户而言，他们需要了解这些合作的专业人士可以充分利用自身的专业知识为其提升收益。保持对承诺的忠诚，无论是明示还是暗示都极其重要，毕竟每项专业工作都以双方的相互信任作为基础。另外，信任是长期客户（client）和随机顾客（customer）的最大区别。一家专业公司虽然嘴上把购买者称为"客户"，但心里只把其看成"顾客"，短期内可以骗到顾客，但从长期来看，被骗的其实是公司自己。

卓越公司坚持为每个客户提供比任何其他竞争机构都要多的价值，同时尽己所能创造更多价值。这种信念也将促进公司层面养成一种创新文化。

---

① 中国墙是一个商业术语，意指信息隔离墙，即在组织中制造信息障碍，以防止可能导致利益冲突的沟通或交流。——译者

注 释

［1］ 这是怀特黑德的第二个战略杰作。他的第一个战略杰作是将投资银行业务重组成可协调的两个部分：关系管理和交易专家。这种重组与协调将高盛一举推上华尔街"著名大投资银行"的位置。

［2］ Jon R. Katzenbach, *Why Pride Matters More Than Money* (New York: Crown Business), p.5.

［3］ 每个年度助理律师的取费账单费率是相同的，并分别对应三个级别的合伙人。如果一个员工因为学习如何做某类工作，而在这类任务上花费的时间超过了必要工作时间，那么主管该员工的合伙人可以扣除这部分额外的工作时间，但必须与负责该部门的合伙人提前协商，以便公司了解具体情况。

［4］ *Forbes*, January 12, 2009.

［5］ 几年前，鲍尔总嘲笑说，那些详尽的行动报告没有带来直接的收益，整体上是徒劳的，他常说："做出一份咨询报告，绝不只是让你搞出一沓文件！"他的这一定论背后是有故事的。一次，在去纽约的火车上，一位成功的银行家曾向鲍尔诉苦，讲述了他在收到好几份漂亮的咨询报告时的沮丧，这些报告都有很好的建议，但根本没有得到使用。"如果你们的客户能够采纳你们提供的建议，那么我预测，你们的未来一定会非常好。"这就是银行家对鲍尔的建议。

［6］ 来自麦肯锡"校友"的咨询业务仅占麦肯锡年工作量的10%或更少。此外，"校友"也不总是理想的客户人群。许多"校友"自认为知道谁特别能干，并试图要求麦肯锡为自己的团队指派特定顾问。实际上，大多数"校友"需要大约10年时间，才能足够成熟老练到可以让麦肯锡管理其业务。

第 6 章

创 新
改变游戏规则

持续创新和适应外部变化，是卓越企业各级领导者都有的思维习惯。创新文化鼓励积极尝试，从而找到有潜力的新方法，以便更好地服务客户。大多数创新都是针对某个特定交易或客户的小而具体的创新。有创新习惯的人通常会非常珍视当前价值，因为它是促成未来事业发展的基础。创新者知道，重大创新不会以成熟姿态突然出现，而是必须在不断发展的过程中加以尝试、培育和改造，他们需要在此过程中寻找、发现更多的机会。在这一过程中少不了失望和挫折，但这些也是寻找新的更好方法的必经之路，有时会因此取得异常好的结果。

创新始于问题

资本集团的多重投资组合经理或"多重顾问"结构，自其渐进的、实验性的开端以来，历经半个世纪已被证明是公司的"杀手锏"。这一独特的管理创新让资本集团获得了卓越的长期投资业绩，使其资产规模突破1万亿美元。创新总始于问题，资本集团当时的问题是，其"成长型"基金实际上比命名为"保守基金"的产品更保守，且投资业绩更差。这一状况亟须改变。

洞见源于自我反省。资本集团的主要投资专家都个性鲜明，对投资的思考方式也截然不同，因此他们之间的意见分歧总是极大，导致难以相互分享信息或研究结果，甚至难以倾听对方的想法。在投资委员会会议上，他们对彼此的见解和想法，总是排斥多于吸引。所谓的投资集体决策，往往只是一种妥协，是对创造性思维的一种混淆，同时也有碍于果断行动。这对投资尤其有害，因为最好的想法在早期、在最有可能赚钱的阶段，如同"软壳动物"一样脆弱。成功的投资应该做到在别人都不确定时，做出不寻常的、非传统的甚至不受欢迎的决定。同时，艰难的决策应该由那些对判断结果直接负责的人确定。

资本集团的领导者一致认为，共同基金行业传统上常采用两种可相互替代的组织结构，要么是由单独的投资组合经理单独管理一只基金，要么是由一个基于共识和妥协的委员会集体管理基金，但这两种方式都不能解决问题。针对这一状况，需要创造出一种不是建立在妥协基础上的新形式，或没有好的方式最次也就是将上述两种相互矛盾的传统管理方式结合起来。乔恩·洛夫莱斯建议将两者的优点结合起来，组合成一种从未尝试过的新方式。

多重顾问系统最初将问题拆分为若干部分，再重新组合。资本集团的2只共同基金被拆分成4个独立的部分，4个投资组合经理分别管理这2只基金的其中一部分。每只基金的业绩将是4个基金经理共同努力的结果。[1]正如詹姆斯·罗滕伯格50年后解释的那样："在建立这一概念的过程中，洛夫莱斯父子两人中儿子乔恩扮演了核心角色，而这一概念得以落地执行，也得益于他父亲的大力支持。这一有力支持是必要的，毕竟当时，乔恩刚接手资本集团，而且有人反对这一主意[2]——有一些人认为这是异端邪说，另一些人认为这根本行不通。"新系统并未立即取得成功，鲍勃·埃格斯顿（Bob Egelston）在计算机化完成前的几年里，曾深入参与解决该系统的复杂操作和计算，他回忆道："经过几年的耐心培育和发展，该系统才得以让所有人满意。"

如今，资本集团的诸多投资组合的每一部分都配有几个，有时甚至多达十几个经理，每人负责各自的部分。投资组合经理各自专注于他们最擅长的投资类型，管理规模适中的资产，并专注于实现资本集团的主要目标，即卓越的长期投资业绩。这一系统可以确保投资组合在投资中保持多样性分散，并且兼容不同顾问对市场的不同观点和不同的投资风格。

多重经理人制度可确保任何基金不依赖于单一的明星基金经理，并有助于解决传统投资机构的特有问题：随着资金规模的扩大，市场流动性和单个投资组合经理的思维灵活性会逐渐开始负担过重。通过在基金整体中增加额外的投资顾问，资本集团更容易吸纳资金，不断增加资产。其中的每个人可以不受干扰地依程序加入或离开，罗滕伯格解释说："这确实是一个通过多元化促进连续性的案例。"

这一系统也鼓励资本集团重视研究分析师的职业发展。分析师可以在职业生涯的早期，根据自己的投资理念直接投资，而不是通过说服投资组合的管理经理让其采取行动。分析师的投资通常从自己涉猎的行业开始，最初只买一两只股票，之后逐渐变多。有些分析师最终将管理超大规模的资金，并将其投资于最熟悉的行业。

投资组合顾问对最佳投资组合的多样性不负个人责任。投资委员会负责监督整个投资组合，并协调各部分子投资组合，以确保所有投资保持在基金的既定目标范围内，同时实现最优的多样化目标。开放的信息流和互补的薪酬政策鼓励投资组合顾问相互分享想法和信息，但他们不需要妥协或说服他人就某项决定达成一致；他们可以大胆地确定投资决策，并定期向投资顾问和其他顾问报告投资组合的结果。但投资组合要想运作良好，多重顾问系统至少需要一名高级主理人，他负责消除成员之间偶尔出现的摩擦，而当若干个富有创造力的人合作时，这类摩擦总是不可避免。多年来，这一职位由乔恩·洛夫莱斯担任，现在由几位指定的资深人士担任。

令人惊讶的是，几乎没有任何投资机构选择复制资本集团的转型创新。[3]更让人吃惊的是，投资领域的绝大多数投资经理的投资业绩极差，即便在这种情况下他们也未选择效仿。投资业绩如此差主要源于两方面：一方面是市场由经验丰富的专业人士统治且效率越来越高；另一方面是投资经理的专业能力不足以支撑其业务建立与成长过程中不断积累的资产规模。复制多重顾问系统是困难的[4]，但越来越多的证据表明，尚未发现应对巨额资金管理的更有效的制度。

资本集团内部一部分人想让这一系统处于保密状态，以避免其他组织知晓。但鲍勃·科迪（Bob Cody）极为乐观地说："这一系统过于复杂，任何竞争对手在没有真正理解的基础上尝试，一定会翻船。"资本集团合伙人对此表示同意，投资组合管理的多重顾问系统这一概念虽然用30秒就可以简要解释清楚，但要通晓其运作细节需要不止30天。

资本集团使用多重顾问系统之初，其管理的总资产只有4亿美元。如今，资本集团的资产管理规模已是当时的3 500倍，有200多个基金经理同时管理各种基金和投资组合，每天做出各类特定证券的买卖决策。

有竞争才有创新

竞争对手的威胁性举动引发防御性创新，这一点普遍存在。麦肯锡对战略的关注，开始只是出于对竞争的一种必要回应，但现在已成为其服务的核心。马文·鲍尔坚持认为，麦肯锡并没有取代客户公司的管理层，而是对管理层进行补全和补充管理。他认为，任何成功的长期战略都必须以客户的基本信念为基础，而不是以预测未来或采用局外人的战略为基础[5]，即使这一局外人是麦肯锡也不例外。特里·威廉斯回忆道："鲍尔认为做自己都不确定能否兑现的承诺，极为可怕。因此，他像一个外部律师，总想退后一步。"鲍尔也表达了他对战略咨询强烈的保守意见："战略的问题在于应对未来，而我们看不清未来，也做不到准确判断。"当公司没有庞大的、竞争激烈的对手时，这么做似乎行得通，但20世纪60年代后期，竞争环境迅速改变。

与鲍尔刻意保守的作风形成鲜明对比的是，波士顿咨询集团布鲁斯·亨德森（Bruce Henderson）积极行动，为其新公司抢占顶级战略咨询领域的高地。1966年，波士顿咨询集团对外公布了"经验曲线"①理论，这一曲线理论旨在说明，经验的累积总能降低单位生产成本：如果商人了解成本与经验的基本关系，便可更好地预测未来的标准成本。

亨德森曾向管理层发出一连串微型备忘录，他称之为"观点展示"。在接下来的10年里，波士顿咨询集团制作了400条"观点"——每条800字左右，且都是些带有挑衅性的、吸引注意力的词语。1969年，波士顿咨询集团用"明星型业务、瘦狗型业务和现金牛业务"（stars, dogs, and cash cows），创建了如今为人熟知的"市场增长率-相对市场份额矩阵"②（Growth/Share Matrix），并大胆地

---

① 经验曲线，简而言之，即如果一项生产任务被反复执行，其生产成本会随之降低。——译者

② 该矩阵又称波士顿矩阵、波士顿咨询集团法、四象限分析法、产品系列结构管理法等，包含四种业务，分别为：高增长、高市场份额的明星型业务；高增长、低市场份额的问题型业务；低增长、高市场份额的现金牛业务；低增长、低市场份额的瘦狗型业务。——译者

宣布了一系列容易记忆的主张，从而确切地告诉高管们应该做什么。

鲍尔谨慎的保守主义直接影响了亨德森的激进战略，波士顿咨询集团被定位为强硬、聪明、富有创造力的专家[6]，专注于战略，专门为高层管理人员工作。波士顿咨询集团还试图将麦肯锡、博思艾伦、科尔尼等其他咨询公司的顾问归为不出色的顾问，只能处理日常事务和中层管理者关注的常规问题。只有那些期望不高、不想支付太多咨询费的公司才会找这些咨询机构。仿佛这样定位其他咨询公司，波士顿咨询集团收取的高费用和麦肯锡收取的低费用就说得通了。

在20世纪60年代，战略并不是大多数公司的首要任务，当然战略咨询在麦肯锡也不重要。麦肯锡必须果断行动，迎头赶上。威廉斯解释说："在战略方面，波士顿咨询集团做得可能并不比麦肯锡好，但麦肯锡缺乏全面的战略理论。因此，波士顿咨询集团通过声明和主动出击，至少已将比分扳平。"

领导者可以通过指派合适的人负责"解决问题"来促进创新。1976年，罗纳德·丹尼尔成为麦肯锡的领导者，彼时公司的收益很低，也很脆弱，波士顿咨询集团是其主要威胁。丹尼尔要求公司最优秀的一批员工，致力于"思考麦肯锡应该如何思考"。其中一个员工弗雷德·格卢克在一份备忘录中写道："麦肯锡在战略、运营和组织方面落后于竞争对手。"格卢克主张发展更深入的知识和专业技能，他表示："如果你不是那个最先进的，便不可能清楚地知道自己到底落后了多少。"在接下来的几年里，麦肯锡的重点从现有知识的获取转向创造新知识和建立一个顾问可以适应、完成交付并同客户一起实施的知识产权宝库。

格卢克创作了一系列易于阅读的单页公告。当有顾问质疑单页公告是否值得付出所有努力时，格卢克立即写了10条公告。他的想法很简单：从客户的工作中收集最好的想法，将其总结概括形成专有知识，并应用到为其他客户所做的工作中。为鼓励合作，麦肯锡快速编辑制作了厚厚一本按主题组织的咨询顾问专业知识目录。

格卢克倾向于按照行业实践来组织管理公司，让团队在客户最感兴趣的领域积累专有知识和专业技能[7]，比如银行、保险、电子、航空航天、能源、消费者业务和制药等领域。这需要诸多咨询顾问花费多达15%的时间用于知识建设。当其他人表示不愿意从客户时间中空出部分时间时，格卢克率先放弃了自己所有的客户咨询时间，在公司内部进行传播并争取他人的支持。格卢克明确了这样做的好处：可以为客户改善工作，为新顾问提供更快的培训，以及激发更多的新想法。实践拓展带来的专业积累很快成为麦肯锡不可或缺的优势。

鲍勃·沃特曼（Bob Waterman）、吉姆·本内特（Jim Bennett）和汤姆·彼得斯（Tom Peters）被指派领导一个关于组织实践的工作组，而格卢克被要求领导一个战略规划小组。格卢克拒绝了，他说："用词很重要。规划小组将会产生'计划'，而我的兴趣在于领导能产生'行动'的管理过程。"他同意领导一个战略管理指导委员会，以深化对这一主题的理解，进而指导行动。

或许本就不可避免，两个工作组最终形成竞争关系，并且都认为自己可以证明，自己的小组探索出的方法才是麦肯锡的未来。格卢克断言战略包括组织——他将自己的小组称为"超级组"；而沃特曼－彼得斯小组则认为组织就是战略。*到底哪个更重要？对成功的战略来说，组织是至关重要的吗？难道成功的组织不都有正确的战略吗？与以往一样，双方之间的竞争都是为了获得麦肯锡同事

---

* 沃特曼－彼得斯小组的工作促成了《追求卓越》（*Search of Excellence*）一书的出版，该书成为商业畅销书，沃特曼和彼得斯也因此成为备受瞩目的管理大师。

的认可和肯定。双方也都同意公司需要尽可能调动所有力量，比如作为一家跨国公司，麦肯锡可以组建一支国际团队，而这是波士顿咨询集团和其他咨询公司所没有的资源。因此，当纽约的一家银行对亚洲的出口商感兴趣时，麦肯锡可以让自己经验丰富的亚洲咨询顾问完成这项工作。

格卢克的战略团队将波士顿咨询集团的专业服务定位为麦肯锡诸多服务中的一种产品，同时强调麦肯锡产品的多样化，而非只有一种，因此主要客户可以利用麦肯锡的规模和多样化优势。麦肯锡并不需要将业务区分为"瘦狗型"和"明星型"这样的可爱把戏；它是一家客户服务机构，而不是一家标准产品销售商。在接下来的3年里，麦肯锡全部的200个合伙人以12人为一组的形式，参加为期一周的战略培训，培训通常在位于瑞士沃维的哈佛大学会议中心举行。公司的战略思维实力不断增强，格卢克则以每两个月一次的频率参加了所有会议。

乔恩·卡岑巴赫表示："要证明麦肯锡在战略游戏中处于非常重要的地位，需要严谨的分析，但早期的努力过于偏向分析，也过于严谨。"采用麦肯锡的战略方法制定战略，其过程有时异常痛苦。纽约的顾问提出了四盒矩阵，伦敦的合伙人提出了九盒矩阵，而德国的员工提出了一套更复杂的矩阵，他们都声称自己的方法最接近真相。最后，格卢克提议将注意力集中在由麦肯锡顾问开发的九盒矩阵[①]上，该矩阵后来被通用电气广泛推崇。一个有效的框架，如矩阵，将提出更好的问题，开拓咨询顾问的思想，以寻找更好的答案。

从战略角度看，理念对成功的贡献只有5%，而执行力的贡献

[①] 九盒矩阵是一种战略工具，它为多业务公司提供了一种系统方法，以在业务部门之间确定投资的优先级。——译者

高达 95%。虽然矩阵理论可以提供清单来指导咨询顾问深入思考，但格卢克认为，麦肯锡应该首先了解每个客户的独特战略问题，然后开发以客户为中心的定制化解决方案。麦肯锡应该阐明，波士顿咨询集团通过解决方案寻找问题，而不是通过问题寻找答案；波士顿咨询集团将其严格标准化的解决方案强加于人，而麦肯锡拥有更为灵活的创造力——以及对每个客户及其独特性的尊重——从下至上地定制最优的解决方案。麦肯锡将充分发挥其分析能力、全新的眼光、正直的声誉和独立的观点，它也具备通过一个结构完备的过程让客户公司高管可以参与其中的技能，该过程包括每一项咨询工作的研究、分析和实施。凭借这一战略，麦肯锡在战略咨询领域平稳地建立起强大的客户群。

据了解，麦肯锡的咨询顾问可以用两周的时间分析、理解任何业务，他们珍视自己是通才而非专家这一事实。他们高傲地宣称，专家的本质是顾问，有人提出问题时，他只给出解决方案；而通才的本质是具备定义问题的能力。麦肯锡的顾问并不是每个客户特定业务的专家，他们可以充分利用自己的通识能力，而缺乏特定行业的专业知识并不会妨碍他们的成功。但是，随着与波士顿咨询集团、贝恩公司和其他咨询公司的竞争日益激烈，以及越来越多的客户公司雇用大量 MBA 毕业生以及设置内部咨询部门，麦肯锡在客户组织内部遇到了质疑者，这些质疑者鄙视任何滥用行业术语的行为。老一套的通才显然已不足以胜任，而专业知识被视为行业特有的、不可替代的能力。因此，麦肯锡需要改变自己。[8]

麦肯锡的领导者很快意识到，如果麦肯锡面临的挑战和机遇是改善每个客户运作模式的指挥链，那么公司必须首先下潜，发展接地气的深厚行业知识。顾问们逐渐认识到，深入了解一个行业并不意味着将专业知识的范围缩小。正如格卢克讽刺地说："每个麦肯锡的咨询顾问都需要成为通才，但这并不妨碍你了解自己所说的内容。"[9]咨询顾问开始专攻一个主要行业，如银行业或能源业，同时在该行业树立多面手形象。行业专长成为麦肯锡的重要战略优势，首先是银行业，接着是保险业。随着时间的推移，银行业务占到公司整体业务的1/4，这一领域的顾问也被视为专门从事银行业务的多面手。

专业化行业团队具有重要的组织影响。地区办事处对于办事处经理来说是虚拟领地，由经理决定工作基调、客户服务对象以及项目人员的配备。在丹尼尔的领导下，公司转向了地理位置在一个坐标轴上、行业专业知识在另一个坐标轴上的矩阵式组织。在竞争中，行业专长几乎总是胜过地理位置。[10]

麦肯锡在银行业和其他行业的战略以开发"突破性"专有知识产权为重心。其明确目标为提前了解行业战略问题的属性，如银行业的主要变化包括计算机化、宽松的利率管制和同业合并。以上这些因素冲击了20世纪70年代的整个银行业，而80年代的主要影响因素则变为兼并和国际竞争，90年代则是要求商业银行和投资银行分业经营的《格拉斯–斯蒂格尔法案》(Glass-Steagall Act)，再之后的影响因素有风险管理、证券化和银团贷款。麦肯锡对每一波行业变革都做足了准备，也因此取得了不菲的回报。

有力的推动者

所有的创新都需要强有力的推动者、有利的环境和坚持下去的毅力。20世纪60年代，约翰·怀特黑德为投资银行开发了一种革命性的新结构，这迫使高盛的竞争对手争相效仿。高盛将工作分给两个协调小组，而不是由一名银行家在为客户公司群执行所有交易的同时与所有客户保持紧密联系。其中一个小组专门研究开发客户关系，小组里的银行家将全部时间都花在客户和潜在客户上，他们经常与客户或潜在客户接触，不断寻找更多更好的商业机会。与此同时，另一个小组的成员负责专门执行一种特定类型的交易，只有当客户需要该专业知识时才去见客户，而他们的专业特长、服务的预售和后续工作则由客户关系经理负责。这样的双重协调系统运营良好时，系统中的每个人都做着自己擅长的事情，其有效性要高于传统系统——传统银行家通常是交易多面手，但手下无兵，只有在无交易的情况下，才会关注客户关系。

怀特黑德的团队一开始只覆盖了500家公司，随后扩大至1 000家，之后又扩大至2 000家。到20世纪70年代，高盛的银行家可以做到定期拜访4 000家美国公司。最初，怀特黑德把100家最大的公司拱手让给了摩根士丹利和第一波士顿，因为这两家公司与它们的关系强大且稳固，但后来这些公司也成了高盛的客户。*

很少有战略创新可以做到一蹴而就，通常在真正起作用前，都需要进行大量试验和调整。在20世纪80年代，公用事业对高盛而言是一次重大的机遇，这并不是因为公用事业公司发行的证券占公开发行证券的一半以上；也不是因为无论市场好坏，公用事业已然成为华尔街主体；更不是因为公用事业公司对所有著名投资银行的重要性。为公用事业公司提供服务之所以对高盛是一次重大机遇，主要是因为彼时高盛在公用事业上的业务几乎为零，这也意味着无限机遇。

---

* 甚至在20世纪70年代末，精英投资银行摩根士丹利和第一波士顿也会向少数大公司，甚至包括墨西哥政府，发送精致的雕刻版邀请函，欢迎其随时来公司，一起商讨合作关系的可能性。

第 6 章 创 新
改变游戏规则

20世纪70年代初,高盛只参与过与电话相关的公用事业业务。美国电话电报公司(AT&T)是高盛这类业务的首个客户,但这会引来更多追随者吗?怀特黑德指派巴里·威格莫尔(Barrie Wigmore)发展这一业务,但威格莫尔有很多顾虑,因为高盛的大多数重要机构客户对公用事业股票不感兴趣。通常传统的公用事业股票购买者都是一些小型零售客户,而高盛没有这部分客户,证券销售主管雷·扬(Ray Young)曾称:"我们不做公用事业股票销售业务。"每家公用事业公司都已与固定的投资银行建立稳定的业务关系,这些公司对改变这类关系持谨慎态度。威格莫尔对公用事业监管的复杂细节一窍不通,也不知晓州与州之间的监管差异,以及不同的公用事业之间的不同监管;他也不了解公用事业评级机构及其工作内容,只知道它们很重要;他与负责公用事业的律师彼此不相识;最后一点,他与公用事业公司的高管也彼此不熟悉。

巴里·威格莫尔的老家远在加拿大萨斯喀彻温省。为了赢得业务机会,他必须绕开行业根基深厚的公司,并充分发挥创新精神。因此,他想方设法使自己的业务发展计划与众不同,并充分开发公司尚未在公用事业领域使用的那些优势。每周一上午8点,威格莫尔的团队都会召开晨会,每次都会谈道:有哪些新消息和变化?可能有哪些机会?

"我们尝试了各种各样的想法。"威格莫尔回忆道。

> 有些是不可能实现的,有些是疯狂的,但其中有些确实奏效了。参与到机会狩猎中令人兴奋,当我们第一次有所收获时,那真是让人兴奋。很快,我们就因为见多识广和富有想象力,在业内赢得了声誉。越来越多的人想要与我们沟通,征求我们的看法,并与我们一起开发新想法。

以下是一些行之有效的新想法：

- 第一份以商业票据为抵押物的核燃料租赁。该公司通过一家特殊的子公司，即宽街服务公司（Broad Street Services Co.）购买了核燃料，用商业票据为其融资，并将这笔资金再借给公用事业公司。这充分利用了该公司在商业票据和租赁方面的优势，而竞争对手几乎没有意识到这些领域。此后，类似业务也拓展到设备租赁领域。
- 利用公司在免税金融方面的最新发展优势，发行污染控制收益债券。
- 私募部门开辟了新机会。当一个机构投资者想要购买一种特定类型的债券时，威格莫尔的团队通过搜索公用事业公司，并询问客户，"你现在想以哪种利率借入 1 000 万美元？"这种非正统的创新做法，很快使高盛成为这一快速增长的资本市场新领域的首选中介。
- 通过荷属安的列斯群岛出售的欧洲债券开辟了另一个利基市场（niche market）。
- 沙特阿拉伯金融管理局拥有可用于投资的巨额现金流，对信贷质量的重视超过高利率。因此，公用事业团队为沙特阿拉伯客户安排了 2～5 年的私募配售，用于认购最高等级的公用事业债券投资。

这些创新虽然成功且有利可图，但都集中在债券市场，而普通股股权融资才是公用事业的命脉，这也决定了它们对投资银行的选择。因此，高盛需要开拓股权市场，它开发了一种易于使用的销售工具，通过计算机每天的运行显示各公用事业股票收益率偏离行业历史平均收益率的程度。在这种模式下，机构投资者成为日益活跃的客户，当然，其交易订单最终由高盛执行。由于高盛是大宗交易的领头羊，下一步对高盛来说相当容易：为所知的买方机构提供大量新发行的公用事业股票，免去发行方在全国各地"路演"这一烦琐、昂贵又耗时的过程。当市场没有不确定因素影响时，公用事业公司可以在一天之内筹集 5 000 万至 1 亿美元的低成本股权资本。发行公用事业公司股票的成本低到难以置信，只有 0.5%，而传统的承销费则为 3.5%。

下一步是说服公用事业公司，让它们明白，每年进行一次大规模的发行，其成本要高于"暂搁注册"（shelf registration），而"暂搁注册"让它们得到发展的同时也抓住了市场机会。高盛在股票承销业务中赢得了尊重，并努力增加其在各公用事业公司业务中的份额。这种咄咄逼人的态度让老牌承销商感到不安，但这种策略对高盛很管用：既无承销风险，也无资本占用，更无既有业务关系的中断——因为高盛此前就没有该领域的业务。威格莫尔回忆说："公用事业公司也很喜欢这套工具，所以它们开始让我们负责更多其他的业务。这种感觉真的太棒了！"另外，在天然气管道方面，高盛也取得了类似进展。对高盛来说，幸运的是，当时传统的管道投资银行家怀特·韦尔德（White Weld）正在走向下坡路，而其他公司在管道业务方面的进展缓慢。很快，高盛在管道业务的新股发行从零跃升至第一。

1983 年春天，罗伊·扎克伯格冒出一个令他非常兴奋的想法，他需要与一个能把他的想法转变成一项重要业务的人讨论一下。当时，丹尼尔·斯坦顿（Daniel Stanton）还是一个年轻的助理，他正是合适的人选。这一业务当时虽然规模不大，但似乎已经准备腾飞了。对冲基金正在吸引富有的投资者，于是新对冲基金被建立，并开始吸引机构投资者，这个行业可能会变得很大。在接下来的几年里，对冲基金确实起飞了。

对冲基金对资产的管理非常集中，因此其需要在每天的交易时间内对头寸进行准确、分钟级的更新报告，并对所有交易进行迅速、准确的清算，其中许多交易很复杂。当然，保证金贷款也很重要，因为对冲基金大胆地使用杠杆，而它们的保证金贷款经纪人需要确切知道每只对冲基金需要多少优质抵押品来支持其借款。高盛为对冲基金斯坦哈特合伙公司（Steinhardt Partners）做这项工作，摩根士丹利则与朱利安·罗伯逊（Julian Robertson）的老虎基金（Tiger fund）合作，但其他证券公司缺乏人力、计算机能力、商业模式或兴趣来参与这场竞争。

与50个或100个经纪人一起合作，并将各自的数据整合到一个数据库里，这么做对于对冲基金而言没有任何意义，因为所有这些工作可以由一个"主要"经纪人完成，它可以准确记录对冲基金与所有独立经纪商的交易。由于对冲基金在各种证券交易中非常活跃，作为对冲基金的主要经纪人，需要严格操作，并依靠先进的计算机技术。高盛拥有这种技术，同时它也拥有很多富有的投资者，这些投资者亟待了解最有潜力的对冲基金及专家的选择建议。可以说，高盛拥有所有对冲基金想要或需要的一切。

对冲基金的增长速度超过了所有人的预期，而阻碍竞争对手进入主要经纪人业务的商业壁垒极高——其中包括每年1亿美元的成本，用以跟上计算机技术的发展速度。这造成一种现象，高盛拥有稳定定价权的同时，市场份额不断接近垄断。这一状态一直保持了25年：高利润增长的双寡头垄断成为高盛最大也是最赚钱的业务之一。正如斯坦顿所说："没有比这更好的了。"

万医归一

早在高盛跻身国际投资银行榜首之前，梅奥诊所已开始悄然创新，以跻身医疗领域的顶级行列。查理·梅奥医生宣称，1901年聘请亨利·普卢默（Henry Plummer）接管临床实验室和X光诊断的那一天是"我来这里工作后做得最好的一天"[11]。普卢默认为医院应该准确、完整地记录数据，同时让所有的医生便于获取所有的医疗诊断记录。1907年，他获批负责开发一种革命性的诊断记录保存系统。传统上，医生将病历分开保存，并按时间顺序归档。经过一年多的研究，特别是对非医疗机构的访问，普卢默成功为梅奥诊所开发出著名的病例档案系统，在这一系统中，每个病人分配一个号码，同时号码写在信封上，信封里有关于该病人的所有信息[12]：诊断病史、外科和医院记录，以及所有标准格式的实验室数据。每次病人回到梅奥诊所，所有的新信息也将被录入同一个文件中。这些文件按疾病、手术技术、病理结果或手术结果进行交叉索引。普卢默的记录保存系统对梅奥诊所的发展做出了决定性的贡献，使其成为一个一体化的、多专业团组的实践诊所，并将针对特定病例的所有咨询专家纳入同一虚拟团队。*

如今，普卢默病例档案系统的原始版本经过历次更新，已成为梅奥诊所的核心竞争优势。在病人到来之前，病人的协调医生或称"主管"可以通过中心资源库，提前安排所有必要的检查和可能参与诊断的专家。如果需要其他专家，则可以在病人第一次就诊时添加。梅奥诊所将这种以病人为中心、集中于一个地点、一次性提供所有便利的服务方式称为"单目标护理"（single-destination care）。然而，在其他诊所，要完成所有的检查并探访所有专家，病人需要

---

* 亨利·普卢默犯糊涂是出了名的。他曾答应带妻子去明尼阿波利斯购物，下班后开车去双子城，半路上才意识到自己忘记带妻子了。还有一次，某天下午晚些时候，普卢默和妻子迷路了。夜幕降临，两人都很饿，于是普卢默停下车，打算去路边的一个农舍问路。普卢默太太等了很久，等到不耐烦后前去一探究竟，却发现丈夫坐在壁炉旁，正在吃第二块馅饼。

四处走动，这可能花费一个月或更长的时间。

100 年前，专家会诊（group practice）是一种激进的医学方法。美国医学协会（The American Medical Association）曾称其为"苏维埃医学"（Soviet medicine）。如今，虽然许多学术型医疗中心将自己描述为专家会诊型医疗机构，但它们倾向于将自己划分为医学院、医院和医务人员，这些人分别属于独立的、往往在经济上相互竞争的子团体或部门，这些子团体或部门的优先事项经常相互冲突。在梅奥诊所，用价值总监斯蒂芬·史文森的话来说，就是"万医归一"（all is one）。"我们支持的是梅奥诊所，而不是单独某个部门。如果心脏病学还有剩余的经费，那也是梅奥诊所的经费，而不是心脏病学部门的钱。病人的胆囊或额外的影像检查与医生个人的经济利益无关。我相信这是一个非常重要的区别。从哲学上讲，这种做法可以追溯到梅奥兄弟的联名银行账户。"

医疗保健如同一项团队运动。自 1948 年以来，作为梅奥诊所的一个特色，系统和程序部门的系统工程专家组一直在寻找提高医疗服务效率和效果的方法。梅奥诊所建立了一个资金充足的创新中心——类似"臭鼬工厂"①，负责承接各种规模的项目，致力于持续改进。[13]例如，在一个典型的项目中，一个部门发现，该部门的外科医生有 6 种不同的方式来执行一个特定的程序。为了确定最佳做法，部门将系统和程序部门的工程师召集起来，帮助医生确定不同程序中哪一部分最有效，之后制定出一个简单的复合程序，供所有外科医生遵循。梅奥诊所的医生相信，只有准确地衡量病情，不断改进标准化方法，治疗才能得到改善。

改变是文化的一部分。诊所的重点越来越多地放在预防和健康

---

① 臭鼬工厂是洛克希德·马丁公司的高级开发项目，以进行秘密研究计划为主，研制了该公司的许多著名飞行器产品。——译者

维护上，而不仅仅是纠正问题。"我们总是自我批评，"首席人力资源官吉尔·拉格斯代尔表示。

> 我们永远不会满足。在定期的员工满意度调查中，我们知晓了很多员工关于各个方面有待改进的担忧，但如果被问"您希望家庭成员去哪里就诊？"这类根本性问题时，答案总是梅奥诊所。梅奥医生留给我们的遗产超越了时间。从不自我满足，是梅奥诊所对自身的最大要求。

用新方式发展旧想法

并非所有的创新都是新的。对特定组织来说，用新方式发展旧想法也是创新。长期以来，作为全球最赚钱的律师事务所之一，Cravath 总是独一无二的，其律师拥有 100% 的同级同薪[①]（lockstep compensation），也就是说，所有合伙人的薪酬每年都以设定的速度同步增长。20 世纪上半叶，纽约的律师事务所普遍这样处理薪资待遇，而伦敦的律师事务所至今仍是如此处理。到现在，一些美国公司仍会使用经过改善的或"封顶"的同级同薪制度（topped-up lockstep）。然而，现下 Cravath 却因坚定执行纯粹的同级同薪脱颖而出。

同级同薪不是保罗·克拉瓦斯提出的。他对合伙人之间平等的报酬不感兴趣。因为事务所本身就是他的，他从西屋电气（Westinghouse Electric）引进大部分业务，他曾在那里担任董事；也通过投资银

[①] 大多数顶尖的美国律师事务所无论律师工作表现如何，统一给同一级别的律师同一级别的工资。——译者

行库恩 – 勒布（Kuhn Loeb）带来业务，他对音乐的热爱让他与这家投资银行的高级合伙人奥托·卡恩（Otto Kahn）结下深厚友谊。首先是克拉瓦斯，其次是斯温，最后是穆尔——他们三人先后拿走了收益中不成比例的大份额。当年轻合伙人表示希望合伙人之间的收入分配更公平时，克拉瓦斯对此表示不屑并吼道："只要你能拉来生意，你可以拿走一半的利润！你们想怎么分就怎么分！"

20世纪40年代，罗伯特·斯温提出一项修改后的合伙人同级同薪制度，以缓解这一影响律师事务所和谐共处、友好氛围的薪酬分配问题。（同时斯温也在每周的合伙人会议上建立了每人一票的合伙人民主制度。）20世纪四五十年代，合伙人与非合伙人间的差距逐渐缩小，但不平等仍相当明显。1975年，一位委员建议采取纯粹的同级同薪。[14]克里斯·海因策尔曼表示："同级同薪制度尤其重要，对合伙人和客户都是如此。这意味着，客户永远是事务所的客户，他们从最好的律师那里得到最好的建议，而这些律师不必分散精力，不用为谁争取到了客户、工作中谁的贡献更大等问题争论不休。"

同级同薪使得合伙人的薪资收入有序增长，50多岁时达到最高。新合伙人第1年的工资远高于资深律师（目前超过50万美元）。第2年，合伙人在合伙企业的利润池中拿到完整的1.0个点的收入。[15]在接下来的10年里，每年上升0.15个点，之后变为每年上升0.10个点，直至涨到峰值3.0个点，此时距离成为合伙人已过去16年，待遇相比第2年增长了3倍。这一水平一直保持到合伙人62岁，之后每年下降0.5个点，直至1.5个点，其法定退休年龄为65岁。[16]

同级同薪制度与Cravath的"人人为我，我为人人"的团队精神、合伙人的可互换性以及注重客户服务和长期客户关系的文化是一致的。同级同薪可以消除薪酬差距的不平等问题，同时也分散了权力，因为薪资补偿已提前预设好，所以不需要用权力来进行决策。这也使得事务所内部没有分歧、官僚、情感受损和浪费时间这些问题，而这些问题正在困扰其他公司，因为这些公司的合伙人彼此存在竞争，都想为自己争取更多。另外，一些公司会安排高价值合伙人投入大量时间，研究如何公平分配利润池，以应对生产力短期和持续的变化，同时确保合伙人得到公平对待，并让他们切实体会到被公平对待。正如 Cravath 的一个合伙人所说："因为同级同薪，所以就没了抱怨，也没了冗长又累人的薪酬问题讨论。"在其他律师事务所，任何一个合伙人的主要客户都可能对其施加压力，要求其降低费用，或在质量上妥协，而这都是 Cravath 的合伙人所无法接受的。同级同薪制度更容易让合伙人把公司放在第一位。即使他们在工作中已竭尽全力，他们也愿意帮助彼此，这也使得首席合伙人较容易指派任一合伙人帮助另一个合伙人。

合伙人一致认为，Cravath 是一家"过度发展的精英男性"公司，甚至包括事务所事实上的女性同事。合伙人认为，假设同级合伙人薪酬存在差异，事务所还能否团结在一起将成为未知数。丹尼尔·莫斯利解释道："合伙人都很自信，他们有很多工作要做，不需要寻找能够呼风唤雨的所谓明星人物。在保持专业价值与维护商业利益的跷跷板上，他们从未想过要'现实一点'或搞什么妥协。"

从理论上讲，同级同薪制度有利于人才招聘，但实际上多数年轻的律师刚进入 Cravath 时，并未期望或计划成为合伙人，所以从时间上和对他们个人而言，同级同薪制度并无多大影响。但对合伙人则不同，一个显著问题是工资收入顶部的 10%～20% 和底部的 10%～20% 的合伙人对律师事务所年收入的贡献差距很大。一些合伙人认为，如果公司完全改为绩效薪酬，他们的收入将会翻番。事务所的超级"大佬们"如果知道在其他公司或地区可以赚得更多，可能不乐意只接受"普通"薪酬，所以其中一些合伙人会在职业生涯的巅峰时期离开。同级同薪制度不鼓励合伙人主动发起或维持开发重要新客户所需的耗时且耗力的活动；Cravath 对将一次性客户转化为主要长期客户的机会通常并不积极。从理论上讲，低效率的合伙人可能会被迁移到后台，并在那里走完职业生涯的薪酬增长的钟形曲线。因此，谁应该成为合伙人的决策极为重要。实际上，任何"搭便车"的合伙人最终都被劝退了。

Cravath 拒绝采用其他公司用来获取经济杠杆的组织手段，例如，收购或合并其他城市的事务所，或将比最佳律师差的律师称为"合伙人"，因为次优律师的报酬较低，而这只会有利于其他合伙人。收购的分支机构通常会带来以下问题：由于本身位置较远，因此无法与"整体办公室"的律师事务所产生密切的个人联系；分支机构也常会发生意想不到的客户冲突；距离遥远和缺乏持续联系，使得律师的执业能力和服务质量控制很难把握。

Cravath 为应对变革带来的挑战，"罪恶感最低"的方式是把特定的杰出助理律师和高级律师的岗位终身化，类似于其他律师事务所的"收入型合伙人"（income partners）。Cravath 通常有 25 个高级律师，并希望鼓励更多未能晋升为合伙人的律师继续留在事务所担任高级律师。Cravath 认为，只要核心成员不变，事务所可以接受律师总数 10% 的人成为高级律师。切斯勒解释说："他们是 Cravath 训练出来的，我们对他们很了解，同时他们也完全符合 Cravath 的执业标准。虽然他们都是非常好的律师，但还不完全是 Cravath 的合伙人。"（如果一个高级律师 3 年内表现出色，那么他会晋升为 Cravath 的合伙人。）Cravath 高级律师的收入远高于大多数律师事务所合伙人的收入，同时他可以处理自己最感兴趣的案件

| 第6章 创 新
改变游戏规则

和问题，为他认为最好的律师事务所工作。但世界上没有什么事情是完美的。自尊心极强的人当被告知不能晋升为合伙人时，通常也就失去了继续留任的自信。有些则是他们的伴侣不能接受：既然你都被他们拒绝了，为何还要继续待在不想要你的事务所呢？

Cravath 的另一项结构创新始于切斯勒与一个年轻合伙人的一次飞机旅行。当他翻看打印出来的合法临时用工费用资料时，其中一项费用之高让他感到震惊：在一个特定的案件中，一批律师被雇用来筛选文件，从中寻找证据。切斯勒谈道："这些费用来自我们的客户，而我们只充当了中介角色，没有任何附加价值。这对我们的客户来说并不划算。从事这项工作的律师对于如何进行 Cravath 式质量探索，缺乏制度性认知；因为每次引入新团队时，都必须重新培训，所以我们无法保证质量始终如一。"他设计了一种更好的方式，让那些偏好固定工作时间的优秀律师——通常是出于家庭原因——仍能珍视自己作为 Cravath 律师的声望。为验证他自己的想法，切斯勒讲道："雇用3个你能找到的最好的律师，让我们来检验吧。"这种做法效果很好，他们与 Cravath 原有的助理律师做得一样好，且成本更低。Cravath 已有的 30 个助理律师是被发掘出来的，他们毕业于哈佛大学、纽约大学和斯坦福大学的法学院。这样的创新对律师和客户而言都有益处，客户得到一流的服务且费用更低，当然对于 Cravath 而言也是一次胜利，因为事务所的利润更丰厚了。

* * *

事实一再证明，卓越公司的所有政策和实践总是紧密契合在一起。Cravath 的招聘、培训、文化以及同级同薪制度协调一致，促使公司实现自身使命。资本集团投资组合管理的多重顾问系统和松紧适宜的投资专业人员弹性组织，以及基于客观业绩的薪酬都符合其独立研究的概念。值得注意的是，通过增加多样化，降低投资组合风险和经理人风险，资本集团实现了分析师、所有者和客户三者皆受益的使命。另外，为培养优秀的投资经理，使其长期保持优异的投资业绩，资本集团创造了一种高效学习机制。麦肯锡重新聚焦于战略和组织，以及在主要行业和特定领域不断增加的专业知识，使其能够利用全球架构为国际客户提供服务，并以其他咨询公司无法匹敌的方式提供就业机会。麦肯锡的薪酬完全基于对有效咨询和团队合作的定性评估，因此无论何时何地，麦肯锡都能够组建最佳的咨询团队，为客户提供服务。如果高盛的文化不是如此专注于内部沟通，并通过开发更好的方式来创造价值和提高盈利能力，它也不可能在创新方面取得如此多的成功。同时，亨利·普卢默的创新为梅奥诊所进入医疗实践本质转型的时代，奠定了成长沃土。大公司的重要创新几乎总是依赖并强化团队合作，这并非偶然。

有时，即使改变游戏方式，也不足以为客户提供最大价值。面对如此局面，伟大的公司并不会就此停步。它们将继续努力，去改变游戏本身，最后往往带来了深远的战略影响。

注　释

［1］ 一个重要的缓冲机制被发明出来，目的是管理某个基金顾问想要出售所持有的全部或部分基金的过程。首先，这只股票可以先考虑转给该基金公司的其他投资顾问。如果他可以接管，那么就进行内部交易，并以实际出售股票的方式来衡量投资业绩。但如果其他投资顾问不想接手，股票再转到市场中完成交易。

［2］ 1958年4月1日，多重顾问系统开始运行，所有必要的记录都由专人保管。对此持怀疑态度的人调侃支持者说："今天是愚人节。"

［3］ 资本集团的校友组织 Primecap 使用的是多重顾问系统的一个版本。先锋基金（Vanguard）为一些积极管理型基金聘请了多位经理，公司会衡量他们的业绩，并据此做出奖励或留任的决策，但并不像资本集团那般协调。

［4］ 似乎是为了证明多重顾问系统难以有效实施，甚至资本集团自己的项目在初始阶段都偶有失败。资本卫士信托（Capital Guardian Trust）公司的投资组合经理——其中有几个在当时还是刚入职资本集团的新手——尝试了他们自己的版本。不同的投资组合经理通常只是随机配对，投资风格往往差异很大，而且相互之间的交流很少，所以当两个具有相同委托权限的机构客户对投资组合进行比较时，往往发现它们非常不同。在新业务的竞争中，为机构基金挑选新投资经理提供建议的投资顾问发现，这种差异完全不可接受，因此经常否决。最后，迈克·沙纳汉去了资本卫士信托做负责人，让投资组合经理采用多重顾问系统的规则。

［5］ 鲍尔无意让麦肯锡成为一个令人兴奋、有创造力的智力领袖。他的目标是让其成为一个谨慎的"快速跟随者"——对于一家服务于大型工业客户的咨询公司来说，这是一个明智的立场。这些客户在自身价值观方面较为保守，希望找到值得信任的咨询顾问，而不是过度的承诺。麦肯锡未明说的战略是，要善于管理客户关系，在新思维方式上可以领先客户几步，但是在促使客户采取行动方面则需要始终保持可靠。

［6］ 波士顿咨询集团也抨击过麦肯锡在招聘人才方面的做法，它在学生报纸上刊登广告称自己聘用了哈佛商学院 1/4 的"优秀"毕业生，并提供巨额"一次性"奖金。

［7］ 曾供职于宝洁的汤姆·威尔逊（Tom Wilson）向麦肯锡的咨询顾问提出了一个挑战，要求测试他们在消费品领域的能力：如果他们是营销专家，他们能解读尼尔森有关消费品销售的报告

吗？除了威尔逊，所有参加测试的顾问都没有通过。这促使麦肯锡开始聘请营销专家。

［8］ 每年两次，来自世界各地各个主要行业实践组织的顾问会在一起待上整整两天，通过分享新进展来寻找互相帮助的方法。多年来，这个项目培养了公司的凝聚力和团队精神，并成为麦肯锡重要的增长引擎。将咨询顾问聚集在一起交流经验和信息，这激励着每个咨询顾问不断学习。正如韦特所回忆的："把我们的所有银行顾问聚集在一起，用两三天的时间来分享信息、想法、技术和竞争故事，一开始只有10个顾问，但后来有更多的顾问参与进来，最终将所有的知识和经验汇集到一起，我们都清楚了各自知道什么，以及谁可以在哪些特定方面提供帮助。同时，这也增加了我们个人和职业上的联系，并稳步提高了团队成员的规范和标准。我们都变得更好了，也更喜欢一起工作。"

［9］ 不但传统的通才模式被取代，而且按地理位置定义的办公室主管的权力最终也通过行业专长得到平衡。正是这些变化，让麦肯锡得以抢占全国市场，从一个办事处借调顾问到另一个办事处工作，而不是坐等每个办事处的需求达到临界规模。凭借这种可移植性和在当地积极招聘顾问的优势，麦肯锡在波士顿咨询集团、贝恩和博思艾伦之前，抢先在许多国家开展业务。

［10］ 韩国和日本是例外，它们都需要本国"内部人士"，而中国则更加开放。

［11］ *The Doctors Mayo*, p.221.

［12］ 现下有超过400万的病人记录存档。任何人想要研究任何一个案例，只需查看病例档案列表并申请所需文件。

［13］ 创新中心成立于2008年，共有70名员工。道格拉斯·伍德博士教授创新能力，并创办了质量学院，以寻求能够改变医疗保健的创新。"我们努力了解公众潜在的需求。这一点很重

要，因为医生通常会从自己开始思考。组织工作极大加速了梅奥诊所创新的进程，并渗透到整个组织中。"

［14］ 成员有托马斯·巴尔、萨缪尔·巴特勒、韦恩·查普曼（Wayne Chapman）、乔治·吉莱斯皮、杰克·赫珀、亨利·赖尔登（Henry Riordan）和理查德·西蒙斯（Richard Simmons）。

［15］ 资本的比例等于合伙比例，并且随合伙人职业生涯的钟形曲线先上升后下降。过去，公司不提供出资方面的帮助，但现在公司帮助安排银行向年轻合伙人发放贷款（公司不借贷经营资金）。此外，公司还确保年轻合伙人获得充足的信贷，以便他们能够购买有吸引力的房屋。

［16］ 合伙人在退休金方面有两种选择：一种是年收入最高的5个合伙人3年平均水平的1/4；另一种是如果合伙人选择在60岁前退休，则退休补助金按保险精算折合率计算。（付给退休合伙人的总奖金上限为合伙企业净收入的10%，相比20世纪80年代的15%有所降低；该事务所在2011年发放的退休总奖金超过了此前上限。）事务所为退休合伙人提供文具、名片、办公空间和秘书协助，但他们为事务所客户工作时不提供额外报酬。他们可以有一些外部客户，但大多数决定继续工作的人都是无偿服务的，但也有一些诉讼律师选择担任仲裁员。合伙人可以选择在60岁退休，享受精算贴现支付，而且在事务所的允许下，合伙人最早可以在55岁退休。

第 7 章

宏创新

改变游戏本身

在组织设计的漫长历史中，组织结构与战略之间存在严重冲突的例子比比皆是。通常，旧的结构会限制甚至阻碍未来战略的优化。在少数情况下，战略与结构的变革相互依赖，即企业战略变革的有效性取决于组织结构的根本变化；在多数情况下，一个组织如果要在原有的战略框架下实现使命，就需要优化组织结构，以便适应所面临的内外部环境的变化。

战略的重大变动往往会招致那些在原有战略和结构下获得成功并感到舒适的既得利益者的反对。他们通过保护旧的组织结构来对抗战略的创新，因此新旧交替很少能够一蹴而就。不彻底的创新总会拖泥带水，而创新的价值同样也需要时间来证明。

麦肯锡的三次战略转型

麦肯锡进行公司化整合，防御性地改变了公司的法律结构，从而能够继续生存，履行使命；公司积极改变组织结构，升级为国际化企业；然后，再次优化组织结构，以协调促进顾问之间的充分合作。

最初，马文·鲍尔反对成立股份制公司，因为他珍视与合伙人相辅相成的精神价值观，但也正是这些合伙人促使他下定决心，将麦肯锡打造成一家真正的专业公司。在20世纪50年代早期，尤因·W.兹普·赖利和埃弗里特·史密斯主张建立股份制公司，这

第 7 章 宏创新
改变游戏本身

样麦肯锡便可以建立合理避税的退休计划。另外，支持这一变革的另一个日益重要的理由是，退休合伙人正在成为年轻合伙人的经济负担——随着服务多年的大合伙人退休，这一问题肯定会变得更加突出。公司的成立也将使年轻合伙人更容易从银行借款并购买公司的股份，同时减轻合伙关系中的个人责任，尤其是随着公司的发展此问题会更加严重。成立股份制公司的其他原因还包括对资本积累的需求，从而为增长提供资金。

史密斯秉持财务导向，积极倡导成立股份制公司。公司运营需要投入至少相当于 3 个月的收入，在这一共识的基础上史密斯指出，要想实现公司的增长，仅依靠合伙人很难募集到相应的资本。个人储蓄——按当时盛行的 70%～90% 的所得税税率——是不够的。杰克·万斯（Jack Vance）指出："公司私有化意味着所需资金必须来自合伙人。早年，麦肯锡招聘的多数人来自有钱的'好家庭'——至少不算穷人，所需的资本金多募集自他们的父母。"

公司发展最少需要募集相当于 3 个月收入的资本金，这是史密斯坚持的建设股份制公司的支点，而鲍尔的愿景是建立一家永续经营的公司，这最终成为撬动该方案获批的杠杆。作为他更早阶段曾反对公司股份制改革的力量的一部分，鲍尔留用了一个顾问，这个顾问向其报告了他认为鲍尔希望听到的内容，即公司股份制改革后会出现的问题，以此期望尽快打消股份制改革方案的落实。之后，一位最初的股份制反对者，合伙人吉尔·克利（Gil Clee）写了一份备忘录，将股份制公司的法律形式与合伙关系的管理价值分离开来。经历了两年的抵制，鲍尔逐渐接受了这种观点：采用股份制公司结构之后，麦肯锡可以成为他想要其发展成为的永续经营的公司，同时仍能保留"合伙关系的价值"。因此，麦肯锡股份制公司于 1956 年成立。

股份制的一个重要结果是，鲍尔同意大幅减少他的所有权份额——从 40% 降至 5%。史密斯的坚持不懈使鲍尔相信，如果麦肯锡想要成为一家永续经营的专业公司，这种付出是必要的。鲍尔以账面价值将他的大部分股份卖给其他合伙人，这与其他咨询公司的领导者的做法截然不同：他们要么卖掉股份，要么因自己拿得太多而损害公司利益。[1] 理特咨询公司和博思艾伦咨询公司都已上市，而 CMP（Cresap, McCormick & Paget）则卖给了花旗公司。波士顿咨询集团的布鲁斯·亨德森和贝恩公司的比尔·贝恩（Bill Bain）均为自己规划了巨额退休金，以至于两家公司都背负着特别沉重的财务负担。[2] 同一时期，证券公司和广告公司也都纷纷股份制，首次挂牌上市。服务机构的 CEO 将持有的股份变现的现象越来越普遍。

鲍尔并非没有意识到，为使麦肯锡成为一家专业公司，他放弃了什么。之后几年，他经常就这一点向史密斯发牢骚。

麦肯锡想成为一家全球性公司的战略目标，始自鲍尔的一次度假。当时，鲍尔和妻子海伦（Helen）第一次离开北美，前往葡萄牙度假，像往常一样，假期里鲍尔也在想着麦肯锡。[3] 美国客户的公司已扩张至欧洲，因此他决定麦肯锡也应该开始国际化。* 20 世纪 50 年代，麦肯锡和其他咨询公司为美国客户提供的涉及国际业务的咨询服务不断增加。1957 年，《商业周刊》的一篇文章指出，当博思艾伦在欧洲设立办事处时，麦肯锡仍然只是一家服务出口商，这篇文章增加了人们对海外开放的兴趣。1958 年，克利在公司内流转了一份支持在伦敦设立办事处的备忘录，强调欧洲共同市场将促使诸多公司重新审视其业务。而以史密斯为首的怀疑者则

---

* 另一种观点是，克利才是那个有远见的人，他是第一个认为公司的未来必须包括欧洲市场的人，而鲍尔最初反对开拓欧洲市场。克利还准确地预测，政府将快速推动商业增长。

指出，美国本土依然存在有利可图的扩张机会，并声称大多数欧洲家族企业——无论是家族拥有的企业还是家族运营的企业，都尚未准备好接受麦肯锡的"高端管理"方法，并且不会接受麦肯锡的高额费用。持怀疑态度的合伙人担心两种成本：一是为新市场开设新办事处的直接成本；二是被派往伦敦而不是留在纽约的顾问的机会成本，后者在纽约能带来确定的高额利润。此外，史密斯也在顾虑如何维持麦肯锡的标准。他坚持认为，如果走向世界，麦肯锡要想在国外像在美国一样变强，其遵守的政策必须一致：任用同等素质的工作人员，以同等水平的费用和同等专业能力，为同等口径的客户提供同等质量的服务。最后他表示，麦肯锡应该在欧洲拥有一家主要客户后，再向国际市场进军。

在一次合伙人会议上，关于扩张国际业务的支持已显而易见。当有人提议有待进一步研究时，鲍尔让大家举手表决。该次会议最终确定支持扩张，第二天鲍尔公开宣布了这一消息。他也很幸运，出乎所有人的意料，荷兰皇家壳牌公司（Royal Dutch Shell）很快成为麦肯锡在委内瑞拉的重要客户。

荷兰皇家壳牌公司于1907年由荷兰皇家石油公司（Royal Dutch Petroleum Co.）和壳牌运输与贸易有限公司（Shell Transport and Trading Co., Ltd.）合并而成，50年后仍保持原有的运营结构。随着时间的推移，它已成为一家旗下由400家子公司组成的集团公司，子公司向伦敦和海牙两个总部中的一个汇报。两家公司都有许多年纪较大的员工，他们在退休前的最后一段悠闲时光被要求举家调往总部。这种结构致使公司成本高昂，决策速度极慢，无法跟上竞争的步伐。

壳牌高管约翰·劳登（John Loudon）认识到变革的必要性，也知道变革会遭到内部抵制，因此他需要借助外部的力量。由于荷兰人会拒绝一个英国顾问，而英国人也会拒绝一个荷兰顾问，于是劳登决定求助于一家美国公司。他从德士古公司（Texaco）CEO格斯·朗（Gus Long）那里了解到麦肯锡和鲍尔的能力。作为考察，劳登请鲍尔对壳牌在委内瑞拉的业务进行组织研究。委内瑞拉是壳牌最大的单一业务（single operation），劳登曾在那里工作。委内瑞拉业务是其全球业务的一个缩影：共有13家运营公司，分别由荷兰和英国两个总部管理。

鲍尔带领一个由4名助手组成的小组，进行了为期3周的初步调研。他们开始追踪决策是如何做出的，尤其是马拉开波湖周围的生产营地[*]。鲍尔工作非常投入，调研期间每月必定访问委内瑞拉1周，并力求严格审核报告的所有细节。劳登去过几次，也经常与鲍尔保持通话。最后，委内瑞拉接受和采纳了麦肯锡团队的建议。

正如预期，不久之后，劳登被任命为董事长，并立即要求麦肯锡研究公司总部的运作情况，但并没有建议将伦敦和海牙总部合并。鲍尔再次领导了这个团队，其中包括3名壳牌高管。通过实地采访得出的主要结论是，业务运营过于集中。最初，壳牌的总经理对此表示反对，但又通过6周多的时间，麦肯锡收集了50个具体的例子，有些甚至非常滑稽，这些最终证明了麦肯锡团队是正确的。

麦肯锡提出了设立地域和职能（比如石油精炼和市场营销）协调员的建议，并建议成立员工服务组织，为公司运营提供建议和制定培训计划，以培育壳牌的文化，促进经验的分享。劳登宣布，荷兰皇家壳牌公司已采纳麦肯锡的建议，同时在英国重要商业出版

---

[*] 该营地被野蛮的蒙特莱奥内印第安人包围，他们能用脚把4英尺（1.219 2米）长的箭射出100码（1码=3英尺=0.914 4米）之远，距离水边200码，工人们被厚厚的栅栏保护着。尽管如此，还是有几名工人在保护圈外被射杀。

物《董事》杂志上发表了一篇重要文章。麦肯锡所推荐的矩阵式组织结构——在欧洲尚属首例——在此后30年一直处于市场主流地位。总而言之,与壳牌的合作,为麦肯锡的国际化开了一个好头。

虽然麦肯锡最初的战略转型是为扩张型美国公司的欧洲子公司服务,但很快主要需求的来源转向欧洲本地公司,它们希望美国的咨询公司就高层管理战略问题提供咨询服务,这其中通常涉及权力的下放问题。壳牌的成功促使麦肯锡赢得了英国帝国化学工业集团(Imperial Chemical Industries,ICI)这一大客户——这家化学公司是英国最大的工业公司,在伦敦有一幢壮阔的总部大楼。到1966年,伦敦办事处已成为麦肯锡除纽约办事处外最繁忙的办事处。

随着英国各大公司的高管接二连三地聘请麦肯锡,"接受过麦肯锡的咨询吗?"成为高管之间的常见话题。拉扎德公司(Lazard)的金德斯利(Kindersley)勋爵将麦肯锡介绍给了邓禄普公司(Dunlop),当时威克士公司(Vickers)的董事长恰好在邓禄普的董事会。随后,麦肯锡顺理成章地打入威克士公司——一家大型企业集团,这带来了劳斯莱斯(Rolls-Royce),继而带来了英格兰银行(Bank of England)和英国广播公司(BBC),又吸引来了皇家邮局公司(the Post Office)。当哈罗德·威尔逊内阁(Harold Wilson's Cabinet)的邮政大臣安东尼·韦奇伍德·本(Anthony Wedgwood Benn)面临是否将邮票价格提升1便士的决策时,麦肯锡被召来了。麦肯锡新上任的顾问迈克尔·艾伦(Michael Allen)在一个邮件分拣处待了一整晚,他发现上夜班的男员工晚上10点上班工作,10点半离开回家睡觉,早上5点半才回来,再工作到6点。也就是说,他们几乎没有工作!麦肯锡很快开始着手组织,处理将邮件分拣业务从电信业务中拆分出去的工作。

诺曼·桑松(Norman Sanson)回忆道:"之后,我们开始甄别谁是最需要我们的咨询服务的客户。经过深思熟虑，我们决心成为客户首选的国际顾问。我们的战略是把麦肯锡的全球组织带到英国，并把重点放在英国公司的国际扩张计划上。在英国，我们被视为英国公司。但我们并不只是与伦敦工作人员一起完成所有工作，而是让整个麦肯锡公司参与进来。"

麦肯锡在享受向英国客户传授管理经验的同时，也即将遭受一次惨痛的教训。希望得到麦肯锡帮助的大公司正在迅速增加，表面上看，麦肯锡所面对的主要挑战似乎只是如何安排服务次序，以便服务尽可能多的客户。这一过于乐观的感知导致问题发生。第一个问题是咨询服务的质量和定制化服务能力下降。资深咨询顾问过度分散，导致工作被安排给缺乏经验的人，同时顾问对工作速度的追求也减少了对每个客户需求的关注和投入。一旦客户失望，他们便不再回来，当然也不会向其他人推荐麦肯锡。第二个问题却让麦肯锡感到意外。潜在客户似乎在无止境地排队等待，而麦肯锡未抓住最好的时机，与这些客户发展出更为牢固的关系。当这些客户的去中心化分权工作完成后，也就几乎没有后续工作或新问题可以让麦肯锡承接，而整个英国需要分权化管理咨询服务的公司总数却是有限的。结果，一个合伙人发现："有一天，当我们从前门往外面看时，发现一个客户也没有了。"幸运的是，此时非洲有很多重要的工作，公司为此忙了一年，正好利用这段时间重组英国业务的发展，然后开始向欧洲大陆扩张。

麦肯锡决定进行国际化后，派出了最优秀的人才。乔恩·卡岑巴赫说："虽然现在看来人才本土化是显而易见的，但也只有在回顾过去时才敢这么确定地说。"国际化步伐刚开始不久，麦肯锡便意识到这一点非常重要：它必须在各个国家招聘、培养麦肯锡的本土顾问。随后，本土顾问和美国派出的顾问都以"国际比赛选手"

第 7 章 宏创新
改变游戏本身

的身份调回美国,这也是麦肯锡成为"一体化公司"的关键所在。

一如既往,麦肯锡走向国际转型的战略之所以成功,95% 在于对战略的实施。这一战略的具体实施就是在一个又一个国家开设办事处。作为一名积极进取的企业家,赫伯特·亨茨勒在莫斯科、伊斯坦布尔、斯图加特、科隆、维也纳、柏林、华沙、布达佩斯以及巴西设立了麦肯锡办事处。前哨部队并不总是成功的,尤其是在早期。麦肯锡在东京开设办事处前,已经历过几次失败,在日本除了三菱重工,几乎没有客户。考虑到总运营费用,日本的办事处要想保本,其日常咨询工作量必须达到办事处可负荷咨询总量的50%。结果是东京办事处每年需承受近 50 万美元的损失。这意味着,一场痛苦的重大重组势在必行,但日本的雇佣条例使得解雇员工既困难重重又代价高昂。此外,麦肯锡在为东京选择早期顾问时也犯了一个错误,即派遣了"有日本背景"的西方顾问。

在新国家设立新办事处,并不是促进增长的唯一战略推动力。麦肯锡的顾问曾多次提出进入新业务领域的倡议。麦肯锡拥有最有头脑的人才,他们认为:我们可以做任何事情,让我们做更赚钱的事情吧!如弗雷德·格卢克当时想扩大信息技术团队的规模,并自认为在 1989 年 10 月已找到办法:收购信息咨询集团(Information Consulting Group,ICG),一家几年前才由来自安达信咨询(Andersen Consulting)和贝恩资本(Bain Capital)的人员一起倡议创立的公司,同时得到了萨奇广告公司(Saatchi & Saatchi PLC)的支持。ICG 的定位是在麦肯锡为客户制定宏观战略后,配合麦肯锡提出建议,并通过与客户一起执行详细的信息技术实施工作。在巴黎的一次会议上,马文·鲍尔发表了反对这项收购的详细讲话,而年轻合伙人则支持并最终成功实现了收购。

收购完成后,作为一种异见和解及团队包容的姿态,ICG 的领导被任命为麦肯锡的董事和业务负责人。这激怒了很多为获取该职位而长期努力的麦肯锡顾问。不过，很快 ICG 的价值观被证明与麦肯锡的文化相冲突。因此，原 ICG 的员工中很少有人能在麦肯锡工作多年。后来，格卢克用移植器官遭遇排斥反应的比喻来说明这次失败的收购。另一种解释认为，"战略的创新"可以归结为本次失败的主因，即当动机和出发点是"挣快钱"时，收购方关于企业文化和使命的长期契合度的思考可能会不再那么小心谨慎。

高盛的欧洲扩张

20 世纪 80 年代中期，高盛将吉恩·法伊夫派往伦敦负责欧洲扩张计划，伦敦当时只是高盛的一个处于亏损状态的小区域，而法伊夫对欧洲了解不多，没有预算，也没有多少职权，同时总部几乎对他也没有任何支持。但他明白，伦敦的大部分员工需要重新更换。正如他后来回忆的那样："高盛绝不是指伦敦的那个高盛！"欧洲其他地方的高盛同样如此。

为使高盛重新成为市场领导者，法伊夫决定推动变革。虽然他明白自己需要他人的巨大帮助，但当时他并不认识任何一位商界或政府部门的变革推动者，甚至不知道如何接触这类人。另外，他也不知晓欧洲各国那些微妙且重要的内部规则和风俗习惯。鉴于此，他清楚高盛非常需要了解当地社会、政治、道德和文化的专业人士，但对于像其他公司一样去聘请一些带有贵族头衔意味的"装饰性顾问"这一做法，法伊夫予以反对。法伊夫要求，高盛所需的专业顾问必须做到严肃对待高盛在各国的商业计划的各方面内容，并就如何发展长期的主要关系给出建议，同时要明白高盛的重要性及所做业务的重要性。

法伊夫明白，有权势的人不愿意只做一个小小的专业顾问，于是他与苏利文·克伦威尔律师事务所合作创建了一家新公司——高盛国际（Goldman Sachs International）。由他担任董事长，这些顾问担任副董事长，其底薪为15万美元，而奖金可高达100万美元。他们一年会见两次，每次为期两天，一次由高盛银行家向国际顾问介绍公司的业务发展战略并认真听取他们的建议，另一次由他们向银行家介绍各自国家的关键发展。

时间流逝，国际顾问一再提出决定性的意见。法国国际顾问雅克·马尤（Jacques Mayoux）是其中的典型代表。当法国石油巨头道达尔（Total）即将私有化时，其CEO决定让摩根士丹利来承接此事。那个周日马尤得知此事，他十分气愤地说："什么？摩根士丹利？这不可能！"他立刻命令司机将其送到那位CEO家里，他气急败坏地对该CEO说："你太让我丢脸了！这次承销不会安排给摩根士丹利！只能安排给最合适的公司——高盛来负责此事。马上去办！"第二天，道达尔宣布其大规模私有化将由高盛负责，道达尔CEO也因其敏锐的判断力赢得了法国商界精英的认可。如果他没有做出这个决定，马尤也已明确表示：他将终生被贴上无能的标签。

罗马诺·普罗迪（Romano Prodi），即后来的意大利总理，当时担任意大利的国际顾问。在幕后，他会以"不要这样做这件事，或按下列方法做这件事"的方式给出建议。当时看来，要达成一笔重大交易，唯一的办法就是按惯例行贿。普罗迪咨询了法伊夫，法伊夫坚持认为，高盛绝不向行贿低头。他们共同制定了一系列举措：一方面，从政治上限制那些寻求贿赂的人，以免他们阻止高盛的业务拓展；另一方面，高盛争取到了关键性观察人士对给予高盛授权的支持。法伊夫回忆道："赢得授权之后，我们在意大利的业务做得很大。"

在战略举措方面,高盛取得的成功势头甚大。但高盛在找到最佳也最有价值的业务之一即投资管理业务的过程中,也经历了反复的自我斗争,而对此过程的观察是有启发性的。多年来,高盛的资金管理规模已从不足10亿美元的小规模,发展至超过1万亿美元的全球超大规模,而高盛之所以能取得如此成果,要感谢那些曾经多次犯过的错误。

20世纪60年代,阿瑟·阿特休尔(Arthur Altschul)因为可以为公司引入资本而成为合伙人,之后由他运营较小的投资咨询业务。然而,这一业务各方面都不尽如人意。因只是投资咨询业务,该业务收费偏低,只有客户授权时,才能执行交易操作。客户群体为富裕的个人用户,他们手持大量证券,但因考虑到纳税而惜售,更不愿意被电话骚扰。同时,随着大部分老客户的不断离世,这项业务的资产增长前景可谓不佳。另外,合伙人相信高盛不应该与其客户竞争。高盛的定位是作为领先的股票机构经纪人,所以要远离蓬勃发展的养老基金投资管理业务。

1969年,当格斯·利维看到DLJ公司(Donaldson, Lufkin & Jerrette)IPO的招股说明书时,情况发生了变化。他发现这家新兴证券公司的投资管理能力非常优秀,费用非但不低还很高。利维迅速行动起来,"我也要参与进来!"他指派合伙人布鲁斯·麦科恩(Bruce McCowan)组建一支年轻有为的队伍,专注于中等市值成长型股票的投资业务,并得到投资顾问的推荐,随后很快就有了客户。但在20世纪70年代的熊市时,中等市值成长股遭受重创,这一新部门也随之陷入困境,开始寻求战略突破。

此时,美国机构投资者刚开始对国际投资产生兴趣。已有几家美国公司与历史悠久的英国公司建立了合资企业。对于高盛而言,关联度最接近的是 KB 公司（Kleinwort Benson）——伦敦一家与高盛已有 50 年业务来往的公司。利维介绍了相关方案，之后快速成立了一家合资企业。[4] 然而，合资企业因为一个老问题失败了，即双方都认为是对方未兑现相应的承诺。直到 1980 年，一家内部机构先买下了 KB 公司的全部股权，不久之后又买下了高盛的全部股权——但仍处在摸索阶段。当时，高盛已完全退出投资管理行业，它就像《伊索寓言》中吃酸葡萄的狐狸一样，对外宣称对重返这一行业毫无兴趣。

1981 年，约翰·怀特黑德接到一位熟人打来的电话，对方是一家只为机构投资者服务的货币市场基金受托人，他正在物色一位新经理。[5] 只有像怀特黑德这样位高权重的人，才能让高盛重新接受回到投资管理领域。10 年间，货币基金的资产规模增加了 40 倍，达到 200 亿美元，但利润仅有 1 200 万美元，只是高盛的一个零头。

也是在那时，研究主管利昂·库珀曼（Leon Cooperman）带着一份商业提议找到高级合伙人罗伯特·鲁宾（Robert Rubin）和史蒂夫·弗里德曼（Steve Friedman）。对冲基金的费用为利润的 20% 外加管理费。20% 的 20% 等于 4%，在库珀曼的推算中，如果 5 亿美元的市场规模做到 20% 的市场占有率，意味着收入可以达到 2 000 万美元，这几乎是货币市场基金利润的 2 倍。但在成立对冲基金之前，高盛曾因其利润丰厚的"水街基金"（Water Street Fund）受到公众批评，这类基金也被称为"秃鹫基金"，主要投资违约债券等不良债权，同时为使收益最大化而与其管理层正面对抗。约翰·温伯格关闭"水街基金"，并命令库珀曼从对冲基金转变为可通过私人客户服务部门向富人出售的共同基金。为避免得罪作为其主要股票经纪客户的机构投资者，高盛设置了以下限制：不得使用高盛的品牌，不得从机构客户挖掘投资组合经理或销售人员，不得与机构客户争夺新账户。总之，库珀曼要想成功，只能通过出色的投资表现赢得客户。

首只共同基金于1990年推出，整体表现不错，但与最初的高期望相比还是令人失望。当库珀曼感到在战略上受限时，1991年他选择离开高盛，并组建了自己的对冲基金，并由迈克·阿尔梅利诺接手相关事务，也就是现在的高盛资产管理公司（Goldman Sachs Asset Management，GSAM）。当合伙人迈克尔·斯米尔洛克被发现错误地将债券分配到不同的账户时，资产募集正取得进展，尤其是固定收益领域。当然，迈克尔事件也提醒了质疑者，经纪人不能被信任为投资经理。随后，糟糕的投资业绩打击到股票业务，一系列可能的收购也并未实现[6]，高盛的投资管理事业再次陷入困境。

行动的失败伴随着战略的失败。高盛的高级合伙人并不了解投资管理业务的潜力，他们只是根据年费来衡量新业务的价值，而不是通过计算未来多年费用的累积现值。他们也没有认识到这些投资管理领域的客户是有"黏性"的。他们担心关键人员可能会因业绩暴涨而随时离开，并把业务一同带走。他们同样没有认识到，长期市场升值将会带来5%～10%的资产增长率。最糟糕的是，他们没有认识到，提高收益的最大优势是高盛集团独特的销售能力。

1995年，汉克·保尔森（Hank Paulson）与合伙人约翰·麦克纳尔蒂（John McNulty）面谈后，确定保持GSAM"建立一家大型公司"的目标不变，但规则要发生重大改变。最终成果将以不同的方式进行衡量：不依据当前的利润，而是根据管理的资产规模，也就是未来的盈利能力。麦克纳尔蒂和保尔森借鉴投资银行的经验和教训来行事，投资银行发展了一项专门业务，将投资公司出售给银行巨头和保险公司，其估值基于所管理的资产规模。保尔森说干就干。麦克纳尔蒂雇用最优秀的人,甚至从重要的机构交易客户挖人。他利用公司的资金收购感兴趣的投资公司,这些投资公司可以从高盛其他部门的重要客户那里争夺业务。没有了限制,麦克纳尔蒂终于可以放手建立一个以资产管理为核心业务的机构。

带着爱尔兰式的讽刺幽默,麦克纳尔蒂对GSAM的联席主管说:

> 你的命运是清晰的!因为你是先驱者!当人们想不起你的名字时,他们会通过打造一座无名的雕像,来纪念你克服疾病、蚊子和强盗等所有困难,开疆拓土与土著战斗的精神。为你而建的雕像,引来鸽子,而给你的奖励是……鸽子屎!

麦克纳尔蒂、戴维·福特(David Ford)、戴维·布拉德(David Blood)和苏珊娜·多纳休(Suzanne Donahue)共同提出一项符合高盛全球雄心的战略。他们提出3×3×10战略计划,包含:3个大洲、3个营销渠道以及10种投资产品。其中,3个营销渠道分别为:直接面向机构客户销售、通过投资顾问间接销售给机构以及直接销售给高净值个人客户;10种投资产品包括各类股票和债券以及对冲基金和私募股权基金。这一战略使得GSAM在未来短短15年内,从一个边缘存在者转变为一台全球主要的印钞机。

与此同时,麦克纳尔蒂也在寻找拥有良好业绩的小型投资公司并进行收购。1995年,GSAM收购了自由资产管理公司(Liberty Asset Management),并将其更名为GSAM的品牌。自由资产管理公司以8 000万美元的价格被收购,收购时其管理的资产总额为25亿美元。10年后,凭借GSAM的资产整合能力,自由资产管理公司的管理规模已突破230亿美元,估值为12亿美元——是最初成本的15倍。此后,更多的收购接踵而至。

1995年春天，乔治·沃克（George Walker）在伦敦问道："你们知道今天我在《金融时报》上看到什么大消息吗？"英国政府希望将英国煤炭委员会旗下250亿英镑的养老基金管理私有化，但两次拍卖都失败了。如果GSAM能够获得这项授权，即使只是一份管理该基金七八年的合同，这也意味着GSAM将突然进入这个封闭型市场，拥有更多优秀人才，并控制大量佣金，用以吸引经纪人对公司、行业和经济体的研究。GSAM为合同支付了7 500万美元（且同时获得了9 500万美元的费用），随后经过几年的亏损经营，最终在英国和整个欧洲建成了投资管理业务。资产也随之迅速增长40倍，从煤炭董事会（Coal Board）成立前的25亿英镑增至1 000亿英镑。

1997年，GSAM收购了大宗商品公司（Commodities Corp.），后者是"另类投资"领域的领头羊，尤其在对冲基金方面。由于市场营销不力，这家公司处于亏损状态，因此收购价只有1 100万美元。10年后，借助GSAM的营销，这家公司管理的资金达数十亿美元，同时利润丰厚。

1999年和2000年，GSAM仍处于亏损状态，但2001年的利润已达2 500万美元，2003年为2.5亿美元，2004年超过10亿美元。然后，GSAM再次遇到麻烦，由于过于注重当前的盈利能力，其资产募集业务与投资管理行业健全的专业纪律严重脱节。GSAM的投资能力严重超卖（oversold），投资业绩不佳，资产外流，盈利能力下降。GSAM的许多高层管理人员来自银行业，没有投资管理方面的专业证书，且几乎每年更换一次。显然，高盛的高级管理层仍不明白，投资管理是一项基于信任的长期专业服务。对于短期盈利能力的强调，将鼓励任何行业在职业标准上的妥协，这通常是一家公司专业能力恶化的引爆点。

第7章 宏创新
改变游戏本身

关注长期价值

资本集团的重大组织变革首先要确保在外人看来几乎没有任何变化：1969年，资本集团成为单一公司控股公司（one-firm holding company）。尽管在转型过程中几乎没有发生任何实质性变化，但资本集团释放出了新活力，在接下来的几年里采取了一系列举措，而这些举措成为推动战略变革的引擎。

资本集团在共同基金业务上相当成功，同时组织内开始呈现组织架构阻碍战略的迹象。举例来说，对于为富有的个人和机构管理投资设立独立业务单元的可行性，公司并没有给予足够重视。资本集团的高级投资经理认为，共同基金的规模庞大且稳步增长，他们没有理由放弃这一业务带来的声名和利益，反而转向一个有风险且规模尚小的初创业务部门，并寄希望于从大银行手中赢得企业养老金业务。要知道，大银行与资深金融高管有着长期的密切联系，拥有强大的资产负债表和完善的信托权力，同时收费也非常低。此外，他们也担心，如果机构业务成功落地，他们将不得不出差，远离办公室和家，从一个城市到另一个城市，出现在客户需要的任何时候和任何地方。因此，人们的普遍反应是负责开创这个新业务的"不要是我！"

在管理共同基金这一久盛不衰的行业中占据核心位置，显然符合每个人的自身利益。这是资本集团的主要业务，也是报酬最高、最有保障的业务，人们因此在公司内部获得地位和威望。与此同时，共同基金的独立董事关心的是如何做到将投资研究等重大成本，公平地分配给不同的业务单元去承担。因此，几位董事反对从共同基金这一资本集团的主要业务中分流人员和其他资源。另外，定价也是一个问题。许多机构客户已开始将巨额资产从银行转移到投资咨询公司，而这些公司收取的费用远远高于资本集团管理共同基金的费用。如果新的机构业务能够收取如此高的费用，董事们又如何确保共同基金仍能得到最好的人才，产生最好的投资策略？

为寻找解决以上问题的组织结构，洛夫莱斯提出"单一公司控股公司"[7]的想法。经过多次会议和讨论，各方才达成共识：资本集团确实应该改变结构，创建一家控股公司——最初旗下只有一家子公司，即共同基金管理公司。沙纳汉指出："创建控股公司，长期来看，带来的影响一定是深刻的。但在'创建'的过程中，我们并不关注结果，只负责提供适当的途径。"

资本集团创建母公司的过程有些诙谐，被戏称为"项目突变"。停留在纸面文件上的控股公司，即资本集团公司，随着一个接一个的真实商业实体的建立逐渐实体化。尽管存在一些严重的内部问题，但资本集团还是成立了一家新的子公司——资本卫士信托公司，专注于大型机构账户。未来30年里，资本集团的机构业务在某段时间超过了共同基金业务。

多年来，收购对于资本集团的重要性非同寻常，尽管其总体表现不佳。回头总结，主要原因在于收购成本过高，同时未达到预期的战略协同作用。大多数的收购由精于销售的卖方推送，而非由聪明且知情的买方促成。通常，失败的收购多由情绪驱动，而非通过理性判断。其中，投资管理领域的收购表现尤其糟糕。但熊市低迷期，资本集团利用自身的严谨分析能力和拥有的充足资源，还是以有利的条件完成了几次非常成功的收购。在20世纪70年代初，当其他机构关注短期问题时，资本集团发现了行业的长期价值所在。此外，资本集团通过激发整个共同基金行业的信任，以及并入资本集团将产生良好效果的信心，让自己成为行业的首选买家。即便是在最糟糕的时期，公司服务的共同基金的股东也对公司保持很好的信任,这种信任被多次证明是至关重要的。最后,资本集团的收购具有以下积极属性[8]:有利的财务条款、适度的资本使用、清晰的战略业务互补性和即时迅捷的组织整合。

作为一个长期决策的组合,尽管有些决策失败了,但资本集团的战略行动在市场大潮转向时,仍能使公司处于有利地位。资本集团根据分析师的专业知识来决定长期投资价值,并由此得到优异的投资收益。资本集团总是把长期的专业价值放在所处环境的商业指标之上。基于此,其投资者和经纪人对公司的忠诚度较高。这带来了稳定的销售增量和较低的赎回率,也是资本集团长期资产和盈利能力双增长的关键支撑。

战略三重奏

大公司的变革,无论是出于被动防御还是出于主动进攻,主要都是通过增加新业务或扩展新市场两种方式实现。在20世纪70年代末,"封闭型小组"(closed panel)健康维护组织①(health maintenance organizations,HMO)的发展——尤其是在明尼苏达州——似乎对梅奥诊所构成了重大威胁:即使是在梅奥诊所,HMO参与者又怎会愿意为单独的医疗服务付费?虽然HMO的威胁很快便消失了,但这让梅奥诊所开始重视向大体量富裕人口提供服务的重要性,这促成梅奥诊所奏响了大胆战略举措的三重奏。梅奥诊所于1986年开设了佛罗里达州杰克逊维尔分校,1987年开设

---

① 该组织又称保健组织。这种组织用预收费用的方式,与医疗卫生提供者如医院、医生等协调,为医疗保险计划、自筹资金医疗保险计划、个人和其他实体提供或者安排管理式医疗护理。——译者

了亚利桑那州凤凰城分校，同时扩大了自身在所处地区的影响力。1983年，在6 854名工作人员和行政人员的支持下，890名医生和医学研究人员共服务了275 800个病人，完成了30 800台手术。到2007年，医生和研究人员数量增至2 706名，其他工作人员增至51 000名，可为52万名患者提供服务，手术数量达76 300台。通过团队合作，梅奥人试图找到最好的医疗知识，并确定最高价值的一次性医疗服务流程，并使之标准化，再通过一项重要创新——梅奥专家问答系统（Ask Mayo's Expert）[9]，即梅奥的线上知识管理系统——将其广泛分发。

* * *

理想情况下，组织结构服从于战略布局，并帮助组织完成使命、实现目标。但当既定组织结构与未来战略发生冲突时，通常组织结构会占上风。虽然不应该这样，现实却是如此。而这一不幸的现实决定了许多优秀企业无法成为卓越企业。结构性改革困难的原因诸多，同时并非所有的改革都是好的改革。在一个有效组织中，人们会自然地追求稳定，倾向于直接使用熟悉的技能重复一直以来的成功。组织结构的改变将导致某些人丧失地位和权力。如果他们恰好是资深且有权势的那批人，他们更关注对自己最有利的一面，而非对组织最好的一面。也正因此，结构性变革和大规模的创新通常需要分阶段实施，而且需要一位坚定的领导者来指导落地。

对于追求卓越的公司来说，领导力是成败的关键。首先，领导力必须与时代和组织的情况相适应。同时，领导力必须能培育企业文化，维持企业使命，确保企业具有优秀人才的招聘、培训和发展能力，并做到从多层面促进创新，让公司所提供的客户服务持续保持领先地位。然而，领导是件难事，而这很少被那些不在"斗牛场中心……直面公牛"[10]的人理解，正所谓"高处不胜寒"。

注 释

[1] 鲍尔充分意识到这是个人的机会，但拒绝利用它。万斯回忆说："鲍尔坚决不公开，公司应该只服务于它唯一的主人——客户，而不是流通股股东。"正如鲍尔在他的口述历史中所解释的那样："如果这种情况真的发生了，那将是为了满足合伙人的贪婪，而不是遵循我们根深蒂固的政策，即把公司传给下一代合伙人，这些合伙人比那些从前任得到合伙人身份的人更强大。这一举动将违背我们建立一家永续经营公司的创始宗旨。"

[2] 贝恩合伙人称赞米特·罗姆尼（Mitt Romney）具有带领贝恩走出严重的财务困境所必需的领导力。比尔·贝恩这笔非同寻常的交易最终导致两个合伙人自杀，由此可见当时压力之大。

[3] 鲍尔有时声称，他是在1940年听到温德尔·威尔基（Wendell Willkie）在总统竞选中发表的关于"同一个世界"的演讲后，开始考虑进行国际扩张的。

[4] 高盛将持有20%，KB公司和McCowan集团各持有40%。这家新公司的最初名称是Kleinwort Benson McCowan。

[5] 保罗·内格尔（Paul Nagel）是时称"机构流动资产"（Institutional Liquid Assets）的基金董事会主席，与怀特黑德一起担任"家庭金融"（Household Finance）主管。该基金的共同顾问所罗门兄弟和第一芝加哥银行在收益率曲线上押错了注，最终"跌破面值"。当经理们准备弥补损失时，受托人决定迅速做出改变。

[6] 1987年，史蒂夫·弗里德曼试图收购罗尔–罗斯公司（Roll & Ross），这是一家由两位杰出学者斯蒂芬·罗斯（Stephen Ross）和理查德·罗尔（Richard Roll）所有的机构公司。但是他们不想成为一个大组织的一部分，所以拒绝了。1994年，著名的机构投资管理公司Miller, Anderson & Sherrerd有意出售，高盛占

据了先机。谈判进展迅速，直到弗里德曼拒绝支付3.5亿美元的交易。一年后，在乔恩·科尔津（Jon Corzine）拒绝重新考虑之后，这家公司以3.5亿美元的价格卖给了摩根士丹利。它成了一家大型企业的核心。科尔津曾与一系列投资经理展开过收购谈判，涉及的公司包括荷宝公司（Robeco）、惠灵顿集团（Wellington）、Grantham Mayo、Van Otterloo和普信集团（T. Rowe Price），但没有一个成功。

［7］ 在那之后，由一家银行控股的公司很普遍。

［8］ 资本集团最大的一次收购以失败开始，而它最大的创业失败则以耀眼的成功开始。1963年，联邦共同基金集团（Commonwealth Group of Mutual Funds）挂牌出售，但其控股股东——一位自豪的旧金山人宣布，他永远不会将公司出售给洛杉矶的公司。因此，资本集团失去了作为收购者的可能性。联邦共同基金集团被卖给了消防员基金（Fireman's Fund），2年后消防员基金被美国运通收购，其基金更名为美国运通基金。10年后，在1973—1974年最糟糕的熊市期间，这些基金的投资表现非常糟糕，因此美国运通几乎绝望地退出了共同基金业务。巨额赎回很严重，但这还不是最糟糕的问题，最糟糕的是这对美国运通形象造成了损害。业绩不佳也引发了人们对集体诉讼及其可能带来的负面影响的严重担忧。通过将管理公司出售给资本集团，美国运通得以从共同基金业务中脱身。1975年，资本集团仅以800万美元的价格，"捡便宜"收购了规模可观的共同基金资产和一群能干的投资经理，以及久负盛名的斯坦福大学捐赠基金（Stanford University Endowment Fund）。

资本集团以1美元加1.2倍账面价值（几乎全部为现金）的价格收购了锚定集团的共同基金（Anchor Group of Mutual Funds），但这项资产的未来账面价值将根据未来赎回情况进行"调整"。

第 7 章 宏创新
改变游戏本身

而这些所谓的"调整"最终将大到足以抵消几乎全部的原始溢价。最后只剩下一只锚定基金,即基本面投资者(Fundamental Investors),继续作为一只独立的共同基金。其他资产则被合并到资本集团的现有基金中,在公司最需要的时刻,以最少的累积成本增加了大量资产,同时提高了资本集团的盈利能力。

资本集团在企业发展方面所做的努力并非总是奏效。但一招奏效就可能成为大赢家。联盟资本(Alliance Capital)差一点以 550 万美元的价格被资本集团从 DLJ 公司手中收购,但联盟资本的首席投资官阻止了这次出售。后来,联盟资本上市,其市值增加了 100 多倍。

投资者海外服务公司(Investors Overseas Service,IOS)也曾被短暂考虑过。资本集团的肯·马蒂森-格斯特(Ken Mathysen-Gerst)是 IOS 的伯尼·康菲尔德(Bernie Cornfield)在瑞士日内瓦的邻居,所以康菲尔德很容易就与他取得了初步联系。然而,收购谈判很快流产,因为通过对 IOS 账簿的认真研究发现,该公司拖欠共同基金销售人员大笔薪酬。此外,康菲尔德华而不实且令人厌恶的个人声誉意味着,他几乎不可能与保守的资本集团达成协议。IOS 及其合同销售项目的负面宣传后来在数年时间里损害了整个共同基金行业的销售。

具有讽刺意味的是,IOS 的管理层和资本集团都没有认识到 IOS 业务的真正实力。IOS 管理层专注于以现金为基础的商业经济,并收取高额的前端销售费用,总担心投资者会提前终止投资。如果是这样,已经支付给 IOS 销售人员的销售补偿将永远无法通过投资管理费收回。然而,他们错了。事实证明,以行业标准衡量,IOS 基金的赎回率异常低,原因很简单:当时,对来自阿拉伯世界、拉丁美洲以及一些社会主义国家的"自由资本"投资者而言,IOS 基金是极其稀缺的可供全球自由申购的避险投资之一。这些资本买家把他们的 IOS 基金证书放在安全国家的保险柜里，然后无限期地束之高阁。由于赎回如此之少，管理 IOS 基金是一项强劲惊人的可持续业务。

［9］ 医学知识的复杂性，加上卫生保健结构的复杂性，使得国家卫生系统和身在其中的医生负担过重。梅奥相信，它的知识管理系统可以在任何地方使用。程序已设定好指导医生识别决策的规则，提醒医生可能的错误，比如，提示医生不要为不寻常的疾病开特殊药；针对一种罕见的综合征，需要注意什么，如何采取行动；哪些新加入梅奥的专家参与到病例诊断中。这个系统让病人的"四分卫"① 即牵头专家不必依靠自己的非正式熟人网络来组建正确的医学专家团队。该系统旨在通过广泛合作实现持续提升。

20 世纪 80 年代初，梅奥增加了卫生保健信息的公开发行。1983 年，《梅奥诊所健康信》开始发行，接着 1990 年又有了《梅奥诊所家庭健康书》。现在，《梅奥诊所健康信》有近 100 万付费订阅者，《梅奥诊所家庭健康书》也已售出 100 多万册。MayoClinic.com 网站每月访问量超过 1 500 万次。

合作小组实践——专家小组会诊被称为现代医学最重要的实践发展。会诊实践已在公立医院和大学医院进行，但梅奥诊所是第一个落实这一实践的私人医疗机构。

［10］ Ernest Hemingway, *Men Without Women* (New York: Penguin Press), 1955.

---

① 美式橄榄球中的四分卫负责领导进攻组的进攻，可以说没有一个好的四分卫，球队的进攻就无从谈起。结合上下文，此处的"四分卫"是指组织病人会诊的牵头专家。——译者

第 8 章

领导力

玩转七种武器的关键力量

五种常见的领导者

领导力的形成部分取决于特定的环境：不同的机遇和挑战铸就不同类型的领导力。外部的机遇和挑战越艰难，越有可能铸就卓越的领导力；而从组织内部来看，领导力是由领导者及其追随者的能力和承诺决定的。对领导力的终极检验，则要看领导者在发挥积极影响的持久性方面所取得的成就。

坦率地说，多数领导者只是传统意义上的事务型领导者[①]（transactional leader）。他们专注于为组织完成预期的常规性工作。事务型领导者擅长完成特定业务和发展业务关系，其中的佼佼者在与客户接触的过程中，能从业务的数量、质量或复杂性上做好表率。他们经由出色的业务成果，提升所在公司的竞争地位和竞争能力，但多数事务型领导者不会考虑对公司的组织结构或工作流程进行变革。因此，无论他们是否被人喜爱，是否令人敬佩或让人感到恐惧，事务型领导者都如同沙滩城堡建造者，最终不会给公司留下任何长期影响。

流程型领导者（process leader）比事务型领导者的层次高一些，除基础业务能力外，他们可以发展提升可重复且可传授的工作流程，有助于更有效地执行同类或相似业务。当方法的优越性被验

[①] 事务型领导者一般也称为维持型领导者、交易型领导者。——译者

证后，流程型领导者可以继续改进其他工作。通常，即便流程型领导者离开原来的组织，经其改进的工作流程对原组织的影响也是长久且持续的。有时工作流程的改进促使组织的运行效率更高，以至于带来战略性影响。

战略型领导者（strategic leader）为更高层次的领导者，这类领导者负责构思并说服他人接受新战略，同时也负责在机构和工作中推动新战略的成功运作。战略方案的区间可大可小，故对组织的影响不一样，运作所需周期也不一样。最重大的战略方案，其影响通常更持久，可以改变组织的结构，改变客户服务的本质，甚至改变公司的竞争地位，即拥有吸引重要客户和一流青年专家的能力。

集权型领导力（command-control leadership）盛行于一个世纪前等级森严的组织中，如铁路、军队、银行、制造业、零售业和保险业，而无法适用于现下的灵活创业、知识型以及市场敏感型的服务机构。在这类活力型组织中，高层领导者可以激活各层级领导者，他们离市场或技术更近，可以做到在全世界范围内不间歇地寻找创造性方法，以应对加速的变化和竞争。

伟大的领导者通常为仆人型领导者（servant leader）。*仆人型领导者从机构中培养流程型领导者和事务型领导者。他们用远大目标、核心理念和高标准来指导这些领导者。仆人型领导者通过激励低级别的领导者，提升公司处理业务的能力、制定成功战略的能力、开发有效工作流程的能力、执行大体量及更高难度业务的能力，同时发展

---

* 罗伯特·K.格林利夫（Robert K. Greenleaf）在美国电话电报公司工作了40多年，受赫尔曼·黑塞（Hermann Hesse）的《东方之旅》影响，在《仆人型领导者》（1970年）一书中创造了这一新词。仆人型领导者先观察同事的需求，然后再通过组织获得成功。其实，这一概念由来已久。

培养未来领导者。通常，变革型领导者[①]（transformational leader）也为人谦虚，但他们更专注于显著且持久地提升公司的竞争力。

卓越的仆人型领导者将确保组织卓越的所有关键因素都处于牢固地位，以及在某些因素上超过其他组织。仆人型领导者的内在品质，如同一个家庭里的一对好父母。合格的父母在不知道孩子未来工作、结婚对象、定居地点的前提下，仍会花费多年时间持续且健康地培育孩子的价值观、优势和技能，然后在合适的时间点，将重要事务的选择权默默移交给成熟后的孩子，让孩子自己决策。同样，仆人型领导者的工作重点围绕组织的内部建设展开，例如：招聘、培训和培养人才；培育企业文化、气氛和认同感；确保团队合作和自我训练；促进内部沟通；确保组织结构与战略匹配，同时战略符合企业长期使命；在各层级培养未来领导者。仆人型领导者在中短期内所采取的一切行动，都取决于他们对组织长期发展的最佳理解。

律师事务所的独裁者

并非所有伟大的领导都是公司的仆人。对于保罗·克拉瓦斯来说，公司反而是为他服务的。资深合伙人罗伯特·斯温回忆道："克拉瓦斯认为，像任何其他成功的组织一样，一家律师事务所必须有强有力的执行领导力[1]，直到20世纪30年代中期，事务所一直处于克拉瓦斯的独裁统治之下。克拉瓦斯从未将办公室政策的最终决定权或对助理律师和合伙人的评估权委托给任何人。与其说

---

① 仆人型领导者常被拿来与变革型领导者做比较，后者亦重视上下协作。领导重心在组织还是被领导者，是变革型领导者与仆人型领导者的区别。——译者

他是一位伟大的律师，不如说他是一位杰出的商人和一位具有法律头脑的推动者[2]。他除了更有效地服务客户外，并没有其他超越性的统领气质。"

应对公司法律实际问题时，克拉瓦斯与同行相比并没有任何优势。在委派工作这门困难的艺术方面，他被公认为大师，且只与其他合伙人训练过的助理律师一起工作。如果克拉瓦斯对委托助理律师办的事情感到不满，他几乎不会再给这位助理律师第二次机会。他在助理律师起草的文件上标记"模糊"或"彻底修改"等简短评价，并要求其在极短的时间内完成修改并重新提交，而通常这样的时间短到只够重新打印。克拉瓦斯常常在音乐会或晚宴结束后，要求助理律师到自己的公寓继续开会，会议常持续至午夜之后。尽管这样，他仍会要求他们在第二天上午9点把修订好的完整文件送到他的办公室。

曾经有一位助理律师接到克拉瓦斯的简要说明，但他认为说明有误，并于凌晨2点返回办公室翻阅法律书籍，起草完成了一份他认为正确的文件，放在了克拉瓦斯的办公桌上。第二天早上，克拉瓦斯看过文件后脸色发青。他拒绝接受异议，并将一本法律书砸向这位助理律师，同时撕烂了起草好的文件，大喊："关于法律，我积累的经验远多于你，还轮不到你来教导我什么是正确的！如果不能按照我的要求完成，你可以直接卷铺盖走人！"随后，这位助理律师依照原来的指示拟好内容。对此，克拉瓦斯满意地说："我就知道你能按照我的要求完成工作！"

然而，这位助理律师仍平静地坚持自己的观点："我始终确信你是错的，希望你能看看我之前整理的那些案件。"在研究过这些案件后，克拉瓦斯意识到自己错了[3]，于是打电话给那位助理律师，但他既未道歉也没解释，只是说："把你昨晚准备好的文件交给我。"之后，克拉瓦斯再没提及这次错误。

显然，称赞员工从来不是克拉瓦斯的处世之道。有一次，他因做手术离开了两个月。一个年轻的合伙人熟练地处理了一起复杂案件，客户对此很满意。克拉瓦斯回来后对这个合伙人说："你做得很好，客户们非常满意。"合伙人感到很意外："我很高兴你能肯定我的工作成果，这是你第一次称赞我的工作。"克拉瓦斯对此冷冷回复："把工作做好是应该的事情，不要期待别人表扬你。"[4]

到1960年，独裁经营Cravath事务所的时代已经过去，事务所变为由4个资深合伙人[5]共同领导。之后，Cravath事务所再也没有独裁者，而由仆人型领导者将事务所引入持续性辉煌。1980年9月，萨缪尔·巴特勒应邀成为Cravath首席合伙人，他回忆道："其实，我并不想当首席合伙人，但同时我也不希望由别人来当Cravath的首席合伙人，所以我才接受。"在推选巴特勒成为首席合伙人前，前任首席合伙人撇开了几位年长者而选择了显然可以长期担任首席合伙人的50岁的他。巴特勒并未让人失望，他随后担任了18年的首席合伙人。甚至到现在，合伙人仍高度评价仆人型领导者巴特勒，正是因为他，尽管行业经历了如此多、如此长时间的经济压力和变化，Cravath仍很好地适应并成功生存下来。正如一个合伙人所说："巴特勒需要Cravath的程度远不及Cravath需要他的程度。"

如今，Cravath领导者的传承模式为，首席合伙人先与其他合伙人协商，然后在Cravath股东大会上公布继任者名单，并通过股东大会争取多数人的同意。股东大会从未有过反对意见。继任的首席合伙人在成为首席合伙人前一年当选，并在那一年担任副首席合伙人。由于目前退休年龄为65岁（曾经是70岁），现任者将在退休前两年即63岁时从首席合伙人的职位上退下来。巴特勒70岁退休，在 68 岁时卸任首席合伙人。他担任首席合伙人一职 18 年，卸任后的第一次例会上，巴特勒表情严肃地与其他退休合伙人坐在一起，他遵循惯例，除被直接提问外从不发言。

保罗·克拉瓦斯于 1940 年去世，享年 79 岁。与那时相比，Cravath 已成为一家更好、更强大的事务所。在那之后，事务所有了更多的学院式领导者。但如果没有克拉瓦斯变动不居的领导方式、卓越的组织创新能力——直到今天仍被尊称为"克拉瓦斯体系"，以及他开发的企业客户，Cravath 永远不会有今天的成果。保罗·克拉瓦斯是一位伟大的事务型领导者和一位强有力的流程型领导者，他对事务所产生的影响强大且持久。当然，克拉瓦斯对成为仆人型领导者从不感兴趣。

掌门人的更迭

或许对于一家专注于管理的咨询公司来说，麦肯锡几乎拥有一批深谙各行各业的领导者。每个咨询顾问都是潜在的领导者，这同海军陆战队中的每个军人都是潜在将军的道理一样。目前，麦肯锡拥有数百名优秀的战略型领导者，超过 1 000 个咨询顾问作为事务型领导者服务于特定客户。

马文·鲍尔对麦肯锡做出了巨大的贡献。1967 年，当他漫长的任期结束时，马文·鲍尔带领的麦肯锡表现虽然不错，但并不像一家专业公司那样优秀。那时的麦肯锡处于中等盈利水平，只能为其最佳咨询顾问支付一般薪酬，暂无强有力的接班人，同时面临严峻的外部竞争。为了便于挑选继任者[6]，麦肯锡成立了一个临时执行小组，由鲍尔和最有可能成为下一任董事总经理的三名董事组成。这三位候选人，鲍尔分别选择了埃弗雷特·史密斯、吉尔·克利和迪克·纽舍尔（Dick Neuschel）。经过几轮投票后，执行小组"一致"同意克利当选。随后，鲍尔退居幕后，并一直担任"高级顾问"直至80岁，他没有日常薪水，仅根据客观评估发放年终奖。

克利试图为麦肯锡营造"个人拥有最大的创新机会、团队合作自由度，以及严格的质量监控"这样一种工作环境。但仅一年后，克利死于肺癌，消息一出，整个公司震惊了。杰克·万斯回忆说："克利意想不到的离世让整个公司又回到了原点。克利是唯一可以补足鲍尔卸任空缺和居间调停的人，他极具同理心，人很善良。他的离世让我们备受打击。"

克利离世后，李·沃尔顿（Lee Walton）被选为董事总经理，李·沃尔顿是折中候选人，他不是典型的麦肯锡人（个子不高，没有研究生学位）。随着公司的迅速扩张，麦肯锡的财务开始出现问题，这使得公司在行业内处于被动地位。但合伙人彼此鼓励："我们可以不要奖金，只领基本工资，这样公司就可以挺过去了。"在波多黎各的一次会议上，合伙人被告知，准备好个人资产，以便响应公司的募资需求。幸运的是，这样的募资一直未真正执行，但沃尔顿开始公开抱怨领导工作带来的负担。在原本属于克利的2年及紧接着的3年任期结束后，他再也无法忍受领导工作的繁重压力，动身前往得克萨斯州，并在那里顺利为公司建立了达拉斯和休斯敦办事处。

沃尔顿离开后，罗纳德·丹尼尔被邀请竞选董事总经理，阿尔·麦克唐纳和杰克·卡德韦尔（Jack Cardwell）也参加了竞选。但是，丹尼尔拒绝了，因为他在纽约担任办事处主管才3年，他认为在纽约还有很多事情要做，不能那么快换职位。在加入麦肯锡之前，麦克唐纳一直是西屋电气的销售经理，他大胆地说出竞选董事总经理的理由："我做人做事不屈不挠，知道如何以一种商业化的方式管理公司，也有能力解决实际问题。"当伦敦出现收入大幅下降时，麦克唐纳负责的巴黎客户活动却一直很活跃，这似乎证实了他所强调观点的正确性，即严格管理成本以改善公司的经济状况。

几轮投票结束后，麦克唐纳以微弱的优势当选董事总经理。麦克唐纳上任后，首先更换掉一半的办事处主管，同时停止向退休的兹普·赖利支付额外津贴，而其他人不认可此做法。随后，麦克唐纳宣布公司已"基本完成扩张"。起初，由于缺少了麦克唐纳强有力的领导，咨询顾问开始为巴黎办事处的未来感到担忧。而在实际工作中，麦克唐纳的策略是持续减少主要客户的重复性工作，以便公司留有余力拓展新业务。这一结果导致巴黎办事处增长过快，将公司在法国的特许经营权几乎一榨而光：客户收到的研究报告太多，以至于无法吸收和实施麦肯锡推荐的所有行动建议。那段时间，西班牙、葡萄牙和阿尔及利亚的客户拓展掩盖了巴黎业务的失衡，使得巴黎办事处的问题没有暴露出来。到1973—1974年，巴黎办事处的业务崩溃了。

麦克唐纳属于自上而下风格的CEO，在他的带领下，公司纪律更加严明。一些人对此表示认可，但也有一些人认为这一切太快了，伴随的压力也很大，因此激怒了很多人。马文·鲍尔后来说："'老大'麦克唐纳有一个致命的缺陷，就是他所做的一切都是为了让自己成为'老大'麦克唐纳。"在巴哈马群岛的合伙人会议上，麦克唐纳做了一份报告，其中展示了收入的增长、成本的下降和利润率的提高。显然，他为这一成绩感到骄傲。然而，后排的4个资深咨询顾问开始窃窃私语，嘲讽报告内容及其对商业化的关注。他们所担忧的其中一项内容是：商业规则会削弱公司对专业卓越的追求。例如，麦克唐纳为获得更多的"经济杠杆"，大幅提高助理咨询顾问与项目负责人的比例，从而导致负责人没有时间指导初级顾问。很快，这一比例被迫降下来了。

另外，领导者的形象也很重要。鲍尔家位于纽约的布朗克斯维尔，上下班都是乘坐普通列车，而麦克唐纳则专门安排了一辆豪华轿车接送自己上下班。每天中午，司机沿着帕克大街途经 5 个街区送他到"球拍俱乐部"（Racquet Club）吃午饭，结束后再经 5 个街区返回办公室。麦克唐纳将司机安置在他的隔壁办公室，方便他随时派遣。某日，一个同事与麦克唐纳吃完午饭从俱乐部出来。麦克唐纳说："上车吧，我载你一程。"同事回答说："不，谢谢。我走着回去更好。"

麦克唐纳的其他行为同样令人生厌。鲍尔通常用蓝色字体、蓝色纸张将自己备注的信息与其他文件做区分，方便其他人看到。麦克唐纳也会做这样的区分，但他更喜欢彰显自身的特殊地位，采用金色作为区分色。公司安排杰出的图形设计师吉恩·泽拉兹尼（Gene Zelazny）制作出 4 种不同版本的金纸，以便麦克唐纳选择。麦克唐纳在与沙特阿拉伯国王或德国总理会面时，会将行程醒目地刊登在公司内部通讯上。麦克唐纳未预料到，他的行为让他与其他合伙人之间的隔阂越来越大。肖回忆道："麦克唐纳的恣意妄为、特立独行，为罗纳德·丹尼尔的上任铺好了路。"

1976 年，三年一度的新一届选举上，麦克唐纳明确表示继续参选。但是，关于新一任领导，丹尼尔和卡德韦尔已达成一致。卡德韦尔对丹尼尔说："轮到你了。上次的竞选，我败给了麦克唐纳；另外，我即将离开麦肯锡，到莎莉集团（Sara Lee）任职总裁。"随后的第一次投票，丹尼尔以超过 50% 的得票率当选。在未来的领导者中，丹尼尔被认为是麦肯锡了不起的仆人型领导者。

在蒙特卡洛会议上，丹尼尔发表了就职首次公开演讲，表达了他对鲍尔价值观的认同。这些价值观在经历了不断重复、扩展和实际应用后，甚至因某个个人而出现偏离后，反而得到不断强化。诺曼·桑松对此表示："丹尼尔总是主张我们多为客户付出努力，以确保我们能为客户带来实实在在的价值，而如果我们做不到，那么必须改进完善。"即使现在，通过问类似于"这真的符合客户的长期利益吗？"或者"马文·鲍尔会怎么做？"等问题，也可以促使麦肯锡有效地践行鲍尔的核心价值观。在蒙特卡洛，当丹尼尔的演讲结束后，鲍尔走到他面前，用胳膊搂住他的肩膀说："从现在开始，让我们重新出发。"[7]

鲍尔曾苛求但未做到的事情，丹尼尔做到了，他带领公司的所有咨询顾问，让公司走向真正的一体化。丹尼尔认同鲍尔的价值观，同时他的绅士风格使得同样的价值观更具吸引力，更易于公司成员践行并维持下去。丹尼尔从不与人对抗，而鲍尔则经常如此。实际上，鲍尔的价值观和精神得以在麦肯锡制度化，完全归功于丹尼尔。丹尼尔不仅把鲍尔的理念和原则重新带回麦肯锡，同时也将马文·鲍尔打造成麦肯锡价值观和理念的具体象征。比如，麦肯锡各地办公室的接待处，都放置了一张鲍尔的黑白照片；同时他鼓励鲍尔经常访问办公室，并给予他特殊地位。正因如此，鲍尔在退休后的25年里[8]，仍能对公司的价值观与文化（如"麦肯锡绝不仅仅是某套业务系统"）产生重大影响。特里·威廉斯回忆道："丹尼尔是一个有魔力的人。他使马文·鲍尔的公司取得成功，使鲍尔的精神制度化，并将这些价值观沉淀为麦肯锡那些令人信服、具有意义和指导性的愿景，让其成长为一家专业公司。"

仆人型领导者都明白一点：非正式领导比正式领导更强大、更受尊重。对此，查尔斯·肖表示：

> 丹尼尔极具人格魅力，是很多麦肯锡咨询顾问敬爱的"老

大哥"。他非常聪明，曾负责纽约办事处的招聘计划，后来管理麦肯锡时，曾接受他指导的人仍是他的追随者。可以说，他在合伙人之上又建立了一级合伙人。丹尼尔的办公桌上总放着30多张粉红色电话单，而被他委托任务的人会打电话向他通报情况。

丹尼尔担任总经理一职12年。[9]前董事迈克·布尔金（Mike Bulkin）回忆说："丹尼尔在第一个任期内，就已展示出他在挑选未来年轻领导者方面的出色能力，并敢于承担一定风险，赋权给年轻领导者。"丹尼尔在战略和组织方面采取重大举措，建立委员会的治理结构，并使其良好运作。他提高了财务部的质量标准，精简了薪酬政策方面的烦冗程序，同时扩大了公司的招聘范围。在他的带领下，公司开始大幅提价，对此他表示："我们可以这样做，而且为了公司，也为了那些真正希望得到麦肯锡一流服务的客户，我们必须这样做。"他从公司挑选出善于思考和领导的人，无论他们身在何处，他定期召集他们参与制定公司的战略方案。

在丹尼尔任职期间，麦肯锡战略性成功的关键标志，不只是公司的国际化远见，更在于它注重各国的"本土化"战略。起先，各地办事处的顾问群体以美国人为主，但各国策略的最终目标为：让在美国接受过培训的本土顾问服务本地客户——这些客户通常为大型跨国公司。

丹尼尔将公司领导权从他这一代人转移到年轻一代。他发现，公司内部的权力与主要事务所负责人的职位紧密相连，导致他这一代人长期以来毫无竞争压力。此外，彼此之间的合作也不紧密。像地方办事处经理这样的职位，一直以来都是长聘制，几乎没有变动。于是，在丹尼尔的倡议下，麦肯锡对战略进行了为期2年的内部研究，同时对治理方式进行了为期18个月的研究，从而确定了保持管理职位开放的新方案，要求领导层进行轮岗，办事处经理平均任期为5年，年限为3~7年。此后，一直沿用轮值制度。唐纳德·韦特表示："在麦肯锡，没有永久的角色或职位，没人能长期掌控任何事情。"

丹尼尔注重专业能力，并借此将领导责任下放给尚未晋升为合伙人的员工。有技巧地选出未来接班人，做到这一点至关重要。丹尼尔做到了，部分源于他长期坚持用午餐和晚餐的时间结交年轻顾问，了解他们的长处和短处。在他的任期内，被判定有领导力的咨询顾问人数翻了一番。

为使麦肯锡取得成功，丹尼尔明白公司作为整体必须具备合作能力。也就是说，纽约办事处有责任向德国办事处提供资源支持；洛杉矶办事处要遵守规定，向阿姆斯特丹派遣明星顾问。幸运的是，在麦肯锡的绩效评估过程中，对工作质量的重视要远超收入、成本分配或对个人贡献量的争论。因此，根据经济学理论，各国办事处之间的资源转移在内部很少会遇到阻力。

弗雷德·格卢克是丹尼尔的继任者，他的聪明才智和颠覆性的领导风格让其他人大吃一惊。"弗雷德·格卢克会先问你对某件事的看法，在听了你的意见后，他开始挑战说你错了！"一个咨询顾问回忆道。当时有同事警告格卢克说："弗雷德，公司已经失控了！"格卢克笑着回答说："确实，因为这都是特意谋划的一部分。我们的目的是让有活力的人开展创造性的活动，而不是限制他们。"

格卢克之后，是拉贾特·古普塔（Rajat Gupta），他是一个印度人，被视作麦肯锡在亚洲进行扩张的最佳领导者。再之后是伊恩·戴维斯，一个英国人，在处理麦肯锡各国分支机构方面极为老道，在其考察各国分支机构阐述公司核心价值观的同时，以令人感到亲切、体贴的姿态深入了解并倾听各分支机构的心声。2010 年，加拿大人多米尼克·巴顿（Dominic Barton）当选，他曾在韩国工作，对麦肯锡中国的发展贡献尤其巨大。2011 年，麦肯锡因古普塔遭遇危机，巴顿在处理此事的过程中展现出了卓越的领导力（见第 10 章）。

麦肯锡以特别的方式对自身进行客观的管理，当"麦肯锡方式"迅速成长并制度化后，总经理作为领导者的影响力相对下降，但其仍负责确定公司的总体基调和方向。除公司体量外，还有两个因素尤为重要。作为一家善于分析的组织，麦肯锡在各领域——招聘、培训、管理业务、薪酬制定，以及从咨询顾问到主管[10]和从主管到董事的职位晋升——都制定了严格的流程。此外，有超过 400 名董事被选为领导者，可以说，麦肯锡具有可辐射至公司各处的强大能力。

投资银行的那些"大佬"

当一家公司成长为一家伟大的公司后，仆人型领导者的重要性便与日俱增。在高盛，西德尼·温伯格对管理、规划或组织的兴趣并不比纽约另一头的保罗·克拉瓦斯更大。公司的存在好像就是辅助他处理客户的交易，尽管公司的规模不大且没有强大的竞争力，但他在华尔街的名气很大，企业客户几乎都是温伯格一个人的客户，可以说，高盛就是温伯格的公司，他的独资企业。

只有像格斯·利维一样强大且有动力的领导者才有可能继承温伯格的衣钵。虽然温伯格尊重利维的干劲和能力，但他并不信任他，因为利维是个商人，他逐利的商业头脑可能会导致高盛偏离温伯格所关注的投资银行业务，损害他所珍视的诚信声誉。因此，1969 年利维接手高级合伙人一职后，温伯格仍保持对合伙人门槛以及合伙人比例的唯一控制权。在他把办公室搬到上城区之前，他成立了一个管理委员会来监管运营决策。利维只有 49% 的投票权，这意味着每次决策时，他需要至少赢得其中一位委员的支持。另外，温伯格在委员会中也安插了自己的亲信眼线，他们会向温伯格汇报一切事务，以便温伯格通过他们控制投票权。

表面上，利维对温伯格的安排好像很顺从，但实际上，他一直通过各种方式削弱委员会的作用。例如，这样的会议通常时间很短且无固定议程，经常在他很少使用的会议室召开，同时会议室也没有可供就座的椅子。在时间本就很短的会议上，利维几乎一直在处理电话和工作。

华尔街的工作时间通常从上午 9 点半左右开始，到下午 5 点左右结束，但利维上午 7 点到办公室，并以简短、真切、热情的方式开始打电话，这个时间接到电话，常常让电话另一边的人感到疑惑。很快，高盛的其他人也都会在 7 点前赶到公司，这比所有的竞争对手都早两三个小时。打给利维的电话他会自己接听，同时他也要求其他人都能这样做。他的两个秘书也整天忙着打电话、发邮件。因为每天晚上都会陪客户吃饭，所以通常晚上他要吃两顿饭。他不仅在每天 8 小时的基础上又增加了 6 小时的工作时间，同时也加快了处理事务的速度。他厌恶矛盾和不确定性，对于他提出的问题，也只希望得到简短而具体的答案。有一次，他的一位同事试探性地说："我们也许（may）可以做些可能（may）有帮助的事情。"利维迅速打断他说："May 一词在高盛只有一种解释，仅指 4 月和 6 月之间的那个月份，May 作为'也许'或'可能'的解释在高盛从来不存在。"

一般来说，出色的事务型领导者不会是仆人型领导者，但会是一名战略领袖。20 世纪 60 年代末 70 年代初，利维成为华尔街最有权势的人，他是纽约证券交易所的主席、西奈山医院（Mount Sinai Hospital）的院长、共和党中的一股势力、众多公司的优秀董事，同时他也是纽约慈善募捐活动的核心人物，是当时处于高速发展期的企业集团金融中心的关键人物，是高盛无可争议的领袖。总之，他是公认的赚钱能手。

1976 年 10 月，五月百货公司①（May Department Stores）的董事会会议结束后，利维乘红眼航班②（red-eye flight）从洛杉矶飞往纽约，在公司待了一天之后又召开了纽约和新泽西港务局的董事会会议。在会议上，他突发中风，并于几天后去世，享年 66 岁。他的继任者"双约翰"——西德尼·温伯格的次子约翰·温伯格和约翰·怀特黑德共同接管公司。两位约翰是超过 25 年的朋友，他们在同一天成为合伙人，而这样的合伙关系贯穿了两个人的整个职业生涯。他们相信，在两人的密切合作下，高盛将会成为华尔街的领头羊。共同领导公司的决定成为高盛的一种决定性力量，这也成为公司上下各级领导层广为应用的范式。怀特黑德和温伯格总把公司利益置于自身利益之上，而这一点是其继任者所缺乏的。约翰·温伯格属于高效的事务型领导者，有明确的价值观和超高的标准，从而对战略产生强烈影响；怀特黑德则更专注于公司的建设，属于变革型战略家和严肃的仆人型领导者。在怀特黑德时代，他对公司的长期积极影响比华尔街任何其他的领导者都要大。

约翰·温伯格曾是一名海军陆战队队员，在前线带队冲锋。这

---

① 五月百货公司是一家美国百货公司的控股公司。——译者
② 红眼航班是指在深夜至凌晨时段运行，并于翌日清晨至早上抵达目的地，飞航时间少于 8 小时正常睡眠需求的客运航班。——译者

影响了温伯格的领导风格，他要求管理委员会会议上需要商议的任何提案，参会人员需提前48小时熟悉所有资料，会议上不再预留任何介绍时间，直接进入提问讨论环节，通常这时温伯格总是第一个发问。他解决争端的方法简单、有效。通常，他会把持相反意见的人拉到一边，压低声音逼近他们说：

> 明天中午前，我会把这件事彻底定下来。因此，你们每个人都应该仔细考虑，想明白你们最终的决定，并且这个决定是你们可以接受的，然后在今天的备忘录中告诉我。同时，你们每个人要确保自己关于他人的建议是绝对公平的，每个人都要做到这一点——因为其他人也会同样向我提建议。我会从中选取一种建议。话就说到这里，现在都可以回去工作了。

温伯格为人真诚、直率、受人喜爱，而怀特黑德则善于思考、办事谨慎、广受尊敬，但他从不担心自己温和而理性的指挥方式会使他人受到伤害。关于怀特黑德，罗伊·史密斯这样形容：

> 怀特黑德身上有一种近乎帝王的气质。我这辈子从未见过这样的人，真的很神奇。他会确切地告诉你，他想让你做什么；让你相信自己必须做这件事，别无选择；也会鼓励你，让你相信自己有能力做到，甚至给人一种"只要尽全力去实现，那么可能会喜欢做这件事"的感觉。

随着市场增长带来的机遇，怀特黑德和温伯格继续加快步伐。他们把招聘工作作为整个公司的优先事项，让团队合作和纪律成为企业文化的重要组成部分，同时大幅扩张投资银行业务，并加强人员、流程和纪律方面的组织工作。大多数的工作以低风险、快速跟进的"胜者给予更多，败者给予更少"（feed the winners and starve the laggards）策略为前提向前推进。他们建立了一项以服务富裕家庭为中心的业务，其盈利能力可与公司引以为傲的机构业务相抗衡，且不需要承受大宗交易（block trading）风险。这促使其从中获取大量利润，同时在对冲基金经营领域与摩根士丹利形成双寡头垄断局面。

1981年10月，高盛采取了一项大胆的战略举措：收购大宗交易公司杰润公司（J.ARON），收购时杰润公司所披露的盈利恰好处于顶峰，随后高盛很快发现，这种盈利峰值是不可持续的。这次收购是一个重大失误，由于杰润公司的风险规避型商业模式已严重过时，以至于归为高盛子公司的第1年处于亏损状态。怀特黑德和温伯格每周密集召开会议，努力寻找补救方式，试图转亏为盈，但这需要从战略角度做出重大改变。在鲍勃·鲁宾（Bob Rubin）的监督下，马克·温克尔曼（Mark Winkelman）将杰润公司从谨慎的经纪人业务（agency brokerage）转向大胆的做市商交易（principal trading），尽管公司资金面临风险，但仍在货币交易上投入大量资本。随后，230名员工中有130名被解雇，而这违背了高盛的长期雇佣传统（但也有例外，一个有前途的年轻推销员劳埃德·布兰克费恩被留下）。最终，杰润在被收购后的第3年，其盈利超过1亿美元。又过去几年，加上石油交易和外汇期权业务，其盈利超过10亿美元。

高盛在伦敦的分部曾一直是被边缘化的"局外人"，无法突破伦敦其他老牌金融公司的紧密包围。怀特黑德却一直对此表示不同意见，他认为世界最大、最先进的资本市场在纽约，而高盛能在纽约成为领头投资银行，那么高盛也可以从伦敦开始，变成世界一流的投资银行。于是，公司于1986年下半年开始实施相关决策，即不靠收购[11]，在伦敦将高盛建成市场主导企业。

20世纪80年代，喧嚣的华尔街正处于牛市，高盛也处于快速转变期。部分原因来自公司外部，此时外部机构大宗交易处于增长态势，同时收购集团的出现推动了并购活动的增加，以及联邦政府有意放松反垄断监管活动。部分原因来自公司内部，高盛聚集了越来越多技术过硬、训练有素和雄心勃勃的人才，他们迫不及待想要干出一番大事业。部分原因来自公司内部不断飙升的薪酬水平，兼具创造力、资本、冒险精神和企业家精神的人都可获得高回报。部分原因来自成功带来自信心的增强，而更强的自信心将带来更多成功。还有部分原因来自两位约翰的信念，他们相信，努力工作、细致的客户服务与严格的要求必将使高盛出类拔萃。

在史蒂夫·弗里德曼和鲍勃·鲁宾成为联席主管后，原先由不同部门负责的绩效考核和薪酬开始由这两人集中管理，这使得公司整体更为协调，评估更为严格，同时依据评估结果挑选出异常高效的人才，不管这些人是否急于升迁。任何人的评分结果如果位于第4个四分位数①（the fourth quartile）就将面临解雇风险，如果连续2次都排在第4个四分位数——也被称作"第5个四分位数"，将被直接辞退。同时，高盛传统的"家庭"观念正在逐渐淡化。

弗里德曼和鲁宾摒弃了原先的经营理念，即只要公司卓越，经济收入自然水涨船高，并将工作重心大幅转移到赚钱上。这种转变也在商业战略和薪酬上有所体现。在商业战略上，公司保留了代理业务，并以更具盈利性的方式为客户处理交易事务。此外，公司开

---

① 四分位数是统计学中分位数的一种。一般来讲，所有数值从小到大排列并四等分，4个四分位数都包含总观察量的25%。测量值中最低的25%位于第1个四分位数，介于25%～50%的测量值为第2个四分位数，50%～75%的测量值为第3个四分位数，测量值中最高的25%位于第4个四分位数。原文中关于人才的评分结果应该是从大到小排列的，因此个人工作绩效最差的25%位于第4个四分位数。——译者

始用钱生钱，并在快速变化的债务市场中，从所罗门兄弟公司引入一批债券交易员，用以取代基于服务收费这一无法让公司继续保持竞争力的陈旧观念。

格斯·利维从奄奄一息的债券业务中看到了变化与高额利润的潜力，因此他决定涉足这一行业。但直到弗里德曼和鲁宾亲自接管该部门，并通过聘请经验丰富的在险资本（capital-at-risk）债券交易员，以及将战略从风险规避型的销售与服务转向风险偏好型的自营交易（proprietary trading）后，应税债券交易（taxable bond dealing）的实力和盈利能力才得以体现。固定收益交易（fixed-income dealing）、债券套利（bond arbitrage）和自营交易逐渐成为公司最大的摇钱树，并由此成了公司的权力中心源。

此外，个人薪酬也出现类似变化，个人贡献越来越量化，相应的奖金根据个人当年的业绩表现分发。当然，其他公司也出现了同样的变化。原来占主导地位的诚信和客户利益至上等抽象概念，已转变为一切向钱看。正如一位合伙人所说："一切都是为了赚钱。"

更多的变革即将到来，高盛想领导这场新的变革，即使不能领导所有的变革，也要做到领导其中的大多数变革。20世纪90年代初，弗里德曼聘请了投资银行家汉克·保尔森，让其辅助他发展私募股权（private equity）投资业务。这一步是对以客户利益至上的代理业务、同时避免公司与客户展开竞争这两个原则的一次突破。在各类债券、大宗商品和货币交易中日益庞大的在险资本敞口（capital-at-risk exposures），不仅改变了高盛的业务结构，也改变了高盛自身。在全球市场范围内，高盛开始疯狂扩张，员工达30 000多人，为20年前的10倍。20世纪90年代末，高盛已成为一家拥有巨额永久资本（permanent capital）的上市公司。随着证券交易员让公司的收益越来越多，来自交易部门的同事升级为合伙人的也越来越多。同时，公司的整体业务、领导观念以及价值观，也从投资银行那种坚持发展长期客户的服务模式，转向发展交易员这种追求巨额利润的交易模式。

鲍勃·鲁宾选择离职并加入克林顿政府，并很快成为一名广受尊敬的财政部部长，而高盛的领导层由于他的离开发生变动。鲁宾离开后，留下史蒂夫·弗里德曼独自应对随着交易量猛增而日益艰难的处境。其他人敦促他重新任命一位精明能干的联合主管，帮他分担一部分责任，但他不愿意这样做。密集的决策导致压力越积越大，这俨然成为公司发展的瓶颈和他个人的负担。1994年9月，弗里德曼突然宣布，由于工作中无尽的压力，自己感到筋疲力尽，打算立即退休。对此，管理委员会大吃一惊。合伙人都已注意到公司当年在债券交易中的损失巨大，他们认为，弗里德曼在错误的时间点以错误的方式离开公司[*]，从而导致公司进一步受损。约翰·温伯格表示，用海军陆战队的行话来讲，在危急时刻做逃兵，等同于"胆小鬼"。

为应对弗里德曼的离职，管理委员会必须在不到一周的时间内选出新一届领导者。在这样短的时间内做出领导层选择的决策，有违高盛的传统风格。通常情况下，对于遴选各级领导者这项工作，高盛一直在有条不紊地推动，以便每个人有足够的时间来调整和控制个人野心，而这次时间极为紧张，只有5天时间，且处在债券市场异常糟糕的年头里。雪上加霜的是，接下来的几周内，在熊市的背景下，公司的亏损进一步加重。这一切致使公司的45名合伙人选择退出，这是有史以来最多的一次，其中多数人出于对公司现状和自身资产净值损失的担忧，认为弗里德曼之所以选择此时离开，

---

[*] 在管理委员会得到通知的半年前，弗里德曼已告知鲁宾和公司的内部法律总顾问，但他要求他们不得对外透露任何消息。

一定是他知道一些他们不知道的隐情。

众望所归，领导者的重任移交到乔恩·科尔津身上。他具有不易察觉的感召力和人格魅力，也是一位优秀的债券交易员。在那一批候选人中，大家认为只有科尔津一人至少可以接受。马克·温克尔曼表示："当时，我们谁都没发现，科尔津一直想要成为高盛的高级合伙人，而他的野心决定了他在公司内部建立联盟和忠诚的方式。科尔津是天生的政治家，这种天性根植于血脉之中。"温克尔曼作为固定收益部门的联席主管，他不得不设法与科尔津相处。作为一个典型的事务型领导者，自认为是战略型领导者的科尔津后来并没有成功地实现自我期许。

科尔津很清楚，当务之急是：首先通过裁员，削减公司的 10 亿美元支出；其次，虽然有悖于公司传统做法，但公司需要先抛售表现糟糕的债券头寸，然后组织公司上市。1995 年，他寄希望于通过投票方式，获取 IPO 的许可。但随后，当意识到合伙人对此表示强烈反对时，他宣称 IPO 将"无成功的可能"。尽管如此，他仍保留商榷 IPO 的可能性，以便重新推动 IPO。另外，在未得到管理委员会批准的前提下，他多次推动与一家大型商业银行的合并事项[12]，而这一行为激怒了其他合伙人。此外，他计提 3 亿美元用以拯救美国长期资本管理公司（Long-Term Capital Management），这比合伙人勉强批准的最高限额高出 5 000 万美元，且此时这家公司的高杠杆对冲基金几近崩溃，可能由此引发严重的市场危机。直到 1999 年，合伙人委员会才批准公司推进 IPO，而宣布 IPO 3 个月后，公司不得不尴尬地中止 IPO。渐渐地，人们戏称科尔津为"模糊大叔"，因为他做事总是间接迂回、遮遮掩掩。

约翰·桑顿（John Thornton）加入管理委员会后，只需 4 票即可让科尔津出局——不是让他丢掉管理合伙人的职位，而是直接退出合伙人身份。虽然科尔津很受欢迎，如果让全体合伙人进行投票，他100%仍能继续担任管理合伙人，但是决定是否仍是合伙人的权力掌握在管理委员会手上。保尔森已与桑顿、约翰·塞恩（John Thain）达成协议，要将科尔津赶下台，而他们也确实这样做了。在高盛IPO重新启动后，科尔津被迫退出，保尔森成为公司唯一的CEO。

保尔森否认了这场昭然若揭的"宫廷政变"，并以轻松的态度称这些报道"各方面都不准确"。接着，他轻描淡写地向媒体表示："这只是公司在治理与管理模式上的演化和过渡。"[13]IPO于1999年5月9日完成，而科尔津在5月18日离开了公司，他后来成了美国参议员、新泽西州州长，以及全球曼氏金融（MF Global Holdings）的负责人——这家证券公司于2011年宣告破产。

IPO所带来的巨额财富落入部分合伙人的口袋，这导致合伙人被明确地划分为赢家和输家。尽管高盛努力确保公平，而真正完成IPO那一刻人们才发现，真正的公平其实只取决于权力和地位。公司有如今的实力和盈利能力，离不开怀特黑德、温伯格和其他人对公司增值所做的杰出贡献，而他们已不再掌权，因此在IPO盛宴中他们分羹很少。大部分财富落入管理委员会成员的口袋，他们每人至少获得2亿美元。这样的结果清晰表明，也正如很多人越来越担心的那样，合伙人关系的含义已彻底改变。

保尔森一度制定了与J.P.摩根合并的计划，但由于担心面临大量裁员，并相信高盛可以依靠自己很快强大起来[14]，而在最后一刻放弃了合并。从贡献来看，保尔森推动了私募股权业务的发展，同时促进了资产管理业务的扩张。但与此同时，他也犯了一些大错误，比如在做市商市场崩溃前不久，收购了纽约证券交易所最大的做市商SLK（Spear，Leeds & Kellogg）。另外，保尔森放弃了一直以来让高盛备感骄傲的"不恶意收购"政策，而这只是公司转向特立独行、极度追求利润所迈出的其中一步。

当薪酬不断飙升时，人们对金钱的关注度也以不低于此的速度向上攀升，这也使得向世人证明尊重"老式"价值观的合理性越来越难。随着越来越多的合伙人从交易部门晋升上来，公司内部的重心也随之转移。从20世纪80年代末开始，合伙人中大多数都是交易员。他们没有客户，只有交易对家。多年来，这个行业在投资银行家的透明化服务、文档化方案和广泛化讨论的基础上，建立了一种基于信任的客户关系。通常，交易者是无形的，他们可以随时进入或离开市场，没有人知道他们就在那里，也没有人知道他们做了哪些交易，和谁做的交易，以及交易的结果如何。渐渐地，高盛的"使命"已坍缩至利润最大化上。

2003年，联邦地区法官威廉·H.波利（William H.Pauley）起诉高盛和其他公司，因为它们违反了全美证券交易商协会（National Association of Securities Dealers）这一行业自律组织和纽约证券交易所的相关规定，并被处以巨额罚款。互联网泡沫时期，虽然他们声称自己所做的工作都是公正的，但实际上所给的建议是扭曲的——只有利于帮助公司赢得投资银行业务。波利法官发现，高盛和其他公司明白其中有违法风险，但并未制定有效政策和监督程序以防范风险。实际上，防范风险的检测方法很简单。因为这些公司各自的业务规划中，有要求分析师说明他们如何支持公司获得交易并完成交易。保尔森是一名实用主义者，受到指控后，他打电话给鲍勃·斯蒂尔（Bob Steel）——高盛副董事长兼股权部门主管："鲍勃，你的工作重心就是找到让高盛看起来更好，至少比摩根士丹利更好的方法。相比其他公司，也许我们的分析师确实做了更糟糕的事情，但你的工作目标要明确，即确保我们公司支付的罚款不高于其他公司。"最终，斯蒂尔做到了：高盛在诉讼中"只"被罚1.1亿美元，而摩根士丹利被罚1.25亿美元。

在策划联合排挤科尔津时，保尔森与塞恩、桑顿曾达成一项权力转移约定，即他只担任CEO两年，之后会将接力棒移交给他们。然而，保尔森越来越喜欢这个位置，决定继续留任。桑顿于2003年7月离开了高盛，虽然尚不清楚他是自己选择离开还是被迫离开。再之后，当塞恩看到劳埃德·布兰克费恩被任命为联席总裁后，因为多次见识过布兰克费恩的各式竞争者被打倒"退居二线"的下场，所以他很快下定决心，接受纽约证券交易所总裁一职的邀请，离开了高盛。因此，2006年保尔森就职财政部部长时，布兰克费恩成为当仁不让的继任人选。

布兰克费恩认识到，高盛已在市场、信息独占方面占据重要地位，同时构建了遍及全球金融各领域的优质关系网络。这意味着在激烈竞争的市场上，大公司、中央银行、家族财团和投资机构必须与高盛做生意，高盛掌握交易条件的主导权。虽然高盛代理业务的利润在萎缩，但资产投资业务的体量和利润都在增长。高盛仍需抓住最好的机会，才能继续吸引和留住最优秀的人才，而最好的人才能进一步让高盛保持行业领先地位。

在布兰克费恩的带领下，在将主体业务顺利地从代理服务切换为资产投资的同时，高盛也随之步入下一个崭新阶段。主要的竞争对手也在进行相应的变革，而其中最厉害的竞争对手的变化最大，速度也最快。当然，高盛将继续与世界各地的公司、政府和机构建立牢固的合作关系，因为这些关系将在收购和承销方面为高盛带来巨大优势。但是，这时建立的所谓关系也只是实现利润最大化的一种手段。

虽然高盛开展过多业务会导致利益冲突，但布兰克费恩的处理方式并不像其他银行那样面对冲突直接退出，而是尽可能地掌控和管理这些冲突。正如高盛拥抱市场风险，并从管理风险中谋利一样，在其他公司选择回避时，高盛选择拥抱冲突，并学着更好地管理这些冲突。高盛开始充当自身的法官和陪审团，而这滋生了一种新的风险，尤其是在决策权广泛分散于个人的情况下，至少有部分人开始从自信走向以自我为中心的傲慢。控制这类风险需要更强硬、更有远见的领导者，西德尼·温伯格、约翰·怀特黑德和约翰·温伯格具有这种远见，他们也预感到麻烦即将来临，但他们已经离开了。

* * *

尽管成为卓越公司挑战重重，但要想脱颖而出，只要公司长期做到保持机敏、组织有纪律和员工有忠诚度等主要要素，目标仍可实现。但是，卓越公司也都明白，要想持续获得成功，所需的东西只会更多。

注　释

［1］ Swaine, Volume II, p.12.

［2］ " Paul D. Cravath Dies Suddenly, " *New York Times*, July 2, 1940.

［3］ Swaine, Vol. I.

［4］ Swaine, p.127.

［5］ 他们分别是卡尔·佩因特（Carl Painter）、特克斯·穆尔（Tex Moore）、布鲁斯·布罗姆利和唐纳德·斯沃特兰。

［6］ 在董事总经理选举过程中，所有董事都有一票。所有董事都被假定为候选人，规定不得进行自我推销和竞选活动（回头

看，有些人觉得格卢克和拉贾特·古普塔都曾向他人做出或暗示承诺，以赢得更多选票。）当下，董事首先投票选出 7 个候选人。投票过程将重复进行，直到有 1 个候选人的票数超过 50%。每轮投票间隔几周，以便有时间对候选人进行调查和讨论。年轻的候选人有一个内在的优势：在组织金字塔中，总是有更多的年轻董事。

［7］ 丹尼尔担任纽约办事处负责人 6 年和董事总经理 12 年，18 年来一直处于公司领导中心。

［8］ 鲍尔实际上"退休"过三次，分别在其 60 岁、80 岁和 87 岁。

［9］ 根据公司的规定，58 岁的他已经太老，不能再连任 3 年。一些人认为他在第 3 个任期已没有足够的激情和信念，同时 4 个 3 年的任期太长，而他之所以能坚持下来，似乎是因为他别无选择。

［10］ 成为主管大约需要 6 年，而成为董事通常需要 6 年以上。主要负责人和董事的评估依据相同的三个因素：客户发展、客户服务和对公司内部其他人的价值。董事的选举是由董事会决定的，而不是由某个领导决定的。在 700 名主管中，每年约有 120 名被评审为董事候选人，其中 80～100 名将获得晋升。随着时间的推移，大约有一半的主管成为董事。其他主管在被评估前已离开，而被选为董事的主管中约有一半会离开，通常是加入所服务的客户公司，担任高层职位。公司现在有 400 多名董事。

麦肯锡每年都会从底部剔除 5%～10% 的人，而一些最优秀的人才也会被淘汰。彼得·沃克解释说："我们会剔除那些对报酬过于感兴趣的人。在麦肯锡取得职业成功，取决于不过分表现出对'成功的需求'。"（麦肯锡的高级顾问不谈论薪酬，但确实喜欢高薪。）因此，麦肯锡在确保相当大的同质性的同时，也引出了一个潜在问题。于尔根·克卢格忧虑地表示："麦肯锡的文化是力争成为顶尖企业的前 1/3。

我们必须与'小成即安'的文化做斗争，争取向更高的目标迈进。"

考虑到公司目前的体量——8 000名顾问和近7 000名各类支持岗位的员工，麦肯锡全球领导者认为，当前治理过程已建立完善，公司可以提升内部评估过程，而无须改变公司成长所需的规模，只需将更多的人投入已建立的治理过程中。另一方面，公司并不期望享受规模经济。克卢格说："在这类工作中寻求规模经济的想法是不合理的，因为仅就规模而言，本身不存在经济或不经济。此外，我们也不清楚是投资过度还是投资不足，但我们知道，我们在严格评估人才方面是一种投资，而不是支出。"

[11] 当新任德国事务主管菲尔·墨菲（Phil Murphy）表示，他的目标是成为德国的第一时，其德国同事对他嗤之以鼻，但墨菲不予理会。他按证券业务完成量列出了30家最佳前景公司，并坚持要弄清楚各家公司由谁最终决定选择哪家投资银行。墨菲名单的前两家正是戴姆勒-奔驰和西门子。

"绝对不可能。"墨菲的德国同事笑着说。德意志银行拥有戴姆勒-奔驰30%的股份，并且一直在为戴姆勒-奔驰做所有的交易。1885年，德意志银行创立了西门子。即使到现在，它的董事长也一直由德意志银行提名。对于它们的财务总监来说，选择任何一家新公司提供投资银行服务，都将面临严重的职业风险，尤其是像高盛这样的外国公司。

但墨菲并未听取同事的建议，他已下定决心，义无反顾。

在周六和周日的会议上，以及回到办公室时，没有人谈论过高盛传统上的首要任务：盈利能力。目前，高盛的重点是基于业务量成为"投资银行排行榜"上的第一名，因为这将使高盛在德国成为第一。达成这一目标之后，它将再回头专注于盈利。客户公司前景根据它们支付过或将支付给投资银行的费用被分成三组——"超级联赛"、主要的和重要的业务。然后，每个人都开始工作，确保高

第 8 章　领导力
玩转七种武器的关键力量

盛的每一项能力都能得到大力和持续发挥，以便充分利用任何做生意的机会。西门子是第一个为投资银行服务付费的德国大公司，并很快成为一个大型收费客户。在众多交易中，高盛曾与西门子合作收购西屋电气。

下一个主要目标是另一个巨头：德国电信。在为德国电信庞大的私有化计划挑选主承销商的准备阶段，国际顾问汉斯·弗里德里希斯（Hans Friderichs）悄悄地为高盛安排了一次与德国总理赫尔穆特·科尔（Helmut Kohl）的私人会议。随后，在德国联邦议院的一次特别会议上，高盛的银行家向议员详细介绍了德国电信私有化所涉及的各方面的复杂性。这为高盛奠定了坚实的政治基础，使其得以与德意志银行并列担任首席承销商，赢得作为当时全球规模最大的 IPO 主要国际承销商的授权，戏剧性地展示了高盛在德国快速上升的地位。德意志银行董事长希尔马·科珀（Hilmar Kopper）给予高盛高度赞扬，他说："没有比高盛更能刺激到我的了。你们得到了授权，我们甚至没有想到会考虑你们！"

高盛的这一胜利是通过 6 年坚持不懈的努力和一次重要的运气突破之后获得的：德国电信未来的董事长、能干的罗恩·佐斯（Ron Sommer）此前曾是高盛在德国的顾问克劳斯·勒夫特（Klaus Luft）的雇员。勒夫特的坚持让高盛被选中。史蒂夫·弗里德曼说："假设这笔交易是勒夫特唯一的贡献——如果没有他，这笔交易是不可能完成的，即便如此，这也已经够多了。"

汉克·保尔森决定，金融市场委员会应该放弃其著名的"不敌对"政策，这是他采取的众多行动之一，这些行动都是为了越来越积极地追求利润，并摒弃他所谓的"公关因素"。这是一个如此戏剧性的政策变化，为此设定了两个条件：第一，任何敌意交易都将在美国境外进行，且不涉及美国公司；第二，费用必须高到足以覆盖可能的负面反应或损失。被选中的交易是 1997 年克虏伯（德国大军火制造商世家）对蒂森公司的恶意收购，这是一笔市值达数十亿美元的交易，给高盛带来了超过1 000万美元的收入。此外，此次收购将使高盛有机会击败在德国占主导地位的全国性本土竞争对手——德意志银行。

在高盛的详细建议下，克虏伯实施突袭的时机恰到好处。在德国，复活节周末是一个为期4天的传统节日，假日也包括耶稣受难日和复活节周一。大多数高管都把这个漫长的周末留给家庭组织特别活动，指示其他人不要打电话打扰他们。很多人会选择远途外出度假，去德国众多度假胜地中的一个，他们通常会在周四下午早些时候出发。当然，他们的助手也会和他们的家人一起"消失"。所以，在那个周四下午晚些时候宣布收购要约如同一场闪电战！克虏伯的消息让蒂森措手不及，无法应对。彼时，蒂森的高管已分散在"不为人知"的地方——总部没有助手值班——彼此连续4天无法联系对方。在没有任何商议的情况下，在所有的报纸、杂志、广播和金融新闻服务机构按照克虏伯和高盛所希望的方式报道这一事件之后，蒂森想要组织辩护和回击已不再可能。

对于高盛在突袭行动中提供的建议，欧洲的反应是沉默和愤世嫉俗的，"每家银行都做这种事"。客户越来越多地看到高盛从客户服务和利润的双重目标转向单一的盈利关注——这常常让那些被误导以为自己是客户的人感到惊讶。高盛也认识到自己日益强大的实力，以及公司有能力做越来越多的事情，而且可以赚到钱。但正如怀特黑德和温伯格长期以来所理解的那样，要赢得并保持那些经验丰富的大型客户的信任，并一再成为它们的第一个选择——这需要行动力，并始终以客户高度信任的可靠方式行动。如果一家公司"做所有人都做的事"，那么它就不可能成为值得信任的领头羊。

领导力的一个方面从未改变，那就是人们对真正的领导者总是有更多期望。约翰·温伯格和约翰·怀特黑德都明白，接受这种质的挑战对高盛被公认为行业领袖和各大公司的首席投资银行家至关重要。英国女王的代表库克尼勋爵在与高盛负责欧洲业务的合伙人吉恩·法伊夫多次深入探讨后发现，合伙人埃里克·谢恩伯格（Eric Scheinberg）与罗伯特·马克斯韦尔（Robert Maxwell）之间令人讨厌的交易只是个人行为，不是公司层面系统性的问题；领导力诚信——高盛的品质正是他做出这个决定的原因：库克尼允许高盛向麦克斯韦公司的养老基金支付创纪录的 2.54 亿美元"自愿捐款"，从而解决此事。

［12］ 科尔津发起了与大通曼哈顿银行、梅隆银行和摩根大通的合并谈判。

［13］ "Chief Resigns from Shared Post at Goldman," *New York Times*, January 12, 1999, p.C1.

［14］ 2002 年，高盛与三菱住友银行达成协议，可迅速获得高达 10 亿美元的低成本信贷。

第 9 章

来点运气
有时确实关键

在每个成功者、每个成功组织，抑或是幸福的婚姻中，总能找到因幸运降临而发生重大转机的成分。每家卓越公司在回顾发展历程时，即使回忆起来它的成功是多么必然，也总能一路追寻到一个决定性因素——对，那就是运气！虽然这些包含运气的故事听起来令人愉悦，但关注运气本身并无意义，重要的是运气之外的部分。正如巴斯德（Pasteur）所言，"机会偏爱有准备的人"。高尔夫名将本·霍根（Ben Hogan）曾在赢得某项重大锦标赛后，被问及比赛中所感受到的幸运时刻，他回答说："你知道的，越努力，就越幸运。"

如果不是运气垂青

假如当初马文·鲍尔刚从哈佛法学院毕业时，没有被美国众达律师事务所拒聘，他便不会去哈佛商学院继续进修，更不会在纽约的哈佛商学院俱乐部遇到尤因·W. 兹普·赖利。由此可以推断，如果不是运气垂青，1939年他也无法筹集到资金，从詹姆斯·麦肯锡的遗产中购买到麦肯锡公司。

假如鲍尔最终被众达律师事务所聘用，那么他就没有了商学院背景，也就不会被分配到破产托管委员会（bankruptcy trusteeship committees）任职，更不会遇到詹姆斯·麦肯锡。

假如鲍尔没有遇到 J.P. 摩根的合伙人阿瑟·M. 安德森（Arthur M. Anderson），他将不会获得帮其离开法律部门加入麦肯锡的

MBA 学位。在哈佛商学院就读一年后，在没有预约的情况下，只是因为在哈佛商学院贝克图书馆（Baker Library）查阅 J.P. 摩根合伙人名单时，按首字母顺序，安德森的名字排在首位，他便去拜访了安德森。他以谈论哈佛商学院为由，很快受到接待。坐下后，鲍尔说："安德森先生，我在哈佛商学院已完成一年的学业，成绩很好。但我想从事法律工作，不知道是否值得再花一年的时间和学费来完成第二学年的学业。"

他得到的答复是："年轻人，如果你选择中途退学，那么余生你都需要向人解释，你不是因为不及格而退学的。"

就在那时，鲍尔决定回到哈佛商学院，并对企业管理产生了浓厚的兴趣，当接到詹姆斯·麦肯锡的邀请时，他正准备离开预期的法律职业。假如没有鲍尔坚定的承诺和使命感，就不会有今天的麦肯锡。

始于一场意外灾害

1883 年，假如明尼苏达州罗切斯特镇没有遭受严重的龙卷风袭击，梅奥兄弟也不会——以寻求教诲，而非请求帮助护理的名义——求助于圣弗朗西斯女修道院，院长阿尔弗雷德·摩斯也不会因此受到启发，提议修建一所医院，而这所医院正是后来梅奥诊所的核心组成部分。

一连串看似不可能的事件

资本集团成为迄今为止最大的新兴市场投资管理公司，规模已大于紧随其后的 10 家投资管理公司的总和。这一切源于一连串看起来不可能的事件，其中一些可以说是明智举动的必然结果，而另一些则明显靠运气。

安托万·冯·阿格泰梅尔（Antoine von Agtmael）从耶鲁大学毕业后，进入美国信孚银行（Bankers Trust），由于在培训项目中表现出色，他获得了可在繁华的巴黎和偏远的曼谷任职的选择机会。他选择了曼谷，这令所有人感到惊讶。在接下来的 4 年里，他意识到，欠发达经济体中也存在大型公司。回到美国后，他被调到世界银行的国际金融公司（IFC），这是一个致力于促进欠发达经济体私营部门资本投资的部门。

阿格泰梅尔利用下班时间加入了一个学习小组，研究制定出一套反映此类欠发达经济体公司股票市场表现的指标。尽管投资老手们反对，但这个学习小组仍坚信，应该成立一只基金，投资这类公司中的佼佼者。

为了提高可信度，国际金融公司决定在世界银行体系外，雇用私人部门的投资经理。在一个为吸引潜在经理人而举行的推介会上，"欠发达"（underdeveloped）一词因过于负面而被驳回。两天后，一个更具吸引力的新名词"新兴市场"被选中。

其实当时资本集团原本不在候选名单里。不过幸运的是，美国教师退休基金会（TIAA-CREF）决定退出竞选，对此感到失望的一名员工[1]建议将资本集团加入名单，其中显然也掺杂了她想在资本集团获得一份工作的希望。因为当时资本集团拥有关于国际投资的记录，其中有一些是针对新兴市场的投资，所以最终他们向资本集团发出了投标邀请书。

资本集团的戴维·费希尔最初对此持怀疑态度，但仍决定阅读一下这份提议。阅读完后，根据他的判断，他喜欢这份提议，但也只有他一个人这么想。资本集团的其他人，包括几年前就被这一概念"烫了手"的人，对此表示强烈反对。他们认为，长期以来新兴市场一直试图"新兴"，但从未成功，而这可能让那些对此看多的投资者持续失望。首先，新兴市场的会计核算并不可靠，股票市场既不公开也不透明，而当地内部人士总能优先获取所需的重要信息。其次，更糟糕的是，这些国家税负繁重。同时这些年来，多数发展中国家的资金无法向外转移。另外，货币贬值极为普遍，通货膨胀严重，腐败泛滥。所以，他们认为这些新兴市场会以外人无法预料的方式再次崩盘，而这将严重损害资本集团的声誉。但费舍尔依然对此持乐观态度。

幸运的是，费希尔得到了乔恩·洛夫莱斯的支持，并将提案提交给资本集团的董事会。董事会内部存在分歧，所以洛夫莱斯将其推迟再议。这为费希尔留足了时间来说明为何要向国际金融公司提供亏损提案。最终，费希尔"成功"了。

国际金融公司尽了最大的努力，但仍无法为新基金筹集到足够的投资者资金，使其在纽约证券交易所上市。但幸运的是，当时封闭式国际基金正以大幅低于其资产净值的价格抛售。在资本集团的国际投资业务达到盈亏平衡之前，投资"新兴市场"的需求一直处于不断降低的状态。

为从投资者那里获得足够的投资承诺，以支撑其新增的大量成本，资本集团将目标转向养老基金。这也为接下来的好运气埋下伏笔：贝尔电话公司聘用哥伦比亚大学的罗杰·默里（Roger Murry）教授作为投资顾问，罗杰·默里教授向其列举了新兴市场投资的各种好处，并极力推荐新兴市场投资。于是，贝尔旗下的几家公司委托资本集团进行资产管理。

10年后，资本集团管理的新兴市场投资的资产规模达到130亿美元。又过去5年后，资本集团的新兴市场资产达到了250亿美元，其客户遍及29个国家。这只当初看上去不太可能成功的"丑小鸭"，已经成为"白天鹅"，位列资本集团最重要的业务群组。

那些小意外

Cravath律师事务所的卷宗存档可以完整地追溯到1818年。在20世纪40年代，罗伯特·斯温发起一项追溯公司历史的活动，合伙人都被要求参与其中。每个人都需要翻阅厚厚的一堆文件，并记录与公司历史有关的描述。萨缪尔·巴特勒表示："虽然大家都很讨厌做这件事情，但通过这件事我们找到两件无价之宝——两封手写信件，出自为伊利诺伊州一家被告公司服务的一位律师，他的名字是亚伯拉罕·林肯[①]。"

假如布鲁斯·布罗姆利法官没有与多数法官站在一起，在政治气氛紧张的布鲁克林贝德福德–史岱文森区，针对少数群体的投诉做出裁决，那么他不会在即将到来的选举中失利，也不会回到Cravath律师事务所，而是继续坐在法官席上。但如果他仍是一名上诉法院法官，他便没有机会成为IBM的董事，IBM可能也不会委托Cravath律师事务所负责反垄断案的重大诉讼。这次诉讼案的胜利，让Cravath律师事务所成为"决定公司命运"的重大诉讼案件方面的领导者，同时也改变了事务所的性质及实践方式。

---

① 美国第16任、首位共和党总统，在任期间主导了美国废奴制。——译者

| 第9章 来点运气
有时确实关键

所谓"幸运"只是偶然

互联网泡沫时期，杰克·格鲁布曼（Jack Grubman）成为投资银行及证券分析公司争抢的对象，高盛的汉克·保尔森和高盛其他投资银行部门争着想要聘用他，安排他负责与瞬息万变的通信行业交易有关的工作。尽管格鲁布曼是一名分析师，但他密切关注该领域的交易活动，并对遵守规则和法规始终不以为然。此外，他坚持独立研究，且不用向其上级主管负责的工作方式。研究总监史蒂夫·艾因霍恩（Steve Einhorn）回忆道："将他置于我们通信行业分析部门原有的分析师地位之上，而不是提拔部门自己培养的人才这种做法，对我来说不太公平。另外，他也不是一个好相处的工作伙伴。"

保尔森和其他人坚持认为应该雇用格鲁布曼，乔恩·科尔津不想再处理这件事，并退出相关招聘事宜，这使得艾因霍恩有了拒绝招聘格鲁布曼的可能。但保尔森再次坚持自己的决定，艾因霍恩的建议被否决，公司以2 500万美元的高薪聘用了格鲁布曼。

高盛是幸运的，因为花旗集团CEO桑福德·韦尔（Sanford Weill）随后给出远高于高盛的待遇条件，于是格鲁布曼留在了花旗集团。不久之后，因格鲁布曼在"分析师诉讼案"中有利益冲突违规行为，其雇主花旗集团被罚4亿美元，这是当时最大的一笔罚款。

约翰·温伯格和约翰·怀特黑德担任高盛联席主席时，对公司的影响是多维度的。他们为公司的成功做出了很多至关重要的贡献，其中一份贡献所带来的幸运，直到他们退休后才被证明。

20世纪70年代末的某一天，通过与纽约和新泽西港务局的协商，怀特黑德得到一个以极其优惠的条件长期租用一座新地标建筑（当时的纽约世贸大厦）的连续楼层的机会。这个机会非常有吸引力，因为这样公司可以将所有业务部门整合到一个地点，而不是像当时那样被分散在6幢大楼里。重要的是，这里每个楼层的内部是敞开式的，这符合公司对于大型交易室日益增长的需求，而且长期租金很低。从那些破旧的办公室搬走，搬进地标建筑的高层办公，同时也是在巧妙地向外部宣称：高盛已崛起成为国际市场的领导者。

当怀特黑德向他的朋友兼搭档解释签下这一重大合约所能带来的巨大好处时，他看出温伯格对此不感兴趣，于是转移了话题，打算一周之后再提及这件事。

当怀特黑德再次提出更换工作环境时，这次温伯格的反应更冷淡，所以他又继续讨论议程上的其他项目。

当怀特黑德第三次提起这件事时，温伯格说："约翰，你一直提及这件事，但我永远无法支持这样的搬迁举动。"

"为什么不呢，约翰？"

"我不能在那么高的地方工作。在无法打开窗户的大楼90层，我的幽闭恐惧症又要犯了。请不要再问了，我真的做不到。"

"好吧，约翰。既然这样，我们再找找其他的地方。"

如果不是这个幸运的友情之举，那么"9·11"事件发生时，高盛在纽约的大多数员工和几乎所有的高管正在世贸大厦的高层工作。

注　释

［1］　这名员工名叫珍妮特·希基（Janet Hickey），后来在通用电气内部投资部门担任高级职位。

第2部分

保持卓越

SUSTAINING EXCELLENCE

第 10 章

直面问题

当卓越遭遇挑战

实现卓越领导力——以及组织的长期智能和精神力量——的最佳指标，需要同时做到以下三个方面：适应外部变化；坚守自身的长期使命和价值观；可从内部自我纠错。毕竟，组织是活生生的人类有机体，即使是最优秀的组织也会遇到麻烦，甚至包括本书中提到的著名组织*。优秀的组织能及早发现问题，并果断采取行动。准确又坦率的自我诊断和严格的自我纠错，往往是保持卓越最困难也最重要的部分。资本集团的蒂姆·阿穆尔（Tim Armour）表示："对于管理者和领导者来说，关键在于不断发现问题，努力在问题的早期阶段就发现它们，并采取先发制人的行动，通过改变减轻压力。但要善于决定具体哪些应该改变，以及如何改变。"

最严重的问题通常不易察觉，需要经过很长一段时间才逐渐显现，如同白蚁一样，而那些忙于日常管理决策的领导者已经没有精力发现它们。遇到问题时，简单又短视的反应就是把决定推迟到"明天"。然而，作为领导者，其管理的出发点是要立足于长期成果，要有勇气在证据尚未确凿时，便决定采取纠正举措。因此，领导者必须主动发现问题，特别是当组织变得更大、更复杂时，以及在更多不同国家、文化和市场有更多的竞争对手时，而此时解决问题的关键专业知识通常是本地化的。

---

* 即使是理想主义的、非营利性的梅奥诊所也会偶尔遇到不当行为。2009年，梅奥的一名研究助理发表了17篇论文，阐述他对一种似乎有望治疗某些癌症的分子进行的研究。但梅奥对这一研究结果的真实性表示怀疑，因为该研究助理参与的和不参与的实验结果完全不同。因此，进一步验证时他被排除在外。最终，验证结果证实了最初的怀疑，这位助理也就被解雇了。

古普塔丑闻

2011年3月15日，当来自世界各地的数百名麦肯锡高级合伙人齐聚华盛顿特区开会时，传来了近年来最令人震惊的消息——他们忧心忡忡，因为他们受人尊敬的朋友、前任董事总经理拉贾特·古普塔被SEC指控参与内幕交易。虽然古普塔和他的律师对此极力否认，但仍有报道写出这些指控的具体内容。更糟糕的是，古普塔早在大约两年前就知晓[1]，麦肯锡的合伙人，也是古普塔最青睐的合伙人阿尼尔·库马尔[2]（Anil Kumar），每年从对冲基金帆船集团（Galleon Group）获取约100万美元，但此事古普塔从未告知公司。对于库马尔为麦肯锡客户提供咨询时是否提供内幕信息一事，不管古普塔是否知情，当任何咨询顾问从麦肯锡以外的公司获取金钱时，便已违反麦肯锡长期以来的政策。

古普塔的行为公然违背了公司的核心价值——绝对的专业诚信，而这一点是麦肯锡能够为同行业的多个客户同时提供咨询服务且同时履行保密责任的关键。虽然他不再为麦肯锡做咨询工作，但他仍可以继续使用麦肯锡的办公室和支持服务。作为麦肯锡的前董事总经理*，他从公司获得可观的奖金，并经常自称是麦肯锡的前负责人。

帆船集团掌门人拉贾·拉贾拉特南（Raj Rajaratnam）的14项罪名成立，并被判处11年监禁，1 000万美元罚款，以及没收5 300万美元的非法所得收入。之后不久，联邦检察官指控古普塔犯有6项内幕交易罪[3]，其中一项指控为：2008年金融危机期间，古普塔是高盛的董事，在一次高盛董事会会议结束后，他立即

---

* 2008年，古普塔从麦肯锡获得600万美元。2009—2011年，每年获得250万美元。同时作为高盛董事，他还获得了70万美元。

给拉贾拉特南打电话，告知沃伦·巴菲特将向这家投资银行投资50亿美元的秘密决定。于是，帆船集团很快买入21.7万股高盛股票，并赚到84万美元收益。[4]检方表示，在另一次电话会议中，古普塔向拉贾拉特南透露，高盛将对外公布每股亏损2美元，而不是华尔街此前预期的每股盈利2.5美元。这使得帆船集团在消息传出前卖出股票，避免遭受股价下跌的损失。在担任宝洁公司董事期间[5]，古普塔还向拉贾拉特南透露了宝洁公司将把福爵咖啡①出售给盛美家②的消息。古普塔最终被判犯有3项证券欺诈罪和1项共谋罪，处2年监禁，并罚款500万美元。*

古普塔在帆船集团拥有可观的个人经济利益：他曾向拉贾拉特南投资了3 500万美元（经济利益是披露内幕信息违法活动的诱因）。当时，他正寄希望通过协商[6]，以普通合伙人的身份获得帆船国际15%的股份。他还曾以帆船基金候任主席的身份参与了在阿拉伯联合酋长国的筹资活动。

审讯记录显示，2008年9月23日下午3点15分，拜伦·特罗特（Byron Trott），当时高盛的合伙人，也是沃伦·巴菲特最喜欢的投资银行家，接到高盛联席总裁的电话，被告知高盛打算筹集100亿美元的股本，以向资本市场发出强劲信号。特罗特声称，巴菲特

---

① 福爵咖啡为宝洁的诸多品牌之一。2008年，宝洁与美国食品企业盛美家达成协议，宝洁的福爵咖啡业务部门将通过价值约29.5亿美元的换股交易并入盛美家，交易完成后宝洁成为盛美家的最大股东。——译者

② 盛美家是一家全球知名的食品品牌及制造公司，主要业务有美国零售咖啡、美国零售消费食品、国际餐饮及天然食品三大类。——译者

* 法官杰德·雷科夫（Jed Rakoff）在宣判前称，63岁的古普塔泄露伯克希尔·哈撒韦公司投资信息的行为令人厌恶，是严重的失信行为。但随后掀起了一项宣称古普塔是"好人"的运动——在古普塔的朋友们的精心策划下，比尔·盖茨、科菲·安南、迪帕克·乔普拉等400多名知名人士[7]参与到这项充满激情的运动中来。然而，雷科夫对此表示："但在美国和世界历史中，好人做坏事的事例比比皆是。"在此过程中，古普塔拒绝配合向检察官提供信息，并拒绝认罪，积极为自己的指控抗辩。

第 10 章 直面问题
当卓越遭遇挑战

的伯克希尔·哈撒韦公司属于"基石投资者",他飞往纽约游说,表示如果巴菲特购买高盛的股票将是其最高背书。巴菲特提出,以10%的收益率购买50亿美元的优先股,并获得以每股115美元的价格[8]购买50亿美元普通股的选择权(2012年底,高盛股价超过了120美元)。正如特罗特所言,这位世界上最受尊敬的投资者做出如此巨大的承诺,"对高盛和市场而言都是一件超级、超级大事"[9]。但此事必须最终得到高盛董事会的批准才能执行,于是他们快速安排了一次电话会议。会议在3点53分结束后,古普塔立即打电话给拉贾拉特南,将这一商业机密告诉他。

一旦一种冲动形成,尤其是极具天赋的人有了"想要更多"的冲动,这种冲动便会超越任何理由,而这对个人和组织都是毁灭性的破坏。正如麦肯锡一位为此难过的合伙人所言,古普塔"完全违背了所有人对他的期望"。

事后,麦肯锡迅速采取了3项行动。首先,在得知噩耗的当天,麦肯锡的一位高级主管到公司位于康涅狄格州斯坦福德的办公室,通知古普塔再也不能使用公司的办公室、设施、汽车服务、电子邮件,同时他本人不能再与麦肯锡有任何联系。然而,古普塔并没有悔过之意。

"你太过分了!"古普塔愤怒地嚷道,"公司的合伙人绝不会支持你这么做,你错了!"

这位合伙人信使平静而坚决地回答:"这是公司已经做出的决定[10],并将坚决执行。"

其次,得知库马尔被指控一事后,公司立即对政策和执行进行了严格的法律审查,并在政策、培训和合规方面做了相应完善。

最后,公司现任领导者多米尼克·巴顿与100多名麦肯锡客户的 CEO 进行了一对一的——大多是面对面的——谈话，详细地告诉他们公司正在采取哪些行动，以重新实现其专业精神的核心价值。

经过深思熟虑，麦肯锡的领导者意识到，古普塔在麦肯锡的多年职业生涯中发生了一系列改变。古普塔从麦肯锡合伙人和斯堪的纳维亚地区负责人首次升级为高级合伙人时，为人谦逊，安于中等富裕，被公认为道德领袖。但在第二个任期，他采取了几位较年轻董事的战略，即提高盈利能力，并向最具经济效益的顾问支付更多奖金。在他的第三个任期，对利润和额外支出的追求变得更强烈，以至于弗雷德·格卢克、唐纳德·韦特和罗纳德·丹尼尔特意在香港举办的一次会议上批评了他，坚称他的决策损害了公司的利益。但那时古普塔并未被说服，他没有改变对利润的关注。

伊恩·戴维斯接替古普塔成为高级合伙人，随后大多数曾说服古普塔追求更高利润的董事被悄悄地赶出公司，公司关注专业精神的传统也在稳步恢复。

自我反省

2002 年，麦肯锡与客户的关系曾面临重大考验。当年，在麦肯锡瑞士办事处占极大业务比重的核心客户瑞士航空公司（Swissair，简称瑞航）破产了。麦肯锡得出结论：瑞航本身过于自负的管理是导致其失败的一个主要因素。但麦肯锡负责瑞航的首席顾问因担心惹怒这个最重要的客户，并未对瑞航表达出其行动不符合其战略的担忧，也未能提出令人信服的战略替代方案，最终导致这家航空公司走向毁灭。这位顾问是一位偏颇的独行客，而瑞航这个客户对他和公司来说又如此重要，以至于他的团队成员都不敢履行自己的职责，提出"异议"或"向高高在上的掌权者说出真相"。麦肯锡本可以将责任推给瑞航CEO，但它没有这样做。伊恩·戴维斯以董事总经理的身份，带头在公司进行自我反省，他带着遗憾承认公司在经营方面的失败，并表示即便声名卓著的高级咨询顾问也不能脱离团队单独行事。正因瑞航事件，麦肯锡在瑞士的业务量急剧下滑，于是不得不将瑞士的100名顾问重新分配给德国客户，以让他们保持满负荷的工作状态。幸运的是，瑞士商界对麦肯锡瑞士拒绝指责客户的职业操守表示认可，几年后，麦肯锡瑞士办事处的客户基础得以重建。

当优势变为劣势时

有时问题是系统性的，而内部人士很难识别或承认问题的客观严重性。进入21世纪后的前10年，资本集团的机构部门——资本卫士信托公司，服务于养老基金、捐赠基金和其他大客户——面临领导力方面挑战的"完美风暴"。具有讽刺意味的是，其中一些问题竟来自资本集团的传统优势：无等级制度、分散决策权、注重长期服务的投资经理以及对较长时间表现不佳的容忍度。资本集团传统上青睐逆向投资头寸，而长期投资管理的不确定性往往包括较长的休整期。因此，公司注重长线投资，对高级分析师和经验丰富的投资组合经理采取宽松政策。虽然会经常衡量投资业绩，但公司故意放慢做出判断或采取行动的速度。

对于一群工作努力、竞争力强的人来说，让他们舍弃不再起作用的基础工作，这一过程可能会非常痛苦缓慢。一般扁平化的组织由强大、独立的思想者组成的合伙企业来运作，改变共识较为缓慢，在这些能人分布在不同的地区，都具有多年的成功经验，又忙于履行个人职责的情况下更是如此。资本集团的领导力面临挑战，以上因素只是其中一部分，另一部分与他们最近的历史有关。

20世纪90年代后期，资本集团已有显著优越的投资回报。关于"成功使人骄傲"有一个经典案例，公司的机构投资组合经理在每年以惊人的3个百分点跑赢市场后，开始暴露人性中的弱点，他们坦然接受投资顾问对其杰出能力的赞赏，并享受盈利客户的掌声。另外，资本集团会向取得卓越长期投资结果的经理发放奖金。那些2年、3年和4年业绩骄人的投资经理收到了公司发放的巨额奖金。此外，强劲的投资业绩吸引来更多投资者，这使得公司所管理的资产规模大幅增加，资本集团的收益随之飙升。在投资管理领域，随着资产的增加，盈利能力的增量可能会非常高。资本集团作为一家股权分布广泛的私人公司，高级投资经理的股票和薪酬大幅增加，而这使得他们自满和自负的情绪得以酝酿，并将招致风险。资本集团中并没有人发现这一切，而公司在共同基金管理上的传统规则流程[11]并未在机构投资层面得到严格贯彻。

与此同时，来自国际机构的大量新客户的投资以惊人的速度涌入——这本应是警示信号，却被误解为好消息。欧洲的业务增长尤其强劲，而在资本集团中那些高兴过头的机构投资经理犯了一系列错误，使得拓展新客户这一始终具有挑战性的工作变得更加复杂，其错误包括：新客户受理太快，依赖外部投资顾问来传达公司独特的文化和与众不同的核心理念，未与每位新客户建立良好的专业关系，未确保每位客户完全理解该期望什么。为了满足更多客户的沟通需要，一组新聘任的投资专家安排到位，但机构客户抱怨这种漫不经心的替代安排，因为这让他们无法直接、定期地与高级决策投资组合经理取得联系。此外，资本集团未对其近期投资业绩为何如此强劲给出确切解释，从而给人留下的印象是：未来的业绩至少会同样强劲。

在一项协议中，为适应新的大客户及其顾问，资本集团的投资组合经理同意为新客户定制相应的投资组合。这很快导致针对机构客户的一系列令人眼花缭乱的个性化投资委托：一个客户要求不包含英国的欧洲市场投资，另一个客户则要求只包含英国，其他客户有的要求只包含瑞士或墨西哥，也有客户只要北美市场，还有一个客户要求只包含加拿大，另一个则要求不包含加拿大的北美市场，还有的客户是要包含中国香港市场、西班牙市场和葡萄牙市场的奇怪组合。定制化投资组合后来发展出超过36种不同的委托界定。随着业务扩大，虽然一切看起来都很好，但麻烦正在酝酿。

正如资本集团研究和管理公司副董事长保罗·阿加（Paul Haaga）所描述的那样：

> 当客户告诉我们该为他们做什么时，我们就发明一种新产品，委托业务随之激增。当下看，这好像是对的，因为"市场营销101准则"[①]（Marketing 101）也表示，客户想买什么，我们就销售什么，但对于像投资管理这样难以执行的专业服务来说，这是错误的。随着投资委托的激增，我们接到的"完全个性化"的投资授权遍地开花。实际上，你应该承诺只做一种投资，就是为40个不同的客户做相同的却是你最擅长的工作，这比拥有40个不同的量身定制的投资组合要容易得多。

如此多变的产品线导致投资管理的复杂度成倍上升，同时本应被强化的监管此刻却被稀释了。随着越来越多的经理被要求到外面会见客户、潜在客户和甄选投资顾问，公司内有关投资的沟通越来

---

① 通常是指市场营销领域的101条成功指南。——译者

越少。繁多的管理细节和个性化定制的不同投资组合，分散了投资组合经理在做重大投资决策上所需的注意力。这样下去，投资结果注定一团糟，但当时蓬勃发展的业务和不断增加的薪酬掩盖了这一潜在问题。

对此，詹姆斯·罗滕伯格悔恨地表示："麻烦是慢慢地、偷偷地爬进来的。在复杂的投资世界，问题最初很难发现，在很短的时间内，也很难证实。2000—2005年，我们对这个问题的严重性认识得很慢。"起初，业绩不佳被认为是对多年优异业绩不可避免的一次"回撤"或补偿。在此后又出现连续数月的糟糕表现后，资本集团越来越清楚地认识到，机构投资部门出现了严重问题，以至于到了必须仔细诊断并直接解决的地步。再叠加股市在全球金融危机期间暴跌的因素，资本集团的一系列与之关联的亏损账户终于成了市场的关注焦点。[12] 这迫使已经完成去中心化的资本集团不得不号召来自其他部门的强有力的领导者共同参与问题的诊断和补救，并以此团结大家推动可形成共识的重大变革。

随后，公司开始不动声色地采取多项行动，大幅整合各种不同的投资委托，高级投资组合经理以有贡献者的身份光荣退休，其相应执行权责也被重新洗牌。在资本集团扁平化的组织结构中，未能取得业绩的几名分析师被解雇，而来自共同基金部门的年轻有为的领导者，被悄悄调任到机构部门担任要职。业务纪律得到更新和执行。因此，整个组织已经意识到：问责机制将再次被严肃对待。

对于任何群体，短期内接受的变化并不意味着能长期保持。领导者要确保其追随者能完全理解改变的理由及预期的好处。产品线更新、相应的人事变动、重新校正已偏离资本集团传统原则的投资程序，这三者必须相匹配。投资顾问与他们的机构客户习惯于通过比较投资组合的结构及其所使用的特定投资组合的基准，监测投资经理的决策。但过度的基准比较会导致投资组合经理把太多注意力放在业绩计分板上，而不是真正的投资市场研究上。一次又一次，机构客户与其顾问把注意力集中在他们的基金与整个市场的回报率和投资组合结构的比较上（但是，奇怪的是，他们不在风险和波动性方面做比较）。他们会这样说："你的投资组合对能源股的投资较少，这是它落后于市场的原因。"几乎不可避免，投资组合经理开始关注甚至思考，如何让自己管理的投资组合与市场或基准相匹配或不匹配，而不是关注其投资组合能否产生独特的价值。

在资本集团旗下的共同基金集团，客户的投资顾问不会深入研究投资业绩如何实现这样的细节，他们只看重投资结果，因此共同基金长期业绩良好。但机构投资组合经理则反其道而行之：为了迎合顾问的需求，购买并持有共同基金经理本来会避开的证券。在一次内部投资评估会议上，一位年轻的机构投资组合经理表示："我增持了化学品股票，减持了石油股票。"但他被一位共同基金高级经理拦了下来：

> 暂停！你这是在错误的问题上给出的错误答案。卓越的投资不会这样做。对于一家公司的股票，你要么喜欢，要么不喜欢。你要忽略基准！永远不要"减持"某只股票或某一行业，并认为这是一种投资决策。如果你不看好一家公司，就一股也不应该买入！

这种对抗标志着，原来在资本集团机构投资部门蔓延的危机开始化解。从那时起，经理们常被提醒，要专注于投资背后的商业本质和公司的基本面，而不是基准，当然更不要关注投资顾问可能监控的指标。此外，在公司中"蔓延"的另一个问题是，即在共同基金业务中，因为涉及税收，所以短期获利比较难。但在机构业务中，其主要客户不需要纳税，所以不存在这种问题。因此，资本集团的年交易量从正常的投资组合的20%～30%上升到了100%，决策数量也增长了4倍。虽然这在投资行业并不罕见，但这种周转速度不属于长期投资范畴。这一问题从外部是看不见的，但在内部是不能被接受的。

资本集团管理层需要努力解决的问题是[13]：过去的错误是如何被允许并一步步发展起来的？在尚未有人宣布胜利时，人们已相信，鉴于公司领导者已布置好纠正性任务，且公司文化和使命的核心理念通过规则更新又得到了充分体现，公司一定可以再次实现更好的机构投资业绩。同时，资本集团内部的实际指标显示，机构投资的业务运作已经回到正轨。

然而，很多局外人仍迟迟不愿意以如此客观的方式看待问题。他们仍心存疑虑，并把其他问题混杂在了资本集团的整体问题中。而这些问题有的是真实存在的，但不是系统性问题；有的是关于过去的，对现在而言不再是问题；还有一些是在资本集团当时为追求高于市场平均回报的投资业绩、克服不断增大的难度的过程中产生的新问题。

例如，一位32岁的固定收益分析师曾在2005年严厉斥责华尔街大肆销售的次级抵押贷款组合都是草率承销并误评为AAA级的抵押贷款组合。因此，资本集团避免了对这些组合的投资。后来，罗滕伯格带着职业性痛苦表示："他就这件事发表了一份清晰、直接的备忘录，但我们都置身事外。我们未进一步探究这份洞察力报告，没有研究其可能衍生的后果，进而调查有毒的抵押贷款支持证券①可能造成伤害的所有其他方式。"正因为资本集团没有在深

---

① 抵押贷款支持证券（MBS）是最早的资产证券化品种。——译者

入研究上多迈出一步,它后来未能幸免于难,还是持有了大量投资于此类证券的银行股票。

与此同时,还出现了一个不相关的问题,资本集团共同基金所依赖的分销市场结构发生了重大变化,这对其高级管理层构成挑战。经纪公司美邦(Smith Barney)和 A.G. 爱德华兹(A.G. Edwards)分别被摩根士丹利和富国银行收购,并整合为更大的机构,而两家收购公司都各自拥有独立的共同基金。新东家自然希望收购来的经纪公司的销售人员卖掉更多自己的产品。另外,它们对共同基金的分配也有不同的概念。2008 年股市崩盘后,银行的注意力转向了总部设计的"投资组合模型",其中包括各类共同基金、交易所交易基金、大宗商品和其他证券。结果,资本集团旗下的美洲基金在其传统的共同基金销售业务中所占的份额急剧减少,甚至在有些情况下从 70% 降至 20%。与此同时,交易量大的个人股票经纪人从大公司中分离出来,成为独立的金融顾问,他们也减少了对资本集团管理资金的使用。

此外,大的市场趋势也不利于资本集团。指数基金和交易型开放式指数基金[①](ETF)已赢得显著的市场份额,因为越来越多的证据表明,主动型基金经理跑赢证券市场基准的难度越来越大,甚至资本集团也是如此。除这一长期趋势之外,投资者近期为应对经济的不确定性,开始从股票型基金转向债券型基金。而债券型基金不利于资本集团旗下的美洲基金,因为它主要投资于股票型基金。尽管 2011 年,共同基金行业已恢复正向资金流入,但资本集团的基金——即便表现超过 2/3 的竞争对手——没有恢复元气。

尽管行业结构的变化导致业务出现问题,但资本集团的领导者

---

① 一种跟踪标的指数变化且在证券交易所上市交易的基金。——译者

始终将战略重点着眼于解决专业性挑战，公司也将一直以其长期使命为中心。资本集团再次基于长期信念而行动，即如果专业承诺得到很好的履行，业务问题便自然得到解决。

追求利润还是使命

高盛最近的多次危机事件都是从几十年前开始酝酿的，甚至可以追溯到1929年大崩盘前，彼时高盛和萨克斯家族的使命是，通过为企业客户提供精心服务，让它们被华尔街的权贵接受，从而帮助高盛实现繁荣发展。1929年，高盛贸易公司（Goldman Sachs Trading Corporation）的惨痛失败粉碎了他们所有的抱负。因此，到西德尼·温伯格掌权时，高盛在20世纪30年代末40年代初的最大使命是：在绝境中生存下来。第二次世界大战结束后，高盛的使命又转变为：在战后工业繁荣时期为美国企业提供融资，得到人们的认可。尽管温伯格时常表现得很粗鲁无礼，但他非常注重诚信，高盛被他经营得如同一艘纪律严明的轮船，致力于为企业客户提供服务，以此来帮助当时实力尚弱的公司。

到格斯·利维掌舵的20世纪60年代和70年代初，高盛使命的转变引起了西德尼·温伯格的担忧。虽然利维也看重将高盛打造成了一家主要的投资银行机构，但他开始越来越重视套利、机构经纪和大宗交易的利润。利维毫不畏惧地通过服务客户发掘市场机会，并通过精明的交易为公司赚取额外利润。于是，他开始将投资银行业务逐渐集中于收购欲强的企业集团，这些交易非常符合他在套利和大宗交易方面的优势。

20世纪七八十年代，约翰·怀特黑德和约翰·温伯格把公司的使命带回到西德尼·温伯格时代，把公司重点放在投资银行业务上，并将高盛打造成华尔街的龙头，成为国际金融公司。他们的使命是：为客户提供良好的服务，使高盛能够在每个客户组织中占据领先地位，从而赢得更多、更好的企业客户[*]。

公司的抱负和标准没有像电灯一样明灭无常。怀特黑德和温伯格离开前，在无意识的情况下，为公司引入了一些本质上（如果成功）与服务密集型、风险厌恶型概念不相容的业务，而高盛正是依靠这样的业务发展起来的。他们让高盛成为金融领域的全球领导者，其间收购了杰润公司的大宗商品业务，建立了债券交易业务，启动了投资管理业务，提升了公司的盈利能力和资本金，增强了公司在风险资本交易方面的实力。

鲍勃·鲁宾、史蒂夫·弗里德曼与两位约翰有很大不同。两人只是把高级合伙人视为一份工作，而不是一份事业或一种使命。高盛对于他们而言只是一种"交通工具"，而不是"目的地"。越来越多的合伙人开始认为，高盛虽然很重要，但并没有那么重要。正如弗里德曼后来所说："高盛之后，才是生活。"由于急于提高盈利能力，他们加快发展速度，并将权力赋予那些有动力和决心实现这一目标的人。

鲁宾和弗里德曼越来越关注改变公司多项业务的结构和节奏，

---

[*] 高盛的一项私人化的使命——公益——始于萨克斯家族，经由格斯·利维的推动，并由两个约翰将其制度化。年复一年，作为一个整体，高盛的合伙人为非营利组织董事会服务和筹集资金所付出的个人贡献和时间，比其他所有华尔街公司的总和还要多。那些渴望晋升为合伙人的员工明白或被告知，慷慨的慈善事业对高盛的合伙人不是一种选择，而是高盛对合伙人的预期。如今，慈善事业对许多个人合作伙伴来说仍很重要，通过诸如"巾帼圆梦"万名女性创业助学计划（10 000 Women）帮助女性企业家，通过"万家企业资助计划"（10 000 Businesses）帮助小型企业，以及"高盛捐赠"（Goldman Sachs Gives）组织了大量慈善活动，到目前为止，高盛继续在慈善公益这一领域引领金融界。

以提高利润和合伙人得到的报酬。为客户提供更精细化的服务仍被认为是增加利润的重要手段，但客户服务越来越倾向于交易技巧、资本承诺——在债券、外汇、石油和其他商品上有意承担市场风险的承诺——以及收集和利用独享信息，甚至被以上这些内容取代。这一时期，虽然从其他公司招聘来很多成功人士，但这些人都没有学会珍惜怀特黑德 – 温伯格时代的标志性价值观。鲁宾属于战略型领导者，而弗里德曼则是事务型领导者。弗里德曼的突然离职——而且是在债券市场处于亏损、未预先制定继任领导人计划的情况下——使得高盛在把个人利益置于公司之上这一方面，又迈出了一大步。此后，交易型或事务型领导力，以及日益显性化的强权政治在高盛占据了主导地位。

当乔恩·科尔津刚上任时，将目标明确为：解雇足够多的员工，节省下10亿美元的冗余成本，从而拯救公司，同时也卖掉赔钱的债券头寸。之后，他发现投资银行代理业务——本质上就是为他人做交易——增长缓慢、利润微薄，也不再是当下趋势，于是，他将目标调整为扩大公司的自营交易、收购和上市业务。在科尔津甩开膀子为首次公开募股努力争取选票的过程中，办公室政治随之发展起来，同时个人获得巨额回报的前景也放大了每个人对自身利益的关注。即便那些对服务客户这一使命尚保持浪漫主义色彩的人，其真正的目标也开始转变为一切向钱看。与此同时，对于原本处于首要地位的"软"价值和公司文化，关注的人实在是太少了。

汉克·保尔森作为前公关型银行家和强硬务实的CEO，同时也是一名积极进取、追求利润最大化的全球资本家，一直专注于增强公司的独立实力。他创立了私募股权投资，参与了恶意收购（高盛的一项主要变化），同时为在中国建立分公司而70多次到中国出差，其间扩大了高盛的资产管理、技术和交易三项业务。保尔森的强硬体现在，他领导了对科尔津的"政变"，后来又背弃了将领导权移交给其他人的承诺。

劳埃德·布兰克费恩擅长销售、交易和政治，他的势力在这一转型时代快速发展起来。他将高盛带向高盛自己及其所有主要竞争对手正在迅速成为的新型公司——一家以利润为中心的交易巨头，同时也进行银行业务。*像卓越的J.P.摩根那样，布兰克费恩的使命始于进一步提高公司的盈利能力和影响力，直到全球金融危机爆发，他为维护公司声誉又重新将注意力集中在政治、法律和公众舆论上。

高盛在布兰克费恩时代的使命看似回到了温伯格时代，但实际上发生了根本性变化。温伯格一直希望为有声望的企业客户提供服务，以盈利为手段发展强大的业务，最终建立一个伟大的公司。在他的时代，支付给合伙人的报酬比较延迟，数额适中。在布兰克费恩时代到来前，上面两条已完全颠倒为：建立一个强大的公司以使得利润最大化，进而支付给合伙人的报酬也最大化。内部人士所谓的"了不起的成就"，则通过竞争排名、利润和合伙人的奖励来衡量，而这一行为越来越被客户、监管机构和政府领导——以及媒体和公众——视为过分和可疑的。

渐渐地，相比在交易中投入的资本和承担的风险，高盛及其竞争对手对长期服务客户的承诺已经"黯然失色"。同时，高盛及其主要竞争对手也渐渐地从国内的中型竞争者，转变为竞相试图在每个国家、每个市场都不甘示弱的全球巨头。因此，为促进充分竞争，决策权必须从总部分散给最了解每个市场的本土专家，这就大

---

* 布兰克费恩的首席运营官（COO）加里·科恩（Gary Cohen）与布兰克费恩一样，都是从交易部门晋升至高层的，因此他们拥有相似的经验和价值观。但这导致高盛的领导层缺乏平衡，而只有当二把手是一位银行家时，高盛才可能具备这样的平衡优势。

大削弱了以往中央集权管理对传统标准的执行。

在高盛（及其竞争对手）的结构中，将权力远播到外围——决策权、注资和承担风险的权力——是最重要也最不为人所知的变化之一。[14]这包含了300多个独特市场——涉及商品、货币、股票、债券、房地产和私募股权，以及作为对冲基金的主要经纪人进行复杂的套利操作。只有"舞台中央的人"才能充分了解所有的竞争对手、客户、法规和习俗，了解团队中哪些人具备快速做出决定、成为最赚钱的市场领导者的能力。所有这些市场都比以往任何时候更有竞争力，更有活力，节奏更快，同样这也意味着需要更多的专业知识和资金。因此，与其说高盛是一家一体化公司，不如说它更接近于拥有上百家金融机构的集团企业。所有分支机构的共同点越来越难以定性描述，或难以只用"以人为本"来衡量，而更易采用定量方式衡量，一切"以数字为本"：资本、风险和利润——尤其是利润，公司对利润的关注度不断提升。

总之，高盛复杂、快速发展的业务形成一个超级活动网络，使高盛能够收集大量专有信息并将其提供给决策点，进而采取行动以获利。一门传统生意通常需要几年甚至几十年才能与大公司建立主要关系，现在做一笔交易则减少到几小时，甚至几分钟。[15]高盛的话语体系也改变了：过去，一切与客户有关；现在，都是关于账户和交易对手的事务，所谓的术语都是"在更衣室里说的粗话"。

金融市场内部的权力总是向利润最高的部门转移，因此权力从银行业务转移到了交易领域，合伙制和薪酬从银行家转向了交易员。利润与特定交易做了区分，这使得特定个人更容易提出要求，以便从特定交易的报告利润中获得报酬。这一现实将不可避免地导致注意力从公司转向个人——从"我们"转向"我"。25年前，85%的合伙人出自银行家，75%的利润来自银行业务。现在，银行业务的利润不到10%，而且绝大多数合伙人——包括CEO和COO——都来自交易领域。

交易领域中不存在朋友一说，成功主要取决于交易员个人。因此，赚钱的交易员都是自由经纪人，相反，私人投资银行家、研究分析师或证券销售人员几乎都是他们所依赖和代表的复杂机构的俘虏。他们不能轻易离开并同时带走公司的客户，但交易员可在一夜之间跳槽到新的金融机构。因此，交易员可谓"现货"市场，顶级交易员的薪酬也大幅飙升。

交易、冒险和投入资本以获得更多利润，成为高盛内部的驱动力。观察家开始将高盛定义为一家兼有投资银行附属业务的、激进的、高杠杆率的对冲基金。高盛的重大变革势头强劲：从地理位置上看，它从一家集中于纽约、芝加哥、伦敦的公司变成一家分散的全球性组织，需要面向上百个不同的"市场"，企业业务单元由一个强大、集中、逐级的风险管理和报告系统连接起来——这个强大的系统被称为"联邦"（the Federation）。证券业务瞬息万变，而高盛的变化甚至更快，以便其技术娴熟、干劲十足的员工能够既走在变化曲线的前面又善于赚钱。

金融机构内部人士深知自己所承担的市场风险、所需的多种专业知识、发展的信息网络、承诺的资本、个人承诺的强度以及参与每笔交易的人员的能力。他们明白在竞争激烈的全球市场中，每100万美元都需要面临激烈的竞争。他们的自我认知是如此肯定，从不相信怀疑论者或挑战者，特别是当他们始终怀有敌意时。

作为一项商业策略，公司从次级抵押贷款中大举撤出的做法既明智又有利可图。当然，像著名的《滚石》杂志那样，把这家公司描述成"一只巨大的吸血乌贼"[16]是愚蠢的。这种指责尽管荒谬，却引起了媒体和公众的共鸣。在全球金融危机期间和之后，美国人因受到重创而愤怒，他们试图寻找某个人为严重的失业、暴跌的房价、信用卡债务、巨额联邦赤字、庞大的银行准备金以及看不到尽头的坏局面负责。[17]

尽管布兰克费恩学习能力非凡，但在晋升为领导者的过程中，他并不需要了解公司那么多项以客户为基础的业务的具体性质。在杰润和高盛，他通过处理交易业务迅速成长，学会了通过数字，而不是建立公司之间的长期关系管理内部业务。他明白证券业的诸多方面都在变化，主要的交易业务迅速增长，而且盈利速度更快，因此他将证券业务重新集中在利润丰厚的对冲基金和私募股权基金上，因为这两项业务有规模最大、利润最高的客户，随后公司迅速采取了行动。布兰克费恩对证券销售、研究或投资银行业务中的"老派操盘手"并没有太大的热情，他更喜欢与跟得上他的思维并认同他对优先事项的安排和管理方式的主管一起工作。

与二三十年前的高盛相比，布兰克费恩时期的高盛规模庞大，拥有 3.3 万名员工和数万亿美元的资产负债表。随着金融市场规模和复杂性的增长，管理决策的时间越来越短。高盛在追求利润最大化的过程中变得更加激进和强硬，使它显得过于咄咄逼人和唯利是图。

在全球金融危机期间，布兰克费恩是高盛有史以来最有能力的事务型领导者之一，而他所面临的困难比高盛任何一位战略型领导者都大。公司没有认识到，当成为世界领先的金融组织，并以卓越的人才、技能和专业知识而闻名时，外界的期望也会变得更高——外界不仅关注公司在意的硬性定量指标，还关注客户、顾客、监管机构、媒体和公众在意的软性指标。无论技术多么高超，实力多么强大，没有一家金融公司能够持续保持领先地位，除非它拥有最值得信赖的客户的信任以及公众的好感和尊重。

第 10 章 直面问题
当卓越遭遇挑战

一直以来，人们钦佩高盛所宣扬的价值观、所取得的一流成就，甚至它创造财富的能力——部分原因是高盛一直以来以绝对的精英管理著称，也有部分原因是高盛的员工从不炫耀个人财富。然而，高盛却违背了这项所有领导者都需遵守的契约——始终在价值观、标准和诚信方面精益求精，即使在无人关注时也应如此。虽然很多高盛内部人士表示，他们仍对公司的第一商业原则"客户利益至上"满怀信仰，但太多客户、竞争者、监管人员以及过去的合伙人对此表示质疑：这一信仰是否已不再是公司的核心承诺，而只是一种方便盈利的权宜之计。当然，高盛的长期关注点一直是利润最大化，但目前的短期目标则是"当期/日交易利润"（profits today），而这与"客户第一"（clients first）有冲突。

高盛一再证明其具备赚钱能力，对此客户的反应有负面和正面两种。客户的负面想法可能会是：高盛善于为自己赚钱，而这就是它的全部目标，但并不总会对我们有好处，所以我们应该尽量避开它。积极的想法可能是：高盛是一家超级赚钱的公司，我们应该与它结盟一起赚钱。同时，高盛的高管对此表示，积极的观点会占据上风，因为他们自己也有这样的想法。虽然高盛是所有竞争对手中公认的最有能力的公司，但那些与高盛保持定期业务往来的客户在评判高盛时，不是看它说了什么，而是看它每天做了什么。当然，他们遭遇过太多次高盛"公司第一"（firm first）的行事方式。正如华尔街的犬儒主义者所言："当高盛想买时，你就不想卖；当高盛想卖时，你就不想买。"

显然，高盛的高管并不熟悉上市公司股权管理的规则、"零售型"公共关系的挑战以及公众的现实认知。不出所料，公众舆论从不等候复杂的解释，尤其是当快速判断和及时报道占据媒体主导地位时。公众可以容忍那些不太重要的小公司，但高盛这样的大公司摆脱不了外界的指责，尤其是在很多人失业或失去房子，并相信救助华尔街[18]的资金来自美国纳税人的情况下，高盛自身对利润的激进追求，以及明显过高的奖金，都是相当不合时宜的。

这场全球金融危机在规模、强度、速度和影响方面的复杂性都已超过以往任何一次市场事件。作为交易"机器"，高盛对公司的账户进行了协调和积极的操作，在风险控制和市场应变方面处理得很成功。结果是，高盛获得了更高的利润，承担着更低的整体风险，保持住了公司的内部纪律和掌控权，因此遭受的损失比竞争对手小得多（在整体经济表现方面，只有摩根大通与之接近）。然而，没有一家公司比它失去更多的外界认同。[19]

1999年，当这家投资银行第一次公开发行股票时，高盛并没有完全意识到，与此前外部机构住友银行（Sumitomo Bank）和哈玛卡信托（Hamakamea Trust）对其进行的事先投资相比，这次的变化有多大。很多合伙人认为公开上市这一变化，首先可以帮助公司筹集更多的永久性资本，以便公司能够与越来越多进入证券业务并拥有庞大资产负债表的大型全能银行进行有效竞争。其次，公司可以拥有强大的财务实力，以便公司能够承受重大的意外损失，因为它频繁参与大规模的风险资本业务。最后是针对决策者个人利益的：他们将变得非常富有。

但高盛发现作为上市公司其实很难。高盛的合伙人中很少有人担任过上市公司董事，因此他们对良好公司治理的潜在重要性不感兴趣或不理解。虽然公司吸收了公共资本，其股票已公开交易和报价，但它自身并未做好调整，也没有意识到公司开始拥有外部股东，需要对公众负责。高盛仍作为一家私人公司运营，公众投资者只是提供了额外的股权资本。最初，高盛向它的合法所有者即股东披露的报告不够透明，它在财务报告方面的有限披露可谓"创新"。

在IPO前的讨论会上，虽然投资者得到确切的保证，但作为一家上市公司，高盛的信息披露远没有当时投资者所要求的那么详细。高盛以自己希望被看到的话术和数据，来讲述自己的故事。

投资分析师发现，很难从高盛的公司报告中弄清楚各业务的收益占比，这也使得他们很难预测公司的未来收益。此外，机构投资者抱怨称，总利润中有太多以奖金的形式支付给了内部人士，而不是股东。对上市公司而言，现有董事会不够强大[20]，尤其是像高盛这样复杂的公司。有观察人士还担心高盛缺乏清晰的领导层继任计划。另外，高盛仍像一家私人公司一样，继续以自己的方式照顾自己的员工。2008年，市场暴跌之前，当一位高管因以缺乏流动性的投资头寸为抵押大举借贷而陷入重大财务困境时，他被允许出售本不能出售的"锁定期"头寸，以避免一场个人投资灾难。

无论高盛是否意识到其上市后面临的新形势和非金融方面的影响，当它公开上市时，它也公开了公司的其他方面，尤其是公众声誉。对于高盛，新闻报道和公众意识一开始是以接近英雄崇拜的方式大幅提升。高盛的成功堪称一个好的典范。然而，随着越来越多的高盛"校友"在政府部门担任高级职位，公众和媒体的关注在短短几年内从正面转变为负面。甚至有"阴谋论者"（conspiracy theorists）创造了"高盛政府"（Government Sachs）一词，专栏作家开始在报纸上质疑高盛是否拥有太多权力。与此同时，持续强劲的牛市促使高管的薪酬飙升至创纪录水平——在某些情况下，他们一个人一天的薪酬甚至超过一名普通工人一年的收入。对此，外界的质疑声越来越大：高盛的员工拿如此高的薪酬，合理吗？

接着，金融危机席卷全球。这场风暴中，华尔街的人——这些处于风暴中心的人——反而获得巨额奖金，尤其是高盛的人。其间，高盛采取了一系列虽然合法但看上去不正当的交易手段，同时将自身置于防御态势，之后因新闻报道的不当处理，招致更深的质疑。高盛对外界的解释要么太神秘，要么太不屑一顾，听起来就像是在为自己辩解。

如果摩根大通、高盛能够像美林、摩根士丹利、花旗集团、德意志银行、瑞银和瑞士信贷一样均退到场外，而不是建立必要的交易市场，那么关于这场危机对小企业、每个家庭和个人影响的严重性，没有人会感兴趣。在这场危机中，企业、银行、投资机构和政府各有令人信服的理由，对自己庞大的投资组合进行重大调整，并迫切地进行交易。因此，对于一个敢于冒险、技术娴熟、愿意做市的交易机构来说，在几乎没有咄咄逼人的竞争对手的情况下，在全球混乱的资本市场中，这样的赚钱机会是不可多得的。

很多人很难接受这个事实：财政部采取大胆行动，阻止了曾是美国最大保险公司的美国国际集团（AIG）的破产。至少在某种程度上，这么做的目的不是出于拯救高盛，因为高盛当时是AIG的主要对手方。然而，阴谋论层出不穷，尤其是在美国财政部部长亨利·保尔森做出救助AIG的重大决定之后，因为不久前，保尔森还是高盛的CEO。在人们关于AIG存在特别交易的质疑不断浮出水面之际，希腊政府走向金融崩溃的边缘。对此，记者报道了一系列复杂的欺骗性衍生品操作，这些操作与一系列债券交易有关，而高盛从中获取了数百万美元的费用。

抵押贷款危机引发了一些后果。高盛在市场崩溃前就摆脱了大量抵押贷款风险敞口，这印证了高盛在做经营决策时的纪律性、客观性、坚定性和独立思考能力。这一精明的举动彰显出高盛强大的盈利能力，尤其是与竞争对手相比。但这让媒体、公众舆论、监管机构和政界人士大为震惊和愤怒，因为高盛向投资者出售了抵押贷款支持证券，并在未告知投资者的情况下，为自己的账户交易了这些证券。高盛对此则明确辩驳说，公司的每项业务都是独立运作的，对于某一业务领域的抵押贷款投资者，公司没有受托责任告知他们，其自营交易员后来在另一业务领域对抵押贷款市场抱有亏损预期。然而记者对此并不买账，公众和政客也不认同这一解释。外界对高盛的敌意迅速升级，高盛也快速从令人羡慕的全球最受赞扬、最受尊敬以及最受信任的投资银行，沦落为饱受政治领袖抨击和媒体奚落的对象。大公司、机构和政府部门虽然明白没有其他公司拥有高盛这样的能力，但它们私下越来越频繁地表示，如果有可能，它们更愿意与其他公司做更多生意。高盛的处境越来越糟。

一个组织，随着其规模、分布式决策权，以及新产品、新市场和新人员的增加，行为不端的概率将呈指数级增长。高盛的高层管理者深知这一点，布兰克费恩曾观察到：我的98%的时间都花在预防发生概率仅为2%的事情上。高盛必须根据自身经验，发现需要特别注意的方面，如合成债务抵押债券等新产品，或拥有新权力的新人。高盛明白，那些异常聪明、以自我为中心的急于求成者属于高风险的人，需要格外监管，但它却没有做本应该做的事情。

2010年4月16日，SEC指控高盛及其31岁的副总裁法布里斯·托尔雷（Fabrice Tourre）——一位数学天才并以"神奇的法布"[①]（Fabulous Fab）自称——犯有民事欺诈罪，因为他们在发行名为Abacus 2007-AC1的抵押贷款产品时涉嫌欺诈。这次发行的产品其实就是一揽子几乎肯定会失败的边缘抵押贷款。SEC在公开文件中明确指出该产品存在"实质性误导陈述和重大遗漏"，特别是产品公开销售文件中未披露该投资组合是与一家打算卖空该标的的对冲基金[21]共同发起的。同时高盛在公开文件中，好像刻意引导，给投资者留下一种该抵押贷款组合经ACA资本（ACA

---

① 神奇的法布即神奇中的神奇。——译者

Capital）挑选的印象——ACA 资本是一家经验丰富的评定抵押贷款信用风险的第三方公司。在 65 页的产品交易宣传说明书中，有 37 页都是 ACA 相关的内容，但实际上，ACA 的作用并不大，而发挥了主导作用的对冲基金却未被提及。该产品的交易结构极其复杂，但底层逻辑理解起来其实很简单：如果抵押贷款能够继续偿还，那么这类证券产品将继续保有价值，但如果真如做空对冲基金所预期的那样，房屋所有者开始在抵押贷款上违约，那么这类证券产品将迅速贬值。事实上，仅 6 个月内，83% 的相关证券被降级。Abacus 产品如同一座纸牌屋，而事实也的确如此。

高盛否认了 SEC 的欺诈指控并辩称，Abacus 只是公司众多业务中的一项，产品虽然已经在市场报盘，但尚未出售。然而，高盛的销售人员对朋友讲，实际上，Abacus 的销售存在内部压力，Abacus 之所以没有售出，是因为机构一个接一个地拒绝购买。高盛在提交给 SEC 的文件中坚称，公司各方面的操作都是合规的，而这份文件有将近 800 万页，显然是为了故意为难 SEC 的工作人员。同时，托尔雷之上的管理层被悄悄解雇或调任。这也再次提醒了观察家，高盛仍像一家私人公司一样运营。此事未公开处理，但高盛对外坚称自己没有做错任何事。

国会议员对此事感到愤怒，而华尔街的竞争对手对高盛能做出如此令人厌恶的交易行为感到惊讶。媒体的报道涉及各方面且不留情面。虽然 Abacus 丑闻在技术上不算欺诈，同时 SEC 的指控也难以在法庭上得到证实，但高盛作为证券行业的领头羊，如此行事是否真的合适？为尽快了结此事，从而把精力集中在未来的业务上，高盛最终支付了 5.5 亿美元和解金，金额为 SEC 史上最高。

但坏消息并未就此停止：

- 与利比亚残暴的独裁者之间价值数十亿美元的复杂交易，

是高盛暴露的另一个不正当行为。2004年，摩洛哥人德里斯·本-卜拉欣（Driss Ben-Brahim）是促成利比亚主权财富基金向高盛资产管理公司投资13亿美元的关键人物，他也因此成为高盛合伙人，并获得3 000万英镑的奖金。然而，向高盛资产管理公司投资的这笔钱在金融危机期间几乎化为泡影（高盛提出向卡扎菲的儿子支付5 000万美元的补偿，有些人说这实际上是贿赂，不过这笔钱显然从未支付过[22]）。本-卜拉欣也于2008年离开高盛。

- 高盛同意向SEC支付1 000万美元罚款，并停止分析师和交易员召开投资决策秘密会议——会议宗旨是从高盛研究机构推荐的长期投资股票中寻找短期交易机会。和解协议表示，高盛存在"不光彩或不诚实的行为"，但补充称，这不应被理解为发现或承认欺诈行为。[23]

- 在脸书的私募配售中，高盛采取以往交易的一贯做法，与之后向外部投资者提供的条件相比，为自己争取到更好的条件（在随后的IPO中，高盛迅速获利）。

- 2011年9月，报道称，高盛向对冲基金客户发送了一份篇幅较长、证据充分的看跌股市报告，而两周后，其传统机构客户才知道这份报告的存在。这属于明显的客户偏袒行为。高盛对此的解释极为巧妙，声称这份报告并非出自公司的研究部门。不知何故，高盛的某个接近高层的人认为，重要的分析报告可以选择性地提供给某些客户，但不提供给另一些客户。而这取决于客户，要么提出正确的要求，要么接受高盛差别化对待客户这一事实。

- 2012年，在特拉华州法院，高盛因在美国最大的管道运营商金德摩根（Kinder Morgan）收购埃尔帕索公司（El Paso Co.）的交易案中担任顾问而受到指控。之后，高盛归还了

2 000万美元的费用。

- 参议员卡尔·莱文（Carl Levin）出席了参议院常设调查小组委员会的电视听证会，会上他指责高盛"大量做空"住房抵押贷款，虽然这一指控事实上是错误的，但当天与他相关的新闻占据了头条。正如《纽约时报》后来给出的谨小慎微的结论："这并不是说高盛内部没有做空——它有做空，它也多次说过。但有关做空是高盛的巨额定向押注就是从房地产崩盘中获利的说法，可能并不完全站得住脚。"[24] 参议院的报告称[25]，"问题不在于高盛做空并降低了风险[26]，而在于它做空的方式。为建立空头头寸，高盛发行了新证券，并用公司的好名声支持这些证券，然后向客户发布了一连串误导性声明，并捆绑进有利于自己的实际投资操作中。通过这种做空方式，高盛非但没有纠正市场，反而使市场进一步扭曲"。

就像那著名的猴群①，它们身在猴群既看不到内部的邪恶，也听不到邪恶。高盛继续对媒体采取强硬态度，而这注定是一场赢不了的游戏。客户和之前的合伙人均对此大胆质疑：高盛到底怎么了？董事们都在干什么？布兰克费恩还能坚持多久？客户何时离开这家公司？

不革新就灭亡

尽管有种种失误和不端行为，但高盛仍是有史以来规模最大的一家汇集了才华横溢、技术娴熟、忠于职守的男女员工的强大证券

---

① 此处引用了三个智猿/三猿（three wise monkeys）的典故，"不见恶事，不听恶词，不说恶言"。美国教会通常用该典故教导学生不要看猥亵的事物，文中此处的含义是高盛对内部问题视而不见。——译者

公司。公司仍在招募最有能力和上进心强的年轻人；仍是商业学习的最佳选择；仍拥有最强的企业文化；在诸多特定市场和产品方面，仍是市场的领导者；在与大公司、投资机构、中央银行和政府的重要关系方面，仍是实力最强的机构；仍拥有最有效的内部沟通机制；在各层级，尤其是高层，仍保有最好的财务管理、经营管理和风险管理；仍能快速地完成更复杂的交易。当然，它也仍能赚到更多的钱。

但从质量上讲，客户、顾客和竞争对手都一直认为高盛不如10年前优秀了。即便时间倒回到10年前，那时的高盛也不如从那时算起的10年前优秀。部分原因是证券行业本身发生了变化，另一部分原因则是公司自身变了。这一次，高盛需要再次自我革新，而且这次的变化必须是质变的且可见的。

即便经历了几乎长达两年惩罚性的发展滞后，高盛也并未认识到公众愤怒的合理性。高盛接受了 SEC 的欺诈指控，并支付了有史以来最高的和解金，这反而为媒体咄咄逼人的言论和华盛顿听证会上充满敌意的问题提供了依据。2010 年 5 月的年度会议上，高盛提出一项比以往任何公司都大、都公开的计划，劳埃德·布兰克费恩在会上宣布，将成立一个由高盛亚洲主管、副董事长迈克·埃文斯（Mike Evans）和曾多年担任全公司风险委员会主席的合伙人杰拉尔德·科里根（Gerald Corrigan）共同担任主席的委员会，对公司进行重大自查。这一商业标准委员会将由公司的 17 位最资深的领导者，加上杰出的华尔街律师、证券行业的智者，即苏利文·克伦威尔律师事务所的罗金·科恩（Rodgin Cohen），以及 SEC 前主席阿瑟·莱维特（Arthur Levitt）组成——但没包含客户。[27] 作为该委员会全面开展工作的一部分，由 100 多名合伙人组成的研究小组用 6 个月的时间，紧锣密鼓地对各项业务的各方面进行了研究。2011 年 1 月，委员会提出了 39 项具体建议，并迅速得到了董事会和高级管理层的批准。

高盛公开了这份 63 页的委员会报告,这样做的明显意图就是对未来的行动做出承诺。报告首页是高盛标志性的商业原则,以"客户利益至上"开头,并总结道:"正直和诚实是公司业务的核心,我们希望公司的员工,在所做的每一件事上都保持高道德标准。"

对于那些熟悉粉饰并持怀疑态度的受众来说,其显而易见的问题是,这份报告的重点是强而有力的纠正行动是否会被推动落实。科里根决心把这件事落地执行。在加入高盛前,他在联邦储备系统(Federal Reserve System)工作了 25 年,并在纽约联邦储备银行(New York Fed)担任了 9 年的总裁兼 CEO。科里根拥有让人感到亲切的爱尔兰式微笑,他曾是一位即便与美国财政部谈判,也毫不妥协的正直且强硬的公职人员。15 年前,他和约翰·塞恩设计并建立了高盛复杂的风险管理系统,从那以后,他一直担任全公司风险委员会的联合主席。这一职位让他在公司的很多交易员中有很高的信誉,因为他们每天的每个重大决定都依赖于这个系统。

科里根总结了他对当下情况的看法:"只有一个词可以形容我们现在的业务——复杂。风险度量和管理风险所需的信息正在迅速演变。过去 5 年,由于量化投资和计算机的使用,我们的业务已发生重大变化。"随后,他将目光从所在行业转向高盛,"公司文化下滑过,所在行业和公司更注重短期效益。公司定位重点不是以客户为中心展开,而是以公司和当前利润为中心。所有伟大的公司都会经历困难时期。关键问题是,人们能否正视困境,并将其视为一次自我评估和重建的机会。"

从商业标准委员会报告中的一些表述可以看出高盛的决心,如"基本承诺""不能只问是否做得到,更要问是否应该做到""成为最好的机构""透明""加强文化""专注于服务客户""必须让我们自己和客户都清楚我们行动能力的边界"。委员会在组织上的主要建议是，改变公司的结构，将抵押贷款支持证券产品的分销业务转移到投资银行业务领域，因为传统上这一领域的尽职调查纪律一直很强。该报告促使公司将三大业务部门拆分为四个，其中投资业务和贷款业务被明确切割。证券服务从投资管理转向其所属的机构客户服务。

加拿大奥运赛艇选手迈克·埃文斯担任委员会主席，负责跟踪这39条建议的执行情况。

> 我们每周收到进度报告，每个月开4小时的会议，听取每条建议的进展情况，讨论继续前进和施压的方法。有些完成了，但有些需要更长的时间，比如交易前和交易后定价的新软件。我们打算在这一年完成所有的39项行动。

高盛定期向监管机构美联储、董事会和员工汇报进展情况，同时美联储的几名监管人员被全职下派至高盛（对所有主要银行都是如此）。但是，在一切尚未彻底完成前，不会公开发布任何进展。上一次，高盛没有将本该阻止抵押贷款产品Abacus的管理人员悄悄解职一事公布于众，这一次高盛也未打算将进展报告公开。

让一个庞大、复杂的组织重新进入数十个市场，面对数百种产品的竞争，对领导力是一次极端考验。监管改革的要求使得许多优秀人才的薪酬大幅降低，而此时对冲基金和私募股权公司的薪酬最高，同时又急缺经验丰富的人才。那些10年前根本不可能被挖走的模范员工也要离开了——这些人中有的是前途无量的年轻新星，有的则是投资老手，他们有20年甚至更长时间的专业经验，以及牢固的客户关系网络。其他人则表示，即使不是为了钱，他们也会离开。

在公开表示支持委员会的报告时，布兰克费恩表示："我们相信,这份报告中的建议代表了高盛对客户的基本承诺,力求在所做的每一件事上都表现卓越。"暂且抛开公司所说的每项业务都是独立的这一不再可信的言论,布兰克费恩宣称:"高盛的名声只有一个,而我们的名声可能被公司的任何一个决策和活动影响。因此,在每种情况下,清晰地向员工和客户传达高盛所承担的具体角色是很重要的。"他在私下谈话中表示,他正要去中国再主持几场主席论坛会议,而这样的会议他已在世界各地举办过36场。他将在会议上阐明公司的承诺,回答现场的问题,并给客户接触CEO的机会。对此,布兰克费恩明确表示:"这将是我留给公司的遗产。"考虑到公司负面新闻缠身,他通常会在会议开始时讲一些自嘲的笑话,以承认公司确实存在问题,并鼓励人们提出最想问的问题。

医生能清楚地区分症状(symtoms)和体征(signs)。其中,症状是我们所有人都能识别的信号,如恶心、身体疼痛和伤痛。生病时,我们会去看医生并接受检查,有些情况下医生会给我们开处方。通常,医生安慰我们说,这个问题并不会危及生命,一周左右就会好转——令人高兴的是,我们确实康复了。但是,医学上的体征则不同,一个人可能表面上感觉不错,看起来也不错,但这个人可能患有早期脑癌,肿瘤学专家可以识别出这种致命的体征,知道这个人可能只能活几个月了。高盛的"症状"包括令人不安的关于过去的不当商业行为的一系列报道、对高盛感到愤怒的议员的言论、媒体的影射以及影响更大的对抗监管机构的行为。同时,高盛所面临的潜在"体征"包括:外界对高盛所宣称的"客户利益至上"已失去信心,而内部资深人士仍坚称,高盛对客户的承诺一如既往地坚定,应该得到信任。

所需的大规模变革不会轻易或迅速实现,毕竟公司内部有太多人已习惯现有的文化和近年来的实践,并在这种文化和实践中取得了个人成功，高盛要改变，势必会涉及很多个人和业务部门。然而，内部人士很清醒，他们明白真正的变革是必要的，这从过去遇到的每次挑战以及取得的成功中可以得到印证，例如，20世纪20年代高盛交易公司的倒闭，60年代公司在宾夕法尼亚中央铁路公司（Penn Central Railroad）倒闭中所扮演的令人尴尬的角色，80年代公司与流氓出版商罗伯特·马克斯韦尔的不道德交易，2008年的分析师案等。在每次危机中，公司在吸取教训的同时，也一直在变得更强大。

高盛对美国和全球金融体系都很重要。许多才华横溢、雄心勃勃的专业人士在这里工作，他们努力让高盛回到正轨，也努力让其保持正轨——哪怕他们这么做只是为了自身的利益。但如果连高盛内部人士都不认可每个人都需要改变这一点，而只是"翻检一下文件柜"做做样子表面表示认同，那么在这种情况下，劳埃德·布兰克费恩如何能实现他所宣称的目标呢？在领导力方面，没有任何事情比一家文化已受损、庞大复杂的商业组织重新赢得人们对于其作为行业领袖的信任这件事更难。

高盛重塑了公司的公共关系策略和领导力[28]，外部环境随之开始朝有利于它的方向转变。2012年年中，微弱的迹象出现了：《纽约时报》发表了一篇赞赏高盛的报道[29]，称高盛在其位于市中心的新总部大楼周围精心打造了一个由店铺、商店和餐馆组成的令人愉快的迷人社区。另一篇报道称，高级合伙人吉姆·奥尼尔（Jim O'Neil）正在认真考虑是否出任英国央行行长。外部舆论变好的另一个原因是，劳埃德·布兰克费恩高调支持同性恋反诽谤联盟（Gay and Lesbian Alliance Against Defamation）。2012年8月，高盛收到另一条利好消息：司法部决定结束关于高盛在金融危机时所做行为的调查；更好的消息是，司法部对此采取了不同寻常的公开表态。[30]紧接着一个月后,在高盛工作32年的首席财务官(CFO)戴维·维尼亚(David Viniar)宣布,自己打算在57岁退休。这对于密切关注高盛的观察人士而言,维尼亚这时决定退休是因为他相信公司已渡过难关。[31]

在更多领域,高盛的表现仍比任何竞争对手更有技巧,但要重建其声誉,它需要做的事情还有很多。要做到这一点,首先要求高盛不再做违反规则或法律的事。这种积极的或负面的影响会随着时间的推移渐渐显现出来。其次,关于为落实商业标准委员会的39项建议而采取的具体行动的最终报告必须令人信服。最后,也是最难做到的一点,对于那些想要信守承诺的企业而言,它们必须意识到所谓的"客户需求永远处在第一位"的承诺,只能在投资银行、资产管理等具体业务中彰显出来并传达给那些传统的关系型客户。

大多数与高盛合作的机构并不是高盛的客户。有些是顾客——甚至是重要的顾客——但不是客户。还有一些不是客户,而是交易对手。但这些机构都应该结合自身经验弄清楚,自己是谁以及证券业务的发展程度。同时,高盛也应该对自身有清晰的了解,明白其责任、限制和承诺。要想成为市场的领导者,就必须得到外界的尊重和信任,关键在于放弃不切实际的承诺,停止幻想不切实际的信任。下一步就是要在日常工作中,将商业标准委员会的行动建议,落实到与客户、顾客和对手进行交易的真实世界中。有待高盛证明自己的事情还有很多,而高盛拥有充沛资源这一点毋庸置疑。高盛是否拥有内在价值和原则,能否再次毫无争议地成为市场领头羊,只有时间能告诉我们答案。

* * *

任何一家伟大的公司,当它的领导力无法应对挑战时,都可能沦为行业第二，甚至更糟。安达信会计师事务所的戏剧性破产可以说明这一点，作为一家曾经的头部公司，它由于自身原因而一步步走向衰败，直至彻底瓦解。

注　释

[1] 基于 2008 年 7 月 29 日对古普塔和拉贾拉特南之间通话的窃听。

[2] 库马尔于 2009 年被捕，他通过与检方合作，要求减刑。库马尔和古普塔曾是沃顿商学院的同学，在创办印度商学院（Indian School of Business）时曾密切合作。2011 年，他们联合成立了一家独立的咨询公司，而这违反了麦肯锡的相关政策。

[3] SEC 最初是在 2011 年 3 月向一位行政法法官提起诉讼。另外，26 起案件已提交联邦法院审理。古普塔提起诉讼，声称他的宪法权利遭到践踏，要求由陪审团审理。后来，SEC 撤回了这起行政诉讼。上一年 10 月，美国检察官提出了 6 项指控，古普塔以 1 000 万美元保释金获释。与此同时，古普塔离开了美国航空、宝洁、高盛、比尔和梅林达 – 盖茨基金会以及洛克菲勒基金会的董事会。

[4] David Glovia and Patricia Hurtado,"Galleon Partners Eyes'Popping'After Trade, Trader Says,"Bloomberg, May 23, 2012.

[5] 检察官指控另一名高盛员工戴维·勒布（David Loeb）向拉贾拉特南提供有关苹果、英特尔和惠普的内幕信息。

[6] "Gupta Trial: Day 9 Dispatch,"Law Blog, June 1, 2012.

[7] 古普塔的朋友曾要求麦肯锡的几名董事给法官写信，麦

肯锡国际金融服务委员会的资深成员提醒说，麦肯锡自己的律师调查显示，并非所有的不利事实都在审判中得以披露。

［8］ Margaret Collins and Andrew Frye, "Buffett Says Berkshire to Retain Goldman Sachs Warrants in Wager on Bank," Bloomberg, May 1, 2011.

［9］ Peter Lattman, "Buffett's Goldman Deal," *New York Times*, May 23, 2012.

［10］ 古普塔继续否认，他曾向印度商学院院长阿吉特·兰格内卡尔（Ajit Rangnekar）发送电子邮件，邮件被转发给了该校的教员和校友。他表示："SEC的指控毫无根据。我的律师告诉我，这个案子是基于猜测和不可靠的三手传闻。澄清一下：没有录音带或任何其他直接证据表明我向拉贾拉特南告密。我没有交易任何相关证券，也没有分享拉贾拉特南的任何利润。事实上，在上述所谓的问题发生期间，我和拉贾拉特南的商业关系一度紧张。"但正如《彭博商业周刊》（*Bloomberg Businessweek*）所报道的那样，古普塔的电子邮件中有许多明显的错误：政府确实有录音带；古普塔对帆船集团基金的投资表明，他确实从拉贾拉特南的交易中获利，无论是非法的还是其他的；尽管他说自己与拉贾拉特南的关系在2008年变得"紧张"，但他们被窃听到的谈话语气却轻松友好，同时一位帆船集团交易员的证词也证明了这一点，即2008年9月，古普塔每两周一次出现在拉贾拉特南的办公室。

［11］ 2000—2002年的股市暴跌期间，资本集团共同基金的回报率表现优异，一直到2007年回报都异常丰厚，但这之后业绩开始出现挑战。优秀的投资者都明白无论何时都要坚持自己的想法，他们准备在最好的年份接受公众的过分吹捧，同时在最糟糕的年份接受公众的抨击。这也是共同基金领域所要面对的两个现实，正因如此，长线投资成功的关键是尊重资深专业投资人士的真正

信仰，而不是当下的市场趋势。时间倒退回 1999 年，资本集团的分析师和基金经理被指责为是与".com 互联网投资市场"脱节的"恐龙"。但是，当千禧市场崩溃时，资本公司的投资业绩却表现很好——比市场平均水平高出了 200 个基点，因为资本集团避开了纳斯达克的"明星"股票，在股价暴跌时未持一股。

考虑到资本集团优异的业绩，投资顾问代表他们的机构客户引来大量新的 401（k）计划资产。证券经纪人中有不少人自带销售人员的短视，聚焦于基金的短期表现，从其他陷入困境的共同基金切换到资本集团的美洲基金。大量投资涌入新账户，当流入美洲基金账户的资金超过所有共同基金资金流的 50% 时，罗滕伯格表示："我们明白那些大资本流是不可持续的，我们也明白我们的出色业绩是不可持续的——特别是国际市场。我们知道自己并非表现得那么好，会如实告知共同基金的董事们。"尽管如此，由新经纪人代表的新账户涌入的新资金还是被欣然接受了。

起初，资本集团没有预料到，这些刚进入资本集团的证券经纪人会一遇到投资业绩偏弱现象，便如此之快地切割、撤资，还带走他们的客户。资本集团旗下共同基金投资者的切换率几乎翻了一番，从传统的不到 15% 上升至近 30%。这是因为那些被资本集团早些时候的卓越业绩吸引来的经纪公司，在 2008—2010 年突然将其客户资金由资本集团的基金切换成其他公司的基金。

［12］资本集团的专业人士还有其他的个人动机。他们的年度薪酬不但取决于能否创造优异的业绩，而且他们自己以及家人的大部分投资资产都在公司管理的基金中。

［13］其他问题根本不是系统性的，而只是表面上看得见的，却不知何故成了"资本集团有问题"这个故事的一部分。在信息技术领域，有两个独立的团队为机构和共同基金部门服务，每个部门都隐含着追求完美的目标。一位有 IT 管理经验的新主管被雇用

来解决真正的问题并提出正确的解决方案。经过将近3年的学习，她给出了自己的建议。于是，一个单一的IT组织以提供"了不起的"而不是"完美的"服务这一更加现实的目标建立。IT员工数量一度激增至2 700人，后来裁减到只剩600名员工，但雇用了大量兼职IT顾问。资本集团旗下的美洲基金服务机构（AFS）同时裁员——基本上全部源自人员流失——这是由外部需求变化引起的：因为股票经纪人将个人账户合并成"街名"综合账户[①]。因此，AFS服务的股票持有者虽然有2 800万人，但实际上只有2 000万个独立账户。

［14］2012年，一名被称为"伦敦鲸"（London Whale）的交易员在摩根大通的一系列交易中损失了62亿美元，而杰米·戴蒙（Jamie Dimon）从中吸取了教训。

［15］在20世纪80年代，交易总是由10人以上的团队完成，并签署备忘录来描述这一成功。

［16］Matt Taibi, "The Great American Bubble Machine," *Rolling Stone*, April 5, 2010.

［17］在火炮方面，数千门火炮的鸣响时间协调一致，这样所有的炮弹都能同时击中目标——这一定很恐怖——这种演习被称为"同步小夜曲"。

［18］实际上，是主街[②]（Main Street）得到了救助。如果没有美联储和不良资产救助计划（Troubled Asset Relief Program，TARP）的大规模干预，大衰退可能更严重、更持久。但观点变为现实，往往只是因为大多数人相信如此罢了。

---

① 美国实行的证券间接持有制度，即客户在开户时如果没有明确要求只做现金账户和实名证券，则其所持有的所有证券都注册在券商名下，业内称之为二级托管，又称"街名"证券。——译者

② 主街是指包含各个行业的美国实体经济，而华尔街是指金融行业。——译者

［19］ 华尔街有经验的观察人士可以轻易地指责，斯坦利·奥尼尔（Stanley O'Neal）领导下的美林、迪克·富尔德（Dick Fuld）领导下的雷曼兄弟、吉米·凯恩（Jimmy Cayne）领导下的贝尔斯登，甚至菲尔·珀塞尔（Phil Purcell）领导下的摩根士丹利，"他更糟糕"。人们听到的尽是些老掉牙的借口，比如"每个人都这么做"或"我们必须跟上竞争的步伐"。

［20］ 考虑到许多前合伙人的非凡能力，令人惊讶的是，很少有人被邀请担任董事。

［21］ 这只对冲基金由对冲基金公司保尔森公司（Paulson & Co.）管理。

［22］ "Meet Goldman's Rock Star in Libya," *Wall Street Journal*, May 31, 2011.

［23］ "Goldman Huddles," Bloomberg, June 10, 2011.

［24］ "The Fine Print of Goldman's Subprime Bet," *New York Times*, June 6, 2011.

［25］ 参议院常设调查小组委员会的报告有严重的事实错误，虽然这并非刻意为之。实际上，住宅抵押贷款相关产品的净收入仅占高盛净收入的1%，不到5亿美元。

［26］ Jesse Eisinger, "Misdirection in Goldman Sachs's Housing Short," *New York Times Dealbook*, June 15, 2011 (edited by Andrew Ross Sorkin).

［27］ 该公司辩称，它确实调查了客户的观点，而且商业标准委员会的一个附属委员会将定期讨论与客户相关的话题。但外部人士强调，调查所基于的客户数量相对较少，没有将该公司与其他公司进行比较，而且让内部人士代表客户发言与让客户自己发言是不一样的。

［28］ 现在由克林顿的前新闻秘书和财政部部长盖特纳[①]（Geithner）的高级顾问理查德·西沃特（Richard Siewert）领导。

［29］ New York Times N.R. Kleinfeld,"It's a Goldman World in Battery Park City," *New York Times*, June 29, 2012.

［30］ 参议员卡尔·莱文对此毫不后悔。2011年4月，他在参议院常设调查小组委员会的听证会上特别指责过此事。他宣称："无论司法部的决定是法律漏洞还是执法不力的结果，高盛的行为都是欺骗和不道德的。"有段时间，法律专家一直对此案表示怀疑。（Peter Lattman,"U.S. Goldman Disclosure a Rare Break in Secrecy," *New York Times*, August 11, 2012, p.B1.）

［31］ 2012年3月14日，《纽约时报》的专栏文章《我为什么要离开高盛》（Why I Am Leaving Goldman Sachs）为作者格雷格·史密斯（Greg Smith）赢得了大量关注。据报道，他在10月出版的一本书获得了150万美元的预付款，这令读者大为震惊。在高盛工作的11年中，史密斯的职位一直处于中下层，写作这本书明显出于他对未能晋升为管理合伙人而感到失望的控诉，即便他在高盛的薪酬远远高于50万美元。

---

① 蒂莫西·F.盖特纳，第75任美国财政部部长。——译者

第 11 章

安达信
跌落神坛

20世纪60年代，安达信会计师事务所（Arthur Andersen & Co.）被广泛认为是当时八大会计师事务所[①]中最好的一家，也可以说是世界上最受尊敬的专业公司。然而，之后的50多年里，安达信在一次又一次的自我毁灭中，跌下神坛，直至衰亡。这一连串灾难为什么发生？如何发生的？通过研究安达信的整个盛衰史，我们可以明白：成功的基本因素对一家伟大企业来说是非常重要的，而保持卓越则难上加难。

安达信比其他主要会计师事务所发展得都快。其坚持不懈的高专业标准、对客户服务的独特奉献和持续精进的职业素养，吸引了最具才华的年轻会计师和最具声望的客户。伦纳德·斯派塞克（Leonard Spacek）是一位魅力超凡的领袖，在其领导下，公司广受尊敬，并始终保持卓越的专业性。斯派塞克创造性地提出了"一体化公司"的概念，要求无论公司的运营地点在哪里，都应遵循统一的政策和做事方式，这一概念后来被很多公司借鉴。在专业培训方面，安达信可谓行业领袖，公司拥有非凡的团队精神，在决策权和薪酬分配方面总能确保任人唯贤，并多次大胆投资建立公司。在展示计算机如何提高作为管理信息的会计数据的速度、准确性和有用性方面，安达信领先于所有竞争对手。

安达信在1913年成立，之后的半个世纪其始终希望能在同类

---

① 第二次世界大战后出现的八大会计师事务所分别为安达信会计师事务所、亚瑟·扬会计师事务所、永道会计师事务所、厄恩斯特-威尼会计师事务所、德勤会计师事务所、图什-罗斯会计师事务所、毕马威会计师事务所、普华会计师事务所。

第 11 章　安达信
跌落神坛

公司中保持领先地位。然而，事与愿违，在经历了一系列外人看不见的妥协和错误后，公司一直在加速退化，且越来越明显。其客户和竞争对手开始意识到，安达信的工作重点发生了一系列根本性转变，从追求专业卓越的领导地位转向追求利润增长和提升合伙人的薪酬。同时，SEC 发现安达信存在以下问题：对行为不当的客户，安达信的审计工作极为不严格；公司高管态度傲慢，阻碍公司改革。2000 年，安达信的管理咨询合伙人离开并成立埃森哲（Accenture）管理咨询公司，他的离开也带走了公司的主要业务收入来源。回溯安达信的衰落史可以发现，虽然安达信的衰落很早就有迹象，但最终解体并非必然结果；在几个衰落阶段，其中的任何阶段都有可能出现逆转颓势的契机。

2002 年 3 月 14 日，安达信被联邦政府起诉，罪名是违反永久禁令、销毁证据以及妨碍司法公正。随后，公司的业务很快流失了。虽然政府的诉讼最终被最高法院驳回，但为时已晚。随着安达信的加速衰落，其最终消亡已不可避免。安达信，这个曾经业务遍布全球的行业标杆，从内部衰败开始到最终解体，导致 8.5 万合伙人和雇员失去生计，投资者蒙受数十亿美元的损失。安达信噩梦般的衰落，给世人留下深刻警告：对于组织中任何一个有才能的人而言，最大的挑战不是追求卓越——当然，能达到卓越这一点，已经需要克服异乎寻常的困难——更大的挑战在于如何保持卓越。

成立之初

安达信曾走过一段漫长的旅程。与所有的公司一样，它最初是一家规模很小的私人公司。1907 年，22 岁的亚瑟·E. 安达信

（Arthur E. Andersen）决定辞去 Fraser & Chalmers 公司（一个重型设备制造商，后来成为阿里-查默斯公司（Allis-Chalmers）的一部分）财务总监助理的高薪工作，并开始在芝加哥普莱斯-沃特豪斯公司（Price Waterhouse）做临时员工，周薪只有 25 美元。对此，他的新婚妻子甚为不解，但安达信一如既往地固执己见。到 1908 年，他成为伊利诺伊州最年轻的注册会计师（CPA），而且当时美国仅有 2 200 名注册会计师（现在注册会计师总数已超过 36 万人[1]）。1913 年，雄心勃勃的安达信和克拉伦斯·M. 德拉尼（Clarence M. DeLany）离开普莱斯-沃特豪斯，并买下伊利诺伊州的一家小审计公司，这家小公司每月收入刚超过 1 000 美元，只有 7 名员工，且没有一名接受过正规会计训练。他们将公司更名为安达信-德拉尼会计师事务所（Andersen, DeLany & Co.）。

安达信曾说过，他希望评估公司的标准是"提供服务的质量，而非我们自己是否过上更好的生活。如果这只是一个谋生的问题，便会缺乏创造性的因素……而我对那类事情不感兴趣"。他自豪地说着母亲的口头禅"心直口快"（Think straight, talk straight）。直率、坚韧和精准，则是这位创始人和他的企业所共有的持久性特点。

然而，公司刚成立几个月时，安达信与一个重要客户——一家城际铁路公司发生了冲突。安达信表示，由于这家公司递延了修缮费①，其收益是扭曲的，他坚持认为这家公司的真实收益远低于其声称的收益。然而，这家公司的总裁极为独裁，声称他才是这家公司的老板，公司的利润表他说了算。但安达信仍坚持自己的审计结论，并表示即使把芝加哥全城的财富给他，他也不会更改这一结

---

① 会计科目，修缮费是指管理房屋、建筑物和各类设备维修所发生的人工、材料及费用支出，以及公房租金和不够基建立项的零星土建工程费用。——译者

论。于是，该客户又重新找了一家审计公司，而它几个月后便破产了。在另一场冲突中，五大湖的一家轮船公司在1915年2月的一场风暴中失去了一艘船，这家公司打算在债券发行通告中使用上年度财务报表。但安达信予以拒绝并表示，即便有损失也必须披露真实信息。

西北大学会计系的两名资深教师辞去了学校的职位并创办了他们自己的学校，他们离开西北大学时也带走了研发好的课程，这时西北大学找到安达信，让其接手并创建一门新课程。1915年，他转为正教授。安达信相信，在大学课堂中最优秀的学生可以帮助他创立一所不同的会计公司，因此他决定自己的公司只招收大学毕业生[2]，而不是其他公司所青睐的从高中和商校毕业的学生。他主要招募来自小城镇、毕业于中西部一流大学的下层中产阶级男性，因为这些人渴望通过成为专业人士来提升自己。他给予他们比竞争对手更好的培训，以便他们能够为客户提供更好的服务，并为其提供了一个有望争取成为合伙人的开放式精英体制。而其他公司的会计人员通常与潜在合伙人——安达信将其嘲笑为"古板的贵族"——处于不同轨道。

1917年，联邦税率修订后，有关税务会计和税务咨询的需求增加，公司的收入和税负当然也相应增加。1918年，德拉尼退出了公司，于是安达信将公司重新命名为安达信会计师事务所。20世纪20年代，随着公司的公开上市潮以及企业并购的激增，会计师业务的重要性迅速上升。其间，美联储发布了公共会计指引准则，更多大学增设了多门会计有关课程。安达信会计师事务所也稳步扩张，在纽约、堪萨斯城、洛杉矶和旧金山开设办事处。到1928年，公司的员工已达300人。

然而，作为年轻创始人，亚瑟·安达信并不屑于创立"另一家只专注于审计和税务的会计师事务所"。他也说过"簿记只是机械的，而会计则是分析性的"。于是，他开始致力于"商业咨询"，很快公司的服务便包括设计、安装新的财务和成本核算系统。随后，安达信成立了一个类"行业工程"小组，专门负责调研一家公司的定位或管理的优缺点，并寻找解决弱点的方法。这一业务在20世纪20年代，随着企业的并购热潮而兴起，但在1929年的大崩盘中戛然而止。但是，协助管理层经营的推动力依然存在。

1929年，安达信成立了"技术委员会"（Committee on Techniques），由它负责决策、研究公司采用什么政策应对会计业的新发展，以便各办事处可以采用同样的方式处理同样的工作。新员工在开始他们的职业生涯前，都需要在芝加哥市中心参加为期3周的培训，以使他们完全沉浸其中，学到"精确且唯一"的审计方法——在当时这种培训方式是领行业风气之先的。同时，为保持一致性，公司要求员工着装规范。安达信表示，希望自己的员工在外就餐时，规范的着装可以使其看起来就是成功的商界人士中的一员，并要求员工从劳动节①（Labor Day）到阵亡将士纪念日②（Memorial Day）都戴帽子，即便夏天改戴草帽也是如此。尽管这种戴帽子的习俗在20世纪60年代已经消失，但公司要求员工在穿着上要显得老练、形象上更接近客户的想法延续了下来。

正如伦纳德·斯派塞克所言：

> 亚瑟·安达信是一个伟大的推动者，也是一个非常以自我为中心的人[3]——这也是任何想把事情做成的人都必须具备的一种素质。他在生意上很精明，同时也对违反原则的人非常严厉。

斯派塞克在与安达信本人相处时，有其独特的方式，正如他所

---

① 9月第一个周一为美国的劳动节。——译者
② 美国国家节日之一，为5月的最后一个周一。——译者

言:"每当我们的沟通陷入困境时[4],我便会说,'我来自艾奥瓦州的农庄,随时可以回去种玉米'。"

初建信誉

大萧条初期,芝加哥一家大型企业的坏消息却成了安达信会计师事务所的好消息。由塞缪尔·英萨尔*(Samuel Insull)建立的公用事业帝国因过度扩张导致银行资金周转不灵,并将要倒闭。此时,纽约的银行聘请安达信作为其代表。安达信此前未曾与英萨尔的公司合作过,因此审计的工作量极大,这笔费用超过 200 万美元,大约占事务所营业收入的 20%。单这一个项目便推动了安达信的蓬勃发展,但也因此留下"癌变"的种子。几十年后,这粒"癌变"的种子最终导致安达信彻底走向自我毁灭。英萨尔的这笔生意确立了安达信在公用事业领域的地位,并促进了公司在信息系统实践方面的发展。

这一业务助力公司最终发展成为咨询巨头,并改变了整个公司。其改变的起点是伦纳德·斯派塞克此刻认识到,公用事业需要的管理信息与监管机构要求的统计数据大相径庭。甚至在此之前,公司的审计人员与系统顾问之间已开始偶尔出现紧张关系。斯派塞克当时专门服务于大型公用事业领域,为联邦爱迪生公司开发了一套开创性的功能会计系统,让管理者都能以成本效益为出发点,管理自己的部门。这一系统采用打孔卡制表设备。后来,随着制表计算机化,公司在开发计算机管理系统领域成为领头羊。

当然,国家的政策改革也是促进安达信在大萧条期间蓬勃发展的因素之一。《1933 年证券法》和《1934 年证券交易法》提高了注册

---

* 他曾是托马斯·爱迪生(Thomas Edison)的主要助手,后来成为联邦爱迪生公司的负责人。

会计师的地位，大大扩展了会计职业的作用和责任。会计师业务的工作职责从对员工的检查，转变为帮助投资者评估上市公司的收益和管理。1935 年，安达信发表了关于会计职业作用不断扩大的公开讲话：

> 会计是一种职业，而不仅仅是一种业务，会计人员所需承担的责任远超出单一业务功能所强加的责任。会计人员早就认识到，公司公开的财务报表涉及公众利益，所以会计人员既对公众负有责任，也对其客户负有责任。

安达信是一位严格的"监工"，他本人工作努力且无人出其右，他的个人价值也成了公司文化的核心要素。每位员工都被彻底灌输：客户永远是第一位的，不只是在工作时间把客户放在第一位。任何一家公司都应该做到这一点。杜安·库尔伯格（Duane Kullberg）——后来晋升为公司主管——对此表示："如果不是因为我们的客户[5]，我们谁都不会在这里。所以当客户的高管需要我们晚上或周末加班协助时，我们从不认为这是一种强迫。"虽然安达信被公认是"工作狂型"公司，但它也是首家支付员工加班费的公司，以至于其竞争对手抱怨道："安达信必须停止这种愚蠢的行为！该死的加班费制度会毁掉会计行业。"

斯派塞克表示，正是努力工作的文化，促使公司赢得大客户之一——联合航空公司（United Air Lines）。20 世纪 30 年代，政府取消了航空公司的邮件合同，这使得航空公司陷入困境，威廉·帕特·帕特森（William "Pat" Patterson）将 6 家航空公司合并为联合航空公司。正如斯派塞克所说：

> 因为帕特森喜欢芝加哥，所以他决定把总部搬到那里。他的融资主要来源于大陆银行（Continental Bank），他和他的律师只要走到街对面就到我们办公室了。他对我们其实并不了

解，只因为我们公司在电话簿中"会计"一栏的第一位，而他的银行家和律师告诉他，我们是一家不错的公司。

于是，一个周六的早晨，帕特森走进我们的办公室，在大厅里踱来踱去。我看到他，并问他我能为他做些什么。他回答说："嗯，我想雇用一家会计公司。你对这份工作感兴趣吗？"

尽管那时斯派塞克当上经理只有一年的时间，他还是很快与帕特森达成一份总协议。对此，斯派塞克讲道：

> 这是一个大项目，3年的费用大约为200万美元，这给安达信本人留下了深刻的印象。安达信总是期待费用上涨，尤其是在那些他认为对客户真正有价值的工作上。20世纪30年代，200万美元还是一大笔钱。这些工作也是在非高峰期完成的[6]，因此安达信特别高兴。

大萧条期间，为增加业务，公司拓展了一项新业务。在发展新业务过程中，公司将承担评估前审计师的工作，以及为自己的初步审计准备所涉及的大量劳动力成本。斯派塞克回忆道：

> 客户公司不常更换审计师的原因之一是，已经付钱让老审计公司做的工作，如果聘请新审计公司，需要重新支付费用再做一遍。当然，这也是我们决定首次服务不收费的原因之一。另一个原因是我们的标准比其他公司要高，因此我们觉得必须掌握更多更好的信息。很久以前，我们便被认为是收费最高的审计师，所以我们必须确保可以提供最好的服务，而这些耗时颇多的首次工作是我们实现目标的一种方式。这个过程也给了我们足够的知识和洞察力，可以帮助我们降低未来的成本，并让我们的客户满意。

1940年，公司制定了一项集中培训计划，以确保每个新人在同一时间、同一地点接受同样的培训，这在行业中还是首次。当时，其他同行公司的培训都只是在本地举行，而各地的培训内容差异很大。合伙人埃德·詹金（Ed Jenkin）回忆说："这个项目非常严格，我们几乎全天都在上课[7]，每晚要花4小时才能完成布置的课后作业。这是一次很好的学习经历，当你完成时，你会觉得自己真的可以做审计了。"

合伙人为集中培训投入了大量资金，但斯派塞克回忆说："当时没有人反对。[8]因为这样的培训，让每个办事处都拥有非常优秀的人员。我们认为公司收入50%的增长来自我们在培训方面的投资。"（1970年，公司收购了伊利诺伊州圣查尔斯市的一所天主教女子学院，并建成安达信培训学校，每年雇用1 000多人来教授6万多名学生。）

安达信坚定地坚持会计的完整性原则。1944年，由于安达信与杜邦（E.I. Du Pont De Nemours）在如何报告不同种类的盈余上存在分歧，最终安达信终止了对杜邦的审计工作。杜邦不想要保留意见（qualified opinion）的审计报告①，安达信则坚持认为杜邦要么接受保留意见的审计报告，要么改变经营方式。对此，《纽约时报》发表了一篇文章，标题为"不惧杜邦这位大客户，安达信宁选公正"[9]。这大大提升了公司的声誉。

第二次世界大战后，公司重新开始尝试国际扩张。由于1929年股市崩盘和大萧条，之前的各种计划都被搁置了。不过，在1933年，安达信曾与一家名为麦考利夫-戴维斯-霍普（McAuliff, Davis & Hope）的伦敦公司达成协议，为其拥有的海外客户提供审计服务。为了在欧洲和拉丁美洲建立联系，安达信与安永的前身之一特宽

---

① 审计报告共有四种类型，分别为无保留意见的审计报告、保留意见的审计报告、否定意见的审计报告以及拒绝表示意见的审计报告。——译者

德-扬公司（Turquand, Young & Co.）准备合建一家中等规模的合资企业；另外，还与一系列较小的、特定国家的公司建立了联系。

更新换代

公司的创始人兼主要股东亚瑟·安达信患病数年后，于1947年去世，享年61岁。他担任管理合伙人的34年中，公司从2个合伙人成长为40人，从1个办事处发展到15个，营业收入从1 000美元增长到600多万美元。但安达信本人性格专横跋扈，这使得他未能培养出接班人。多年来，他曾指定了几个"王储"，但每次都因发生激烈争论，他又"废黜"了他们。他也曾希望他的儿子阿瑟·阿诺德（Arthur Arnold）能继承他的事业，但他的儿子对此不感兴趣。然而，在安达信死后，小亚瑟试图以"继承权"掌握公司的所有权，但没有成功。

斯派塞克39岁时继承了安达信的事业，他的愿景集中在专业卓越和公司成长上。他善于激发他人的信心和认同感[10]，并做好了积极领导的准备。实际上，当时合伙人已准备好对公司进行清算，部分原因是纽约和芝加哥办事处之间的纠纷持续不断。但是，斯派塞克说服他们以170万美元买下安达信家族的股份。资本重组当时是一个重大挑战：公司当时的净资产只有150万美元，要花17年才能还清安达信的债务。

为了管理公司，合伙人最初同意成立一个由7人组成的高级顾问委员会，其中斯派塞克担任"管理合伙人"。但之后，考虑到公司所面临的诸多挑战，斯派塞克开始逐渐忽视委员会的作用。当时，所有竞争对手公司突然之间竞相追逐安达信的客户，所以他的首要任务是留住客户，"我认为，事后请求原谅比事先请求允许更容易……我不想让他们妨碍我完成不得不干的事情"。很多客户一直将自己视为亚瑟·安达信个人的客户,因此斯派塞克必须让其相信他们是安达信这家公司的客户。斯派塞克谈道:"老实说,那真是一段令人担忧的时期。"[11]

斯派塞克面临的第二个重大挑战是建设公司。这需要大笔资金,而募集这笔资金的前提是合伙人同意接受低薪酬。受到斯派塞克成为优秀的专业企业的愿景和他顽强的领导能力的鼓舞,他们确实做到了。(那时,合伙人并不了解其他公共会计师事务所合伙人的收入,而这一点起到了作用。)于是,斯派塞克为合伙人的收入设定了上限,并把剩下的钱——大约为曾经合伙人薪酬的30%——投到业务发展以及提升年轻合伙人的薪酬上。

"做这些投资是因为我们认为,为了公司的建设,我们必须这么做。我们只是继续推进。"[12]为强化标准并使之在全公司范围内保持一致,合伙人和经理团队被选派到其他办事处,从头到尾审查他们的审计报告。1947—1956年,这10年间公司的收入增长了近2倍——从650万美元增长到1 800万美元,合伙人的资本增长了5倍——从100万美元增长到600多万美元。

《财富》杂志这样写道:"就连竞争对手也承认,安达信之所以成功,主要原因在于它提供了一流的审计服务。公司能够做到这一点,在很大程度上得益于积极的招聘工作。公司每年通过大学和研究生院寻找最优秀的会计人才。为候选人提供更高的薪酬,这一策略虽然简单,但屡屡奏效。"与此同时,由于每个合伙人手下的助理人数比任何竞争对手都多,公司因此获得了撬动发展所需的经济杠杆。

斯派塞克的确切动机是,超越主要竞争者普华会计师事务所①

---

① 1998年之前普华和永道为两家不同的会计师事务所,文中该处时间点约为20世纪50年代,此时两家公司尚未合并,故此处翻译为普华会计师事务所,简称普华。——译者

(Price Waterhouse)。在将要接管公司前,斯派塞克曾代亚瑟·安达信参加纽约的一个会议。会上普华的管理合伙人乔治·O.梅(George O. May)中断他的发言,并称安达信公司只是中西部地区的一家机构,规模太小,不足以在制定行业政策方面扮演重要角色,因为政策总是由大公司制定。于是,斯派塞克下定决心,让安达信公司也成为一家大公司。普华拥有最多的纽约证券交易所上市公司客户,并以此为傲,因此斯派塞克决心让安达信在这方面做得更大。直到退休前不久,他的口袋里还放着一份输赢名单,并笑着宣布:"今天,我们超过它们了。"然而,他从未意识到,正是注重追求规模,才导致他所钟爱的公司最终走向衰落。这一结局的讽刺意味实在太辛辣了。

斯派塞克的发展理念是客户服务、公司的公众责任以及公司的成长,这一切都是紧密相连的。合伙人乔治·卡特利特(George Catlett)回忆说:"他认为,你必须去做那些不得不做的事——除非你有实力可以不做,否则你就没有影响力[13];同样,除非自身强大,否则不可能拥有这种实力。"

斯派塞克总结说:"多年来,我一直被问到,我们是如何计划增长的,而事实是我们根本没有计划[14]。20世纪40年代、50年代和60年代,我们非常专一,把所有的精力集中在员工发展上,建立管理层与员工之间的双向忠诚,在客户有需要时提供任何所需的服务。我们的服务又好又及时,以至于我们的客户永远不会考虑其他公司。这虽然听起来很老套,但正是这些成就了我们公司。"合伙人罗伯特·梅德威克(Robert Medwick)回应斯派塞克的总结说道:"做正确的事情,利润自然会好起来。"[15]

斯派塞克所培育的团结和平等的精神,激励着合伙人为公司的利益而牺牲自我。合伙人罗伯特·梅(Robert May)表示:"斯派塞克的哲学是公司的每个合伙人都是平等的。[16]很多年轻合伙人因此受到激励,走出去开展自己的业务。当年轻的合伙人感受到自己是公司极为重要的一部分时,自然会产生这样的行为效果。"

尽管公司丢失了几位客户,但斯派塞克仍大力推行专业标准。他并不介意因为坚持正确可行的原则而失去这些客户。他开始公开倡导会计原则的严密性、一致性和公平性,而这激怒了其他公司。尽管如此,他仍坚持在公开演讲和规模发行的刊物上发表这一观点,同时悄悄地以"高贵的红木双门"这样的形象装点着公司的标志。

1957年,距离财务规则制定者财务会计准则委员会(Financial Accounting Standards Board)成立还有16年,斯派塞克在一次极具远见的演讲中,明确表现出了改变所在行业的决心。他反问道:"即使我们的职业在公众心目中的地位根深蒂固,高如象牙塔,难道我们也要因此忽视批评的声音吗?"[17]他建议建立一个会计法庭,由其负责制定每项会计政策和惯例,一劳永逸地解决问题,而不是让各个会计师事务所各有各的解释,甚至同一个会计师事务所内部的解释都不一致,这也是他所不能接受的。

> 今天,对于共识的基本前提和目标,再没有争论的必要……但我们公司的合伙人认为,当下的会计职业并未使财务报表的审计报告方面的重要性在公共责任中体现出来。我们认为,这一行业岌岌可危,行业框架的建立迫在眉睫,框架包含:(a)前提是,人们都接受这一会计原则;(b)所有的会计行为准则都必须符合上述前提;(c)建立一个负责确定会计行为准则的机构。我们公司将坚持面向公众,揭露该行业中的重大问题。

竞争对手试图惩罚斯派塞克,因为他发表了贬低会计职业的言论,但都没有成功。后来,安达信因为斗志旺盛、敢作敢为,被称

第 11 章 安达信
跌落神坛

为会计界的"海军陆战队"。斯派塞克始终坚持遵循一贯、严格的职业标准，而他坚持的出发点源于对安达信标准的提升。众多例证中的一条是关于电脑的折旧费用。安达信在未征求客户同意的情况下，考虑到技术的进步，自行决定将计算机设备的物理寿命确定为5年，而非普遍采用的10年（当时其他公司都采用这一标准计算折旧费用）。正是这一单方面的决定，将电脑的使用寿命缩短了一半，使客户公司的该项年度折旧费用翻了一倍。客户质问安达信的审计师："谁让你成为上帝的？"对此，答案只有一个名字："斯派塞克。"

老板的这种强势风格虽然在公司内部广受认可，但也并非没有关系紧张或被消遣的时候，尤其是当他在别人认为微不足道的事情上努力时。比如，安达信要求男士穿白衬衫，不开凯迪拉克，以免客户担心他们的费用太高。1954年的一份标记为"健步如风"的备忘录经常被提及，斯派塞克在其中写道："每个人都应养成始终忙碌的习惯，避免出现懒散或无所事事的样子。走在大厅里，要步态精神走路快！"

斯派塞克的领导极大地影响了公司的两大战略事项：国际扩张和早期的计算机化。斯派塞克相信，计算机不仅可以应用于科学项目，还可以应用于商业项目。计算机在商业上的用途将完全不同于科学工作：商业是对大量数据进行少量计算，科学则是对少量数据进行大量计算。乔治·卡特利特回忆说："所有人都认为这很荒谬。"[18]但斯派塞克无所畏惧，继续倡导计算机系统，并为IBM赢得了第一个大客户——联邦爱迪生公司，也是他的审计客户，正是他将这位客户推荐给IBM的。

在这件事上，他所面临的主要挑战是，说服合伙人提供资金，为公司购买所需的新流行的计算机。他打电话给第一台通用计算机

ENIAC[①]的研发者。"我告诉他们,我有4个聪明的年轻人,我想派这4个人与他们一起工作,并向他们保证,我们的人可以做任何事情——做饭、洗碗、拖地——允许我们通过这种全程跟踪的方式学习有关计算机的所有知识。"这4个年轻人也是他手下专业人员中最优秀的,因为他明白一点,即要把最优秀的人才放在未来想要实现重大变革的地方。斯派塞克将合伙人收入的1/3投入计算机项目,当时有人称之为"斯派塞克的荒唐事"(Spacek's Folly)。

关于公司如何做到在计算机系统咨询方面领先于其他会计师事务所许多年,斯派塞克是这样解释的:

> 这源于我们的审计工作。为使审计工作保持有效性,我们需要对客户公司的财务状况进行梳理。在深入了解客户公司所在的行业后,审计师才能形成有洞察力的报告。因此,做到最后时,审计师已充分了解这家公司,通常还能为该公司发现很多可以改善其运作方式的机会。正是这些改进建议,使得我们公司以一种极为恰当的方式介入咨询业务。

斯派塞克明白,新生的咨询业务将对审计的独立性构成威胁。他一再警告同事们:"不要走极端[19]。不要做有可能影响审计的事情。"为了防止"公司中滋生新公司",斯派塞克希望继续把审计作为公司主要的专业服务。长远来看,这是一场势必赢不了的抗争。如果没有一种方式可以让审计和咨询这两个不同增长率或盈利能力日益不同的领域彼此兼容,那么原本的小问题也可能恶化成一个严重的大问题。

---

① 全称为Electronic Numerical Integrator And Computer,即电子数字积分计算机。ENIAC是继ABC(阿塔纳索夫-贝瑞计算机)之后的第二台电子计算机和第一台通用计算机。——译者

一体化公司

斯派塞克的国际增长战略依赖于合资企业和代表协议，但这越来越挑战他的理念：提倡全球"一体化公司"和追求统一的标准。他回忆时讲道：

> 一天，事情到了紧要关头，玛氏公司的 CEO 福里斯特·马尔斯（Forrest Mars）冲进我的办公室。这是他的特点，不满意就会大发雷霆。他也经常称呼他人的全名，只要他喜欢那个人。一天，在芝加哥，如我所说的那样，他大嚷着冲进我的办公室："我希望你去伦敦，看看你的人为我的公司所做的工作……服务太差了。"
>
> "现在，请先冷静下，"我对他说，"那里的服务与你在这个国家得到的服务是一样的，也与我们给其他客户提供的服务一样。"
>
> "唉，不一样，"他说，"而且很糟糕。你最后一次到伦敦是什么时候？"
>
> "我从来没有去过那里，但是我们所有的办事处都提供同样的服务。"
>
> "你们可能是这样计划的，但这个计划并不奏效。伦敦的服务很差，而你却对此一无所知。"

经过这次斥责，斯派塞克同意访问安达信英国分公司运营的伦敦办事处，亲自了解问题所在。"我亲自去那里看了看，"他说，"他说得对。那里的服务很差。"斯派塞克等了 1 个多小时，然后冲进经理的办公室，告诉经理他被解雇了。"不到 24 小时，我决定解除这段超过 25 年的合作关系。"

斯派塞克说服合伙人应该由公司自己建立国际组织，他的典型主张是公司的长期生存比现在这一代合伙人的短期福利更重要。其他公司主要通过合并实现增长，而斯派塞克对此表示反对，因为合并可能会带来不同价值观和行为习惯的人，从而削弱安达信的文化。（公司的创始人亚瑟·安达信关于审计公司合并的形容更贴切："这样做，凹痕是消除了，同时也把划痕涂掉了，但你永远不知道自己到底得到了什么，而看清真相时往往为时已晚。"）

为提升欧洲业务，斯派塞克开始集中从牛津大学和剑桥大学招募员工，并大胆地提供远高于市场水平的薪资待遇。在世界其他地区，当地的员工从当地大学招聘，并送到安达信的美国教育中心接受培训，同时采用考核方式晋升，包括拥有晋升合伙人的平等机会，而这在当时实属一种创新，毕竟行业内合伙人多是由总部培养的。另外，安达信也是第一个从黑人院校招募员工的公司。此外，与传统惯例的另一个重要区别是，公司整体在世界范围内共享一个利润池，而不是每个国家甚至每个办事处各不相同。

朝鲜战争结束后，安达信在东亚与 SGV 公司建立了联系。当时，SGV 已成立 10 年，由一位在美国学习过的菲律宾人经营，他的公司尽可能地模仿安达信的风格。30 年后，两家公司合并成一家公司。20 世纪 60 年代，安达信开设了 51 个新办事处，其中 31 个在美国境外。回顾过去，斯派塞克注意到："我们并不是要成为世界上最大的公司，只是想确保我们那些业务拓展到海外的客户，仍能从我们这里得到他们在美国已经习惯的服务。"

分歧不断

斯派塞克对如何在专业服务领域取得成功有深刻理解，他曾极具预见性地表示：

> 当一个专业人士把目光从客户身上移开，开始担心增长和利润时，失败将就此开始。时刻为每个客户做到最好，便一定会成功。除此之外，别无他法。

伦纳德·斯派塞克长期以来的成功领导、个人的人格魅力和以客户为中心的卓越专业愿景，使得他可以控制公司的扩张和国际事务的扩展，并克服合伙制组织结构不可避免的低效率。但他没有意识到也未处理好，公司如何在没有他的情况下继续发展的问题。在他16年的领导生涯中，安达信已成长为一家规模越来越大且发展迅速的公司。然而，他却未开发出有效的组织结构，用来更好地管理公司。1963年，斯派塞克时代结束时，公司已经庞大到任何一位领导者都无法在现有的合伙制结构下进行管理和领导。

1963年12月1日，在公司成立50周年纪念日这一天，斯派塞克将管理职责移交给了沃尔特·奥利芬特（Walter Oliphant）。虽然沃尔特·奥列芬特很受欢迎，但他未能为公司提供所需的强力领导。这也是公司走向长期下滑的第一步。

很快，公司内部不经意间出现了严重分歧。在全球范围内，各地方分部在地域、法规和本地业务等各方面差异很大。咨询实践中，存在数据处理系统的存储分歧——如在计算机系统设计中关于磁带与磁盘存储的争论——这种分歧在纽约和芝加哥两个分部之间蔓延开来，并与两地在审计方面日益增长的分歧遥相呼应。尽管在解决具体问题方面做出了重大努力，但"纽约与芝加哥"以及"审计与咨询"之间的紧张关系，随着时间的推移演变为公司内部的两股对抗势力。这是公司的又一大退步。

安达信的壮大只是单纯的扩张模式，而非健康的增长模式，即发展得越来越大，但不是变得越来越好。虽然奥列芬特做了调整以适应顾问人员，但他的防守操作导致了更大的分歧。1964年，公司停止要求顾问人员至少做两年的审计工作的规定。再后来，顾问也无须参加审计培训——这使公司再下一个台阶。1971年，咨询业务的发展速度远远快于审计业务，并与非审计客户开展业务，这种紧张关系十分严重，以至于当时的管理合伙人试图通过安排一名审计合伙人负责咨询业务来弥补日益扩大的差距。但这并未奏效。安达信的衰落开始加速。

另外，颠覆性的外部变革也随之而来。1968年，未来困境的预兆突然浮现：诉讼。第一起诉讼很小，虽然庭外和解了，但合伙人仍感到不安，当然，合伙人确实应该如此。在美国，会计师事务所遇到的重大诉讼案迅速增加：1970年71起，1971年140起，1972年200起。这些诉讼通常来自审计纠纷，而不是咨询纠纷。当安达信的一个审计客户——美国四季护理中心（Four Seasons Nursing Centers of America）因大规模欺诈而破产时，公司为此感到羞愧。令人尴尬的是，安达信支付了巨额和解金，而这表明它的审计服务已不再是行业标杆。公司一直在为客户提供便利，这在一定程度上让其在商业逐利上的"现实主义"侵蚀了它在审计业务上的专业性。

20世纪70年代早期，新型计算机系统业务在美国区域的销量第一次出现骤降，这暂时掩盖了安达信亟须处理美国区域咨询与审计业务之间矛盾的迫切需求，反而为公司进行计算机系统咨询业务的国际扩张提供了正当理由。由于缺乏足够的重视，审计与咨询业务之间的结构性问题开始扩散至全球，并且更加根深蒂固。

与此同时，会计师事务所的外部环境仍继续朝着不利的方向变化。雄心勃勃的年轻专业人士被其竞争行业如管理咨询或投资银行等吸引,他们的薪酬成本也被推高。更糟糕的是,审计公司开始以价格这一基础因素作为竞争筹码,因为客户越来越认为审计是一种无区别的商业服务。安达信不再被视为有别于其他公司,因而客户认为无须为其服务支付专业溢价费用。

"来者不拒"的哈维·卡普尼克(Harvey Kapnick),被称为有组织能力的"矮脚公鸡",于1972年被选为公司的领导者。3年后,他获得了"公司CEO和董事长"头衔,这让人们大吃一惊。卡普尼克迅速开展一系列行动,在莫斯科设立办事处,发布公司年度报告(由竞争对手审计),完成美国政府的预估财务报表,起诉SEC,并将公司重组为一种新结构,即位于瑞士日内瓦的合作协会(Société Cooperative)。这种结构上的创新有助于解决不同国家的分部在国际化和本土化方面的问题,虽然公司管理的高成本与合伙人的高收入同步,但收入的增长还是没有跟上通货膨胀的速度。卡普尼克还建立了一个独立的公众审查委员会(Public Review Board),由其负责监督公司的专业政策和业务实践。由于渴望亲密接触名人,他为公司请来了英国前首相爱德华·希思(Edward Heath)、SEC前主席、未来的中央情报局局长威廉·凯西(William Casey),以及西北大学凯洛格商学院院长唐纳德·雅各布斯(Donald Jacobs)。

卡普尼克醉心于追求权力、地位和财富,推动公司朝着"比竞争对手更大更好"的方向发展,并宣布"唯一可接受的标准是卓越,唯一可接受的结果是成功"。但是,随着公司越来越庞大,业务愈加复杂多元,公司无法维系质量标准与一体化的"统一"的困难不断增加,因此他的大胆倡议注定无法落地。他的领导风格加剧了公司的问题。在他的合伙人眼中,他的行事风格偏向"以自我为中心"和"飞扬跋扈",这些负面印象是他的组织领导才能所不能弥补的。还有其他的一些事情,如他经常仓促命令合伙人取消复杂的海外行程，以便立即着手解决被他定性为"关键的""十万火急的"特殊任务，然后又随意延迟对这些紧急事务的决策。

公司的快速增长是一个不小的挑战，与此同时，安达信也在为严重的战略分裂挣扎。与审计业务相比，过去需要投入大量现金的系统咨询业务，其实力正在增强。系统咨询业务发展更快，利润率更高，负责为客户组织中的高级管理者提供服务也更令人兴奋。公司的规模使得人们的注意力很容易放在数据上，而不是传统的专业价值观上，同时也使得个人沟通和达成共识的难度更大。这家一体化公司正逐渐分化为两家公司，它们分别拥有两种不同的业务，不同的发展轨迹，不同的职业，不同的价值观、规范和文化。

审计和咨询两个业务部门之间的紧张关系，也是两者之间产生分歧的一种体现，与此同时，公司的传统治理架构也加剧了两者之间的这种紧张关系。在传统治理架构中，审计和税务合伙人仍在合伙企业中占主导地位，他们担任办事处经理、区域经理以及合伙人董事会中的重要职位，掌握政策、战略和薪酬的制定权。咨询合伙人为公司赚得更多，但审计合伙人的收入更高——高得多。多年来，审计合伙人做了所有有利的投资以及发展咨询业务，因此他们认为自己理应因过去的大额投资而获得良好的回报。但是，咨询合伙人认为，是他们的业务更成功才让公司赚得更多，所以他们应该获得更多的利润。一方觉得公平的方案，另一方却认为恰恰相反。这次的分歧导致又一次大退步。在一次合伙人会议上，一位资深合伙人站出来直言不讳地讲道："两者的关系很糟糕，而且越来越糟。必须停下来——现在就停下来！"

业务与专业之间的紧张关系让合伙人和监管机构都感到担忧。SEC是上市审计公司的监管者，SEC越来越关注这样的利益冲突，即审计公司越来越多地获得金额巨大、利润丰厚的咨询合同，这可

第 11 章 安达信
跌落神坛

能会影响它们作为审计机构的独立性。其中，安达信不仅是行业领先的审计公司，而且拥有迄今为止最大的咨询业务。

为实现 IT 咨询部门不断增长的市场价值，卡普尼克努力说服合伙人，要么接受政府监管，要么强制审计与系统咨询分离——或者两者都进行——将成为必然趋势。他决定主动与 SEC 主席哈罗德·威廉斯（Harold Williams）会面，以促使 SEC 作为强制一方，进而要求审计公司剥离咨询业务。然而，SEC 对业务分离的要求并没有兴趣——但卡普尼克向他的合伙人报告时说，SEC 已明确决定强制业务分离。在与几位资深同事就战略选择进行初步讨论后——但未进一步与世界各地办事处的合伙人进行整体讨论——在 1979 年的年度全球合伙人会议上，他提出了分拆的想法。卡普尼克宣称，公司只有两个选择：大幅缩减咨询业务，或将咨询业务与税务审计业务分开。卡普尼克认为，如果可以得到咨询部门领导和董事会合伙人的坚定支持，他便能获得足够多的赞同票。但他错了。

卡普尼克建议，通过将咨询业务拆分为"独立但有关联的公司"，"把一家大公司变成两家大公司"，并由他同时担任两家公司的负责人。对此，合伙人在会议中提出强烈抗议，并要求进行不记名投票，这在公司历史上还是第一次。审计合伙人和税务合伙人在投入了这么多资金之后，并不打算剥离咨询业务。甚至一些咨询合伙人也表示反对。

由于卡普尼克似乎没有决心推行他的提议，因此在后来的会议中，他再次被选为新一届领导，任期 4 年。但表象是具有欺骗性的，平静只持续了几周。当意识到卡普尼克仍决心拆分公司时，实力强大的审计合伙人决定将他赶出公司。他们在曼哈顿私下会面，之后派一个代表团会见卡普尼克，并附上一份书面声明：他不再得到合伙人的支持，因为他不愿为合并后的公司效力，因此应该辞职。"绝对不是！"卡普尼克说。他迅速给所有合伙人发了一份电传，说明他被要求辞职，但他拒绝了，并于12月召开了一次特别合伙人会议。但是，那些反抗的合伙人甚至要求更早召开合伙人会议。卡普尼克很快意识到自己已别无选择，于是在1979年10月14日辞职了。这一系列事件导致了一个严重后果：公司建立了一个相当复杂、多阶段、耗时数月的新领导者选举程序——但这恰恰导致公司的又一次倒退。

随着合伙人数量的增加，管理专业合伙企业的内在难度呈几何级数递增。1980年，安达信拥有1 000多名合伙人和18 000多名员工。接下来的20年中，公司的规模进一步扩大了3倍多。新员工的加入速度，远远快于教会他们按照"公司的方式做事"的速度，也快于他们接受和内化公司的价值观和文化的速度。合伙人不安地开玩笑说，太多办事处他们从未去过，太多合伙人他们不认识。在一场后来被称为"商人对武士"（代表专业追求与商业价值的冲突）的审计内部冲突中，审计人员分成两组：一组是致力于高专业标准和维护企业声誉的"武士"，另一组是专注于收入和利润最大化的"商人"。专业卓越的显著性受到了商业主义的挑战，"务实的"商业论点容易提炼出来并记录归档，而对专业价值的忠诚则是抽象的，对此持怀疑态度的人通常不能——或是完全不能——理解这种信仰的价值。

误入歧途

出于类似的原因，其他主要的会计公司也都面临同样的压力，但安达信的合伙人对规模压力和失去真正的"合伙人关系"感到更加苦恼。他们对自己和公司都有更高的期望。这是因为建立在卓越意志之上的文化对卓越有迫切的需要。他们从不妥协，对追求专业地位领先的他们而言，接受"安达信不是最好的"这一观念，本身就是一种惩罚。

随着规模问题越来越严重，公司试图在其组织架构中添加新的维度。为控制服务质量和确保薪酬待遇公平，以及保持沟通渠道畅通，从而听到每个人的心声，公司创立了协调委员会、实践委员会、薪酬委员会、运营委员会和战略规划委员会，并配置好工作人员，开始安排会面，但这些操作只是又增加了公司的复杂性，并滋生出办公室政治。这导致更进一步的倒退。

1980年冬天，杜安·库尔伯格成为管理合伙人。为了重拾公司的价值观，他把CEO等公司头衔改回合伙企业应有的称谓，为退休合伙人组织信息性会议，制定长期资本计划，减轻年轻合伙人的经济负担，允许高级合伙人遇到个人迫切需求时撤资，并在达成共识后再采取行动。此外，他提高了收费水平，对此合伙人表示赞赏。库尔伯格已意识到自己所面临的主要挑战，"好消息是，我们有一个庞大、快速增长的咨询部门，但对我们而言，这同样也是一个坏消息"。

1985年，SGV集团与安达信合并，安达信因此突然增加了3 000名新员工，成为东南亚地区的龙头企业。合并也大大扩大了公司的规模和地理、文化方面的差异。这又一次严重背离了公司的专业价值，也使公司进一步陷入困境。

公司的主要成本，即员工薪酬面临上行压力，叠加客户将审计服务视为无区别的商品后所带来的费用下行压力，导致审计业务的盈利能力不断受到挤压。另外，会计问题引发的诉讼越来越多，和解金额也越来越高——这进一步形成了更多诉讼案，增加了责任险的成本。此外，最高法院通过决议，允许律师和会计师发布广告竞争业务，这也导致公司成本的增加。

公司的经济发展由咨询业务的增长和盈利能力推动，而与之形成鲜明对比的是，公司的组织权力结构却由审计人员主导。在系统咨询领域，安达信这一品牌从一开始有利于咨询业务的销售，到现在反而变成了累赘：因为过去审计工作严肃保守的路线，与计算机系统咨询业务将充分利用未来机会发展的创新形象相冲突。两个业务条线的增长率和盈利水平的差异持续扩大并引起关注，特别是在顾问之间。正如卡普尼克观察到的："公司文化改变了[20]。审计师被降格为二等公民，而咨询顾问则站在公司的顶端。"

1987年，资深咨询合伙人分别会面，同意丢掉"管理信息咨询部"这一尴尬旧称，并将其更名为安达信咨询公司。（他们后来也放弃了具有象征意义的红木门，改用橙色地球仪作为企业标志。）第二年，合伙人接到了一项出乎意料的收购要约，他们愤怒地拒绝了这项收购。原来，安达信咨询公司的前负责人维克托·米勒（Victor Millar）于1986年离开公司加入萨奇广告公司，并在1988年冬天提出了这个收购计划。对此，安达信居高临下地给出回应："无论是这家公司，还是公司的任何部分，都不会出售。"然而，剥离咨询业务这粒种子已经种下。

库尔伯格安排了一组合伙人，负责提出一个"不偏不党"的解决方案，以应对咨询和审计之间日益激烈的斗争。这一特别工作组由审计合伙人主导，他们认为审计合伙人应该继续主导企业领导层。最后，工作组提议设立两个独立但收入共享的业务部门——安达信咨询和安达信，两者都隶属于安达信全球（Andersen Worldwide）。审计和咨询将拆分为两项独立的业务，由两套独立的战略指导。双方都向库尔伯格和一个由24名合伙人组成的新董事会汇报——其中，8名来自咨询部门，16名来自审计部门。利润分配将基于各自的经济表现[21]，但合伙人要确保至少可以获得两家公司平均收益的85%——这一提议最初没有引起争议，但随着咨询收益的持续快速增长，争议越来越显著。

库尔伯格指派了3位强有力的合伙人，负责管理专业标准，但他们的权威性从未达到仅由1位合伙人即乔治·卡特利特负责时的水平，这位合伙人于1980年退休。之后，管理合伙人办公室搬到了纽约，而专业标准组（Professional Standards Group）却留在芝加哥。于是，对专业标准问题快速、果断地采取行动，不再是公司的当务之急。

1989年，300位咨询合伙人开会讨论，如何解决他们所面临的重大问题，包括：公司难以掌控自身命运，公司的审计形象问题，以及每年不断增加的从咨询业务向审计业务划转的巨额薪酬补助。1988年，咨询收入增长率为33%，是审计收入增长率14%的2倍多。双方的紧张态势继续加剧。考虑到重建公司结构和文化所带来的压力和负担，库尔伯格在距离任期结束还剩两年时便提前辞职了，这一结果不足为奇。接替他的是来自纽约的审计合伙人劳伦斯·A. 温巴赫（Lawrence A. Weinbach）。

温巴赫取消了全球利润池——这是合伙关系的重要纽带，可以把所有人绑在同一条船上——而在世界各地建立利润中心。"这看上去无伤大雅[22]，"一位合伙人表示，"但影响最大，因为这使文化发生了重大改变。"利润中心的衡量和奖励鼓励员工对经济效益的日益关注。库尔伯格讽刺地说："20世纪90年代这一快速发展时期，员工的心态是，不变富人，就是蠢人。我认为这种思维方式已渗透进安达信公司。"为了增加利润，有经验的审计合伙人被清除，并通过向客户出售更多服务（其中一些服务的价值值得怀疑）来寻求额外收入。运营成本降低了，收取的服务费用增加了，因此每位合伙人的薪酬大幅提高，同时不可避免地致使审计标准降低。公司的衰退速度进一步加快。

1992年，专业标准组第一次被批驳，以应对来自客户的压力：股票期权不该被记入费用账户。在这个问题上的让步对公司的专业声誉造成了严重损害。因为 10 年后，以沃伦·巴菲特为代表的监管机构和投资者都认同，期权是一种费用，应当在授予期权后从收入中扣除。斯派塞克如果还健在，一定会对公司为了商业利益而牺牲专业原则感到惊讶，但当时公司内很少有人看清本质：这是又一次重大衰退。

公司与佛罗里达州通用汽车前总裁约翰·德洛雷安（John DeLorean）之间不同寻常的关系，是公司追求利润的一个尖锐例证。德洛雷安注定要彻底失败，但这一过程令人眼花缭乱：他与当时的名模克里斯蒂娜·费拉尼（Christina Ferrare）过着乘飞机到处旅游的奢侈生活，如他雇用的男仆以及供两人使用的两辆梅赛德斯–奔驰轿车等私人消费都是用公款支付的。迪克·梅塞尔（Dick Measelle）是一个汽车工人的儿子，在 1972 年转回底特律之前，他已在安达信的马德里办事处工作了几年。梅塞尔被要求就这些费用进行解释，因为通用汽车的 CEO 认为这些费用多有不妥，但梅塞尔宣称这些费用都是合理的，并保留这些备受瞩目的账目。之后，德洛雷安破产了，他被指控意图（尽管最终被无罪释放）购买价值 2 400 万美元的可卡因，同时因其企图携 1 700 万美元潜逃而被控诈骗及敲诈罪。作为德洛雷安的审计公司[23]，安达信在英国以 6 200 万美元了结了这一诉讼，且 12 年内不得再与英国政府签订审计合同。公司标准丧失的另一个标志是，卷入德洛雷安事件对梅塞尔在安达信的职业生涯的影响居然微乎其微。他在 1987 年成为美国审计业务负责人，又在 1989 年晋升为安达信的 CEO。

加速衰退

1989 年的年会以"继续增加收入"为主题，这表明领导层的

第 11 章 安达信
跌落神坛

基调和政策的加速变化已很普遍。为彰显公司的进取精神，公司以老虎的眼睛总是"紧盯机会，全心捕猎"为训诫象征，甚至将一头活的猛虎牵进会场。这一噱头意味着由梅塞尔等人给安达信带来的根本性变化越来越大。在斯派塞克和安达信本人领导的时代，下属总是因发现或质疑任何会计错误而受到赞扬。但在梅塞尔时代，所有人快速明白，下级质疑合伙人会被视为不服从命令。

1997年，公司的合伙人数量达到2 800名，收入总额达到100亿美元。魅力超凡的安达信咨询的总裁乔治·沙欣（George Shaheen）被任命为安达信全球的总裁。但最后一刻，任期条款被修改，要求他接受来自审计公司的一名CFO和一名COO。然而，他拒绝了。税务专家、伦敦办事处负责人詹姆斯·瓦德拉（James Wadra）随后被提名，但他只获得了51%的选票，未达到2/3选票这一要求。于是，沙欣再次被提名，但这次他只获得了63%的选票，所以瓦德拉被任命为安达信的总裁，而沙欣继续担任安达信咨询的总裁。

沙欣很生气，就安达信咨询的所有权问题征求法律意见。律师表示，安达信咨询由审计合伙人所有，但对安达信全球负有一定的义务，其中包括防止审计与咨询竞争的规定。安达信咨询合伙人随后一致投票决定脱离安达信。根据合伙协议的要求，他们向国际商会（International Chamber of Commerce）申请仲裁，并声称安达信开展小型系统咨询业务，已违背协议，因此1977年的协议无效。这一协议要求安达信咨询支付其收入的1.5倍，即146亿美元以获得独立。

2000年，安达信咨询准备支付20亿美元的违约金以谋求独立——合计每位审计合伙人将获得超过100万美元——但瓦德拉立即拒绝了。因为他预估安达信咨询的价值至少为250亿美元。于是，就分离事宜双方申请了仲裁。仲裁人——哥伦比亚的吉列尔莫·甘巴（Guillermo Gamba）在这方面没有经验，将要拆分的安达信咨询的估值定为 10 亿美元。最终，咨询顾问只支付了这笔费用，就脱离公司，并成立自己的公司——埃森哲。

与此同时，安达信通过裁减效率较低的审计合伙人并提高费用，使合伙人的平均收入从 20 世纪 80 年代初的 13 万美元提高到 2000 年的近 45 万美元[24]，几乎赶上了咨询公司的水平，其背后的主要推动力为商业动机。公司的年度报告称："那些没有增长或利润不高的客户看到费用上涨时，要么离开了，要么转换到另一种服务模式。"[25]另一种越来越普遍的增加收入的方式是，审计公司承担客户以前自己做的工作，比如内部审计。安达信对安然就是这样做的。

致命一击

审计师开始经常陪客户打高尔夫球、吃饭，对此，严肃型观察家担心这会影响审计的独立性，其中最简单的一点，即"审计师的收入取决于现有客户是否继续是公司客户"，显而易见会影响审计的独立性。在最迫切的时候，客户与审计师的友谊往往使真正的独立性和客观性难以得到保证。同时，经济上的依赖使得情况更糟糕。1985 年，InterNorth 公司与休斯敦天然气公司合并成安然，当时安达信正好负责 InterNorth 公司的审计。很快，安达信的审计师和安然的高管在各个层面建立了异常密切的关系。他们一起滑雪、打高尔夫球、聚会，还在安然的球场一起观看太空人球队（Astros）的比赛。安然财务部门的许多关键人物都曾是安达信的"校友"，而许多仍在安达信工作的人也对将来能在安然工作抱有很高的期望。

更让人无法抗拒的是，2000 年安然支付的费用为 5 800 万美

第 11 章 安达信
跌落神坛

元,而这笔费用未来还会增加。1944年,安达信接手了安然的内部审计,签订的合同为期5年,价值1 800万美元。这些费用于安达信而言很高,于其休斯敦办事处而言更高,于参与其中的合伙人而言尤其高,特别是当他们把自身利益置于公司利益之上时。而实际上他们也确实这么做了,并且越陷越深。

安然和安达信的关系变得极为重要,尤其是对休斯敦办事处和合伙人戴维·邓肯(David Duncan)。邓肯的地位由于安然快速增长的业务而得到提升。邓肯从得克萨斯州农工大学(Texas A&M)一毕业便加入安达信,1995年37岁时他成为合伙人,1997年接管安然的审计业务。作为前途无量的象征,他被任命为安达信的战略咨询委员会委员。他曾与安然首席会计官共事,后者是安达信的"校友",两人无论是在公司内还是公司外,越来越频繁地结伴同行。不管两者之间的友谊是否由安然高管蓄谋安排,他们都助长了这种不恰当的影响模式。考虑到安然对安达信的重要性,公司会定期审查与安然之间关系的风险。公司的风险审查员虽然发现安然业务"激进",但仍维持对它的收入来自"明智的赌博"的判定,他们也继续为安然提供审计服务。

为限制资产负债表上的杠杆率,安然利用所谓的特殊目的实体(SPE)借入大量资金以维持扩张,而资产负债表中并未包含这些借款条目。这种不寻常的会计处理方式要求特殊目的实体必须(在资产负债表中)被明确分开,但安然完全没有达到这一要求。卡尔·巴斯(Carl Bass)是安达信专业标准组驻休斯敦办事处的一名强硬而受人尊敬的成员,他于2000年开始控诉安然这种令人生疑的做法。安然对此表示抗议,因此巴斯很快从安然账户的审计团队中除名了。这其中传达的信息很明确:当有人不配合安然时,它会对公司施压,从而得到自己想要的结果。

1999 年，安然的股票上涨了 58%；2000 年，又上涨了 89%。然而，2001 年夏天，当安然的总裁杰弗里·斯基林（Jeffrey Skilling）以"需要更多时间陪伴家人"为由，在任职不到一年便辞职时，公司股价骤跌 50%。8 月 15 日，曾在安达信任职的安然高级会计师沙伦·沃特金恩（Sharon Watkins）警告安然的 CEO 肯尼恩·莱（Kenneth Lay），某些问题可能会导致安然"在一波会计丑闻中内爆垮掉"。她希望这些问题能悄悄地解决，并打电话给在安达信休斯敦办事处的一个朋友，这个朋友给安达信的一位同事发了一封电子邮件，开头写道："证据确凿，无法掩盖。"

巧合的是，安然的主要欺诈行为——特殊目的实体——是由另一家审计公司审计的，而不是安达信。事实上，斯基林和安然首席会计官理查德·考赛（Richard Causay）后来被指控了 7 项欺诈安达信的罪名，因为他们谎报了一系列的腐败行为。几个月后，安达信的审计师因涉嫌专业失误而受审，10 人中有 9 人被无罪开释，而那一个接受处罚的人被罚得很轻。但是，公司的麻烦远未结束。

10 月初，该来的终于来了，安然事件东窗事发且无法辩驳：安然的报告里存在虚报的收益，而安达信为之提供了审计认证。过往的"收益"需要被大幅重新审计。但究竟如何重新审计？公司召开了一系列关于如何重新审计安然收益的电话会议，卡尔·巴斯也在其中。他没有想到损失的规模是如此巨大。负责安达信休斯敦能源行业业务的合伙人问巴斯："这是谁签署的？"他的语气明确表明：这是错误的，他要找出到底是谁犯了错。巴斯难为情地回答说："你和我一起签署的。"

巴斯发现，在他批准了一种不同的会计核算方法后，过去交易的会计账目发生了不当变化，他要求对此进行更正。另外，初级审计师也发现，安然自己有为特殊目的实体的损失额外拨款补偿投资者。当然，这意味着这些实体只是会计花招，并未真正脱离安然账户[26]——但邓肯和其他合伙人否决了他们的发现。

破产前兆

安达信世界各地的合伙人聚集新奥尔良，参加一场耗资百万美元的盛会，其目的是展示尽管失去咨询业务，安达信照样活得不错。约瑟夫·F.贝拉尔迪诺（Joseph F. Berardino）从费尔菲尔德大学（Fairfield University）毕业后加入公司，他通过自己的努力成为公司掌门人，那时公司市值为193亿美元。他将主持3年来的第一次全球合伙人会议，主题为"未来就是你"。

贝拉尔迪诺致完欢迎辞后，一位合伙人把他拉到一边，说安然的报告中存在"违规行为"。回到休斯敦，安达信的审计师主张全面披露信息，但安然拒绝了这个主意，在10月16日发布的报告中显示公司存在一项超过10亿美元的额外支出，同时季度亏损6.38亿美元。安达信的审计师开始畏缩不前，因为他们知道，安然的亏损巨大，而这10亿美元远不能代表全部的亏损。

10月23日，邓肯立即要求员工在安达信的文件保留政策方面必须合规。该项政策要求员工只保留必要的文件，比如审计人员经常保存的"工作底稿"等。（制定这一政策是为了防止原告律师在日益频繁的集体诉讼中，利用公司的书面文件对公司提起诉讼。）尽管邓肯后来证明了他从未有意妨碍司法公正，但短短3天内，超过1吨的文件和3万封电子邮件被销毁或删除。当负责安达信欺诈案的调查员去邓肯的办公室时，他被要求解释一封描述他与沙伦·沃特金斯对话的电子邮件。邓肯回答说："我们需要把它处理掉。"虽然如此答复了，但调查员回应说："邓肯，你需要将信息保留下来，因为我们很可能需要这些信息。"他默默地点头表示同意。

11月9日，安达信收到了联邦法院的传票。根据法律规定，安达信停止文件粉碎。一周后，安然披露，1997—2000年之间，公司虚构收益超5.9亿美元。

到11月底，贝拉尔迪诺意识到，安然的问题已经严重到开始危及安达信。但他表现得好像安然的巨额虚构收益与安达信无关。首先，他试图将责任归咎于会计行业的执业标准。他在《华尔街日报》的一篇专栏文章中辩称："安然的倒闭表明，现有的财务报告模式所强调的单一每股收益已经过时，它对当今的新商业模式、复杂的财务结构和相关商业风险起不到作用。"

然而，SEC的高级职员对此表示不满，该机构的总会计师表示："这篇专栏文章就是祸患，它传达了一种信息'我们没有做错任何事'。"一周后，贝纳尔迪诺向国会作证，说明改革的必要性，同时承认公司会计师有犯错，涉及资金1.72亿美元，并向议员们保证，"安达信不会逃避自己的责任"。后来，在《与媒体见面》这档节目中，他称安然的失败只是一个"商业问题"[27]，暗示这不是什么大问题，没有多少不寻常。联邦检察官判定，这些错误并非简单的疏忽，并考虑对安达信提起刑事诉讼。

10月16日，安然声称，第三季度巨额亏损，除6.38亿美元亏损外，另有12亿美元的"某些结构性融资安排"的留存收益支出。接下来的一周，安然的股票下跌了40%。一周后，SEC开始正式调查。（2001年全年，安然的股票下跌超过99%——从每股90美元跌至61美分。）12月2日，安然申请破产，这是当时美国历史上规模最大的破产案。竞争对手德能公司（Dynegy Inc.）此前

第 11 章　安达信
跌落神坛

一直考虑收购安然，此刻则中止了合并谈判。

贝拉尔迪诺总是想把问题的影响降到最低，他声称安然只是一个孤立问题，并指出，审计失误只占公司总数的很小一部分。但联邦政府官员认为，安然只是安达信不断重复的错误模式中的一小部分，类似问题也可以从安达信对美国废物管理公司（Waste Management）、波士顿炸鸡（Boston Chicken）、浸信教徒基金会（Baptist Foundation）和其他公司的审计中找到。几个月前，贝拉尔迪诺参与了废物管理公司的（庭外）和解协议，其中安达信同意接受SEC裁定的未来不得出现任何违反证券法行为的永久禁令。

贝拉尔迪诺试图推出邓肯作为替罪羊来保护公司，并把他形容成独行不羁的流氓，同时他的个人行为也得到了休斯敦的几个审计师的支持。3名休斯敦合伙人处于"休假"状态，另外4名高级审计师被解除管理职责，而邓肯是第5个被解雇的。商业服务的管理合伙人傲慢地宣称："粉碎证据文件是一个致命的判断错误，我们公司不支持，不宽恕，不鼓励……也将不会容忍这种做法。"此时，邓肯意识到自己已经站在了公司的敌对面。

但公司曾不止一次"宽恕"公司松散的审查和日益重视利润的行为；也曾"鼓励"审计合伙人提高费用以扩大业务，并对安然的明显警告信号不予回应；还曾"容忍"这些行为和判断，并接受了费用——直到它被发现。安然的董事对倒闭事件进行了调查，报告中明确表明："安达信未履行自己的职业责任。"

越来越多的客户离开安达信。同时，随着各地办事处法人团体的相继离开，其他客户也越来越感受到离开安信达的压力。每家公司都需要在其他四家会计师事务所中另寻审计师，会计行业的有限产能迅速被填满。安达信的所有客户都在争先恐后地寻找新审计师。

绝望之下，贝拉尔迪诺联系了因正直而广受尊敬的美联储前主席保罗·沃尔克（Paul Volcker）。沃尔克回应说："如果要我介入，必须给我很大的权力。我不会为了装点门面而登上一艘即将沉没的船。"贝拉尔迪诺不愿如此，因此沃尔克拒绝了邀请。[28]数天后，贝拉尔迪诺让步了，同意给沃尔克更大的权力来重组公司以适应SEC的要求。两周后，沃尔克发表的一页纸报告显示，安达信将被重新设计为会计行业的典范，在审计方面实行严格的质量控制，不再提供咨询服务。沃尔克的计划遇到了一个大问题：安达信合伙人不会改变他们对公司的经营方式。在沃尔克说服主要合伙人相信他的计划的优点之前，他们已经在恐惧中大胆地朝另一个方向前进了。

安信达也讨论过与德勤合并，但后来放弃了，原因是安达信那些未知但肯定存在的巨额潜在债务。一些合伙人支持沃尔克的计划，其他人则希望将部分资产出售给其他公司，以保留部分资本价值和退休金。在巨大、不可逆转、紧迫的决定面前，合伙人犹豫不决、争论不休。

与政府的和解谈判毫无进展。在之后的演讲中，沃尔克悲伤地说："没想到在我 75 岁时，想法还这么不切实际：我自认为可以改变一些事情，我以为他们会接受改变，因为他们需要改变。"

某个周日，安达信的律师力劝政府律师，完全没有必要起诉安达信：既然安达信采取完全合作模式，为什么不起诉一些个人来挽救该公司呢？助理司法部长迈克尔·切尔托夫（Michael Chertoff）回应说："我会考虑一晚，但我倾向于起诉。"因为他认为，粉碎安然文件事件是"所见过的最严重的公司妨碍司法事件"。第二天，政府仍坚持让公司认罪，但公司不愿意。这让公司走向衰亡，因为留下来的客户都将终止与它合作。

尽管如此，安达信的律师仍确信，联邦检察官表现出了"同情

第 11 章 安达信
跌落神坛

心",相关的谈判有实质性"进展",而且与司法部安然特别工作组的负责人莱斯利·考德威尔(Leslie Caldwell)达成了一项"协议"。但就在安达信的首席律师兴高采烈地登上飞往休斯敦的飞机10分钟后,考德威尔打电话说切尔托夫不会同意。

3月2日凌晨2点,贝拉尔迪诺所在的东京酒店房间里的电话响了,他被告知公司被起诉的消息。他刚刚出面向公司的日本合伙人保证,一切都会好起来。电话结束后,他立即前往华盛顿特区。

由于担心安达信故态复萌,切尔托夫表示绝不妥协。虽然邓肯同意承认一项妨碍司法公正的重罪,但切尔托夫没有看到他们关于改变公司行为的管理承诺。事实上,他察觉到这家公司的傲慢根深蒂固。3月14日,休斯敦的联邦大陪审团准备递交一份密封的起诉书,切尔托夫决定以销毁文件的罪名起诉安达信*。贝拉尔迪诺在给检察官的3页信中写道:"这是对公诉自由裁量权史无前例的行使,以及对政府权力的严重滥用。"他也许是正确的,但这并不重要。

随后,安达信被其在西班牙和智利的所有合伙人抛弃。安达信仍在挣扎,它发起了向参议员和国会议员的写信申诉运动。3月26日,芝加哥举行了大型公众集会,员工们举着"我们是安达信人"的横幅。第二天,贝拉尔迪诺决定辞职。他的辞职声明对安达信正在加速的破产进程没有任何影响。

分崩离析

对安达信的审判于5月6日在休斯敦开始。事情进展得很不顺

---

* 另一种有见地的观点认为,肯·莱(Ken Lay)向白宫施压,要求起诉安达信,以转移人们对安然管理层的注意。

利。卡尔·巴斯作证说，他签名的文件被篡改过。邓肯在证词中说，他认为12亿美元的会计错误并不重要，因为它总共"只"占股东权益的8%。

审判结果同样匪夷所思。60小时的审议后，陪审团称审议已陷入僵局。法官梅琳达·哈曼（Melinda Harman）指示陪审员继续审议。一天后，陪审团提出了一个问题："如果我们每个人都认为有一名安达信代理人故意从事腐败行为，我们是否有必要相信就是这位代理人充当了'腐败劝导者'的角色？"经过一番快速调查，哈曼法官做出了否定的裁决。

安达信的辩护律师曾有那么一瞬间，希望陪审团能有一个悬而未决的结果。但6月15日，陪审团做出了有罪裁决。令人惊讶的是，陪审团并没有把注意力放在碎纸机粉碎文件上，而是发现一封来自安达信内部律师南希·安妮·坦普尔（Nancy Anne Temple）给邓肯的电子邮件，邮件中她敦促邓肯修改一份安然的备忘录草案，该备忘录草案显示，安达信最初并不同意安然将其巨额减记定性为"非经常性"。因此，坦普尔算是一位"促成腐败的说客"。当为期6周的审判结束时，陪审团团长表示："修改文件的目的是妨碍正式诉讼程序中的事实认定能力，所以这是违法的。"

同月，安达信的另一个审计客户世界通信公司重申其收入为90亿美元。安达信宣布，将于8月31日停止对上市公司的审计工作。

10月16日，哈曼法官以妨碍司法公正的罪名，宣布了对安达信的最高企业判决：50万美元罚金和5年缓刑期。

很多处于职业生涯中期的合伙人带着自己的客户，加入其他公司；而新合伙人所受的损害最大，他们失去了投入公司的25万美元的强制性初始投资；退休合伙人的养老金也已蒸发；资历老的合伙人不仅失去了退休金，还损失了他们在公司的资本。很多合伙人觉得自己的遭遇是不公平的。他们不能也不愿看到，亚瑟·E.安达信和伦纳德·斯派塞克的公司所承受的损害，而这损害来自公司多年来一步步从对专业操守的长期坚守蜕变为对短期商业利益的追逐。

犹记当初

半个多世纪以前，1947年1月13日，在致亚瑟·E.安达信的悼词结尾处，针对公司合伙人，强调：

> 安达信先生胆略过人。[29]很少有人像他那样对正义充满信心。有勇气像他那样实践自己的信仰的人更少……对于那些曾经与他一起工作，并将继续经营他所创建的公司的人而言，事业的意义是无比清晰的。他的事业所赖以建立的原则，正是公司的代名词，这些原则将永世流芳。他的名字永远只能与最高和最好的计划和行动联系在一起。我相信，他宁愿关闭公司，也不愿公司以他所确立的原则以外的东西继续存在。他给你们留下了一个伟大的名字。你们的机会是巨大的，你们的责任也是重大的。

最后结局

2004年9月，被定罪近2年后，安达信向美国最高法院提交了调卷复审令，其中包括以下主张：

安然倒闭后，因倾向于给安达信定罪，美国政府方面以"干扰证人"的罪名起诉安达信。所依据的理论值得关注。因为该理论认为，在美国，即便说服另一个人从事完全合法的行为，倘若说服的目的最终导致政府在未来可能的起诉程序中的事实认定能力受挫，也可以被认定为一种"腐败"的犯罪行为。尽管安达信制定只保留最终审计底稿文件的政策是完全合法的，安达信的员工和专业人士遵守这一政策也是完全合法的，但美国政府方面认为，安达信的内部律师和监督者提醒其员工注意这一政策的行为，属于极为严重的重罪，即使他们① 确信自己所说的提醒言论完全合法，并且在这个过程中丝毫没有胁迫、恐吓或贿赂的暗示。然而，第五巡回上诉法院却支持了这一"新颖"理论，认为他们用折磨证人的语言来扰乱法规。

最后，美国最高法院一致裁定该令状胜诉。因此，导致安达信倒闭的指控无效。

然而，这已经于事无补。

安达信卷入安然事件时，它已不再是原来的安达信。那时，它从内部已经完全衰败——这是对所有专业公司的严厉警告，包括本书中赞美过的卓越公司范例。在专业方面，达到卓越并不是最艰难的挑战，保持卓越长青才是最难的。

注　释

［1］　数据来自美国注册会计师协会。

---

① 指内部律师和监督者。——译者

［2］ *A Vision of Grandeur*, Arthur Andersen & Co., 1988, p.11.

［3］ Leonard Spacek,*The Growth of Arthur Andersen & Company 1928-1973, An Oral History* (New York: Garland, 1989), pp.9.

［4］ Leonard Spacek, *The Growth of Arthur Andersen & Company 1928-1973, An Oral History* (New York: Garland, 1989), pp.11.

［5］ *A Vision of Grandeur*, p.15.

［6］ *Oral History*, p.204.

［7］ 作者2004年6月22日对埃德·詹金的采访。

［8］ *Oral History*, pp.46-48.

［9］ *New York Times*, March 7, 1944, p.7.

［10］ 斯派塞克1907年生于艾奥瓦州的锡达拉皮兹，17岁时在艾奥瓦电灯电力公司找到一份工作，并希望成为一名电气工程师。但该公司没有工程方面的空缺职位，于是他以尝试的态度接受了会计职位，并喜欢上会计工作——尤其是当他与安达信的审计人员一起工作时——还参加了函授课程。他1928年加入安达信，1934年成为经理，1940年成为合伙人。

［11］ *Oral History*, p.50.

［12］ *Oral History*, p.50.

［13］ 作者2004年6月30日于伊利诺伊州埃文斯顿对乔治·卡特利特的采访。

［14］ *Oral History*, p.47.

［15］ 作者2004年6月对罗伯特·梅德威克的采访。

［16］ 作者2004年7月6日于芝加哥对罗伯特·梅的采访。

［17］ 1957年2月12日，在美国密尔沃基主计长协会（Controllers Institute of America）的演讲。

[18] IBM的托马斯·沃森（Thomas Watson）曾估计全球总需求只有五六台电脑，而当时在斯佩里-兰德公司（Sperry Rand）的退役将军道格拉斯·麦克阿瑟（Douglas MacArthur）向斯派塞克保证，斯佩里公司遥遥领先，没人能赶上。

[19] "The Fall of Andersen," *Los Angeles Times*, September 2, 2002.

[20] "The Fall of Andersen," *Los Angeles Times*, September 2, 2002.

[21] *Economist*, August 17, 1991, p.66.

[22] 作者2004年6月31日对罗伯特·凯利的采访。

[23] *Chicago Tribune,* September 2, 2002.

[24] *Chicago Tribune,* September 2, 2002.

[25] Barbara Ley Toffler and Jennifer Reingold, *Final Accounting: Ambition, Greed and the Fall of Arthur Andersen* (New York: Broadway Books, 2004), p.142.

[26] *Final Accounting*, p.212.

[27] *Final Accounting*, p.215.

[28] *Chicago Tribune,* September 8, 2002.

[29] *Final Accounting*, p.253.

后 记 AFTERWORD

对卓越企业进行研究并了解它们成功背后的七条秘诀，兴奋之余，我们也该清醒地认识到，虽然有抱负的企业不在少数，但最终成为卓越企业的少而又少。尽管如此，所有企业仍应该尽其所能做到最好。

长期以来，我一直为专业公司提供咨询服务，同时也对它们进行研究。因此，我也切身体会到，对于人类组织而言，想要超越优秀，实现并保持卓越这一目标，其难度超乎想象。法律、医学、金融、投资、审计和咨询等领域的大多数机构，以及企业、大学、中学、博物馆、医院和军队等组织的大多数领导团队，也许永远都无法达到卓越水平；而那些取得过卓越成就的大多数机构或领导团队，其保持卓越的时间通常也不会很久。尽管如此，我们仍可以带着愉悦的心情观察真正的卓越范例，并从中学习如何让自己变得更好。

在这一过程中，我也学会了尊重和赏识各种形式的优秀组织，它们如同挺进决赛的奥运选手，最终赢得了奖牌，只不过不是金牌而已。假如我们有更多时间，也值得在书中对它们进行研究并讨论一番，因为它们同样有值得我们学习的地方。我们领导的组织可能是企业、政府、大学、教堂和军事组织等，无论规模大小，都可以从中受益。

博思艾伦、贝恩、波士顿咨询集团和科尔尼，曾在不同时期荣登咨询界领导者的宝座，但没有一家超越麦肯锡，或者能长期与麦肯锡相匹敌。

主要的投资管理机构有200家甚至更多，其中资本集团最为出类拔萃，其他实力强劲的机构有贝莱德（BlackRock）、道奇－考克斯（Dodge & Cox）、太平洋投资管理公司（Pimco）、Primecap、普信集团、先锋集团和惠灵顿集团。

1 000家大型律师事务所中，只有几家是极好的。其中，达维律师事务所、德普律师事务所（Debevoise & Plimpton）、世达律师事务所（Skadden Arps）、美迈斯律师事务所（O'Melveny & Myers）、沃奇尔·利普顿律师事务所（Wachtell Lipton）都极为出色。不过，大多数律师一致认同，Cravath明显是同行中最杰出的。

几百家医疗机构中，约翰·霍普金斯医疗集团（Johns Hopkins）、麻省总医院（Mass General）、凯撒医疗（Kaiser Permanente）、山间医疗（Intermountain）、克利夫兰诊所都是佼佼者。但只有梅奥诊所选择把"患者需求第一"作为自己的使命，它也确实做到了，因此它理所应当地站在业内最高位置。

在过去的一个世纪，近100家证券公司在不同时期崭露头角。现下，只有高盛被认为是同类公司中最好的，尽管它面临巨大挑战，特别是来自企业内部的挑战。另外，它也承受了咄咄逼人的摩根大通的竞争挑战。

虽然有很多规模尚小、成立时间较晚的企业也向往成为行业领导者，但我们从历史中不难发现，只有少数企业能真正做到卓越。

同时，我们也没有办法预测，具体是哪一个后来者，可以坚持不懈地将激励人心的使命、纪律严明的文化、广泛而严格的招聘、密集而持续的培训、持续性创新和仆人型领导者等多种要素结合起来，给企业带来增长动力，同时还能正确解决经营中无可避免的问题，从而确保自己继续保持卓越。

我们既要为卓越企业喝彩，也要鼓励每一个竞争者，因为竞争企业同样为客户提供了优质服务，为行业建立了严格标准，为专业人士的职业生涯赋予了深刻的意义。

我们都听过这句广告语，"Wheaties 麦片——冠军早餐"[1]。但是，所有冠军都吃 Wheaties 麦片吗？所有吃 Wheaties 麦片的人都成为冠军了吗？显然，这两个问题的答案都是否定的。毕竟，早餐吃 Wheaties 麦片与成为冠军之间没有直接的因果关系。同样的道理，在专业领域证明类似的因果关系——确切地说，为何只有极少数企业能提升至卓越专业水平并保持住——是不可能有答案的。但是，真正卓越的专业公司所具备的特征令人震惊，因为它们可以在长期的重复工作中做到专业精神一以贯之。每一家了不起的企业在每项关键优势上都拥有显著的实力——当然，每项优势的实力各有各的强大方式——特别是还能同时在好几项关键优势上，拥有业界第一的实力。这就是卓越企业之所以卓越的原因。

个体和组织的卓越能力总要经过主观努力、刻意打磨才能实现。例如，冠军选手每次比赛时，都会下定决心做到最好。同样，对于天赋异禀、自驱力强的人而言，成为卓越企业的一分子让自己感到如此不可或缺、生命充盈、收获满满，以至于他们完全无法接受类似于一位伟大的音乐家有时表现平平或一位伟大的舞蹈家没有跟上节拍这样的事。而他们所不能接受的远不止这些。他们渴望自己卓越到自己都解释不清楚、别人也无法理解的地步。他们的目标就是成为卓越之人，他们也本就是这样的人。对于这些能力超群的专业人士来说，成为顶级团队的一员有特别的意义：他们收获了作为冠军团队一员的满足感，为追逐内部高标准而始终保持的上进心，以及坚信自己比其他任何人都做得更好的沉静和自信。

注　释

[1]　理查德·N. 福斯特（Richard N. Foster）是第一个提出"Wheaties 麦片早餐"问题的人。他是耶鲁大学化学工程博士，在麦肯锡度过了长期且杰出的职业生涯。其间有几年，他主导研究工作，并撰写了两本基于真实案例的优秀商业书籍。

致 谢 THANKS

在多年研究过程中,有超过 300 家卓越企业的合伙人慷慨地贡献出他们的时间、经验和洞察力。他们的智慧、直率和兴趣,既来自职业上的启发,也源于他们个人的喜好。感谢萨缪尔·巴特勒、埃文·切斯勒、罗纳德·丹尼尔、乔恩·洛夫莱斯、詹姆斯·罗滕伯格、伦纳德·斯派塞克、斯蒂芬·史文森和约翰·怀特黑德。在帮助理解什么是成功的必要条件方面,他们给予了我特别重要的指导。

感谢我的太太琳达·洛里默(Linda Lorimer),她既是完美的妻子,也是我最好的朋友。她不仅给予我坚定的鼓励,还会提出敏锐的批评,同时她也会提出自己感兴趣的问题,而这些问题为我打开了全新、更好的创作思路。

感谢我的好友比尔·鲁凯泽(Bill Rukeyser)。作为一名优秀的编辑,他耐心十足,为人幽默,锲而不舍且十分努力。他严格要求本书具备实用性的同时,也能将观点阐释清楚。他深刻理解故事性和新闻性对读者的好处,也是他让本书读起来如此有趣。

感谢安德鲁·怀利(Andrew Wylie)给出"不要那样做,要这样做"的建议,这让本书的架构更完善,并完成修订。同时感谢海迪·菲斯克（Heidi Fiske）以愉悦优雅的方式，为我提供了决定性的帮助。

感谢珍妮弗·彼得森（Jennifer Peterson）、金伯莉·布里德（Kimberly Breed）和凯瑟琳·席尔科夫斯基（Catharine Schilkowski）耐心地对本书草稿进行多次打磨，直至定稿。

感谢6名耶鲁大学的高年级学生，他们是丹尼尔·伯恩斯坦（Daniel Bernstein）、阿纳托利·布雷克曼（Anatoly Brekhman）、蒂法尼·克莱（Tiffany Clay）、安德鲁·科恩（Andrew Korn）、埃利奥特·莫古尔（Elliott Mogul）和纳尔逊·穆萨扎德（Nelson Moussazadeh）。2004年的整个夏天，他们都在调研卓越企业的相关历史。

最后，感谢并祝福所有努力把自己的专业公司推向卓越的人。正如约翰·F.肯尼迪在被问及为何美国应该登月时所做的回答："因为它困难重重。"

译后记 POSTSCRIPT

"流水不争先"

2015年，我有幸陪同中国人民大学和耶鲁大学两校共同杰出校友张磊先生前往纽黑文拜访耶鲁大学捐赠基金CEO大卫·史文森教授。途中，张磊先生极力推荐我们读一读查尔斯·埃利斯博士的《卓越长青》(*What It Takes*)。旅途尚未结束，我已买到英文原版。此后这本书常备案头，稍有空闲品读几页，当作一种人生享受。我深深被本书解构卓越长青组织的自成体系、独特视角、趣味生动和历史渊源所折服。智者说，"烈火烧不毁的，才是真正价值"。《卓越长青》正是这样一部真正经得起时间考验的好书，值得让更多人看到、学习。这也是我极力促成、组织翻译本书的初衷。

"流水不争先，争的是滔滔不绝。"无论是植物界花木萌发还是人世间落地呱呱，长青都是对熵增的抵抗，企业组织也是如此。"人事有代谢，往来成古今"，不同行业能否跟上时代发展，看似各有千秋，实则不然。作者通过长期追踪研究五家卓越长青标杆企业——管理咨询界的麦肯锡、法律界的Cravath、健康界的梅奥诊所和投资界的资本集团与高盛，将伟大企业的成功秘密凝练为具有普遍意义的七个要点：一、制定凝聚且激励人心的使命；二、建立包容强大的企业文化；三、为团队招募对的员工；四、注重员工成长训练并贯穿整个职业生涯；五、始终以客户为中心；六、从战略到战术保持全域创新；七、高效自强的领导力。投资投人，卓越长青更是以人为本。

从孔子到亚里士多德，从金字塔到"清华简"，从"金木水火土"到"量子纠缠"，第一性原理一直就在那里。万千企业，究其本质，都是选择和组合。选择比努力更重要。正如最优秀的人大概率是坚持长期价值的贝叶斯（Bayes）主义者，卓越长青的企业也多是那些坚持做对的事的组织。译完本书我更加认同，人和组织一样，深挖自己的护城河，将资源投在自己擅长的领域，成为那个领域的"挖土"专家，沙里淘金才是真，没有捷径和秘诀。

《卓越长青》靠这种"笨功夫"研究到极致，终成专著。查尔斯·埃利斯对卓越企业的解析采用了更加广泛的历史视角和详尽的资料对比分析方法。他扎实深厚的商业学术史的研究力、亲力亲为的名企咨询经验和广泛的社会人脉，以及凝练风趣的语言风格，都藏在字里行间。本书正是他对企业的长期观察、咨询实践与研究内容的高度概括。考虑到商业历史细节对读者的阅读门槛要求高，可能影响到读者一气呵成的阅读体验，使读者错失一本有价值的好书，但原书的注释部分实在太精彩，不可或缺，所以我们翻译注释的同时，在关键事件、名词等处又添加译注，虽然这会增加翻译难度。很多时候，只为更充分理解书中的一段话、一个词，我们反复查阅资料核实、还原背景知识，溯源事件的来龙去脉，以确保译文在我们的能力范围内尽可能贴近原意。

中文版即将付梓之际，想起过去一年多伏案细琢的场景，忙碌而又充实。能顺利完成本书的翻译工作，需要感谢的人太多。首先感谢查尔斯·埃利斯博士将自己几十年的研究落笔成书并献给大卫·史文森教授，感谢张磊先生慧眼识珠的推荐和信任，感谢学校领导的亲切关怀和支持，感谢Jack Feng、Joannie Li等领导和同事的鼓励和帮助。还要感谢中国人民大学出版社对我们的支持和付出。在译文校对定稿阶段，他们严谨细致、默默耕耘的工作态度，对具体工作的谅解和耐心，让我们坚持至今。感谢我们的翻译团队——张小敏老师和已毕业的王彦博、陈喆、苏锦华、罗曦雨、刘美欣五位同学对项目的付出与贡献。感谢家人一直以来对我工作投入的理解和支持。

在我们翻译过的书中，《卓越长青》一书最薄，但投入反而最多。我一再强调，无论多难，我们追求"信、达、雅"的目标不能改变，因为这本书价值特殊，必须值得托付（fiduciary duty）。能力所限，错讹难免，敬请读者谅解、发现问题并指正，以利后进。开卷有益，如果读者展页间能心有灵犀，那就是对作者、推荐者、翻译者，特别是对本书的受献者、投资界的泰山北斗耶鲁大学大卫·史文森教授最幸福的告白。

卢 斌
于北京

What It Takes: Seven Secrets of Success from the World's Greatest Professional Firms by Charles D. Ellis

ISBN: 9781118517727

Copyright © 2013 by Charles D. Ellis

All Rights Reserved. This translation published under license. Authorized translation from the English language edition, published by John Wiley & Sons, Inc. No part of this book may be reproduced in any form without the written permission of the original copyright holders.

Copies of this book sold without a Wiley sticker on the cover are unauthorized and illegal.

本书中文简体字版专有翻译出版权由 John Wiley & Sons, Inc. 公司授予中国人民大学出版社。未经许可，不得以任何手段和形式复制或抄袭本书内容。

本书封底贴有 Wiley 防伪标签，无标签者不得销售。

版权所有，侵权必究。